鈴木百合子さん

五十嵐サチさん

山崎正治さん

語りによる越後小国の昔ばなし

語りによる越後小国の昔ばなし

馬場英子著

知泉書館

凡　例

一、ここに収めた昔話は、新潟県長岡市小国町の三名の語り手山崎正治、鈴木百合子、五十嵐サチさんに、語っていただいたものを、聞き取れる限り、そのまま記録したものである。昔話の合間に語られた小国の昔の暮しにかかわる話も、昔話の背景を知る手掛かりとして、コラムで掲載した。方言注および民俗にかかわる語注は、まとめて巻頭の「小国の言葉一覧」に載せた。

一、採訪は、二〇一〇年から一四年まで、各年三回、「昔話に探る越後の暮し、雪国の暮し」をテーマとした授業（二〇一〇、一一年度は新潟大学人文学部・地域文化論、一二、一三、一四年度は新潟大学個性化科目・表現プロジェクト演習C）の一環として、日帰りで実施した。参加者は主に新潟大学人文学部学生と中国及び韓国からの留学生であった。採訪を確実に実施できることを優先したため、訪問はすべて四月から七月に行った。語り手の選定、交渉および採訪全般の実施に際しては、長岡民話の会顧問小国在住の高橋実さんに協力を仰いだ。

一、記録はICレコーダーにより、文字起こしは採訪参加者全員で行い、高橋実さんに校閲いただいた。聞き取り不明の個所は語り手に再度確認したが、話者自身にもわからないものは、意味不明のまま載せた。なお本書所収の昔話の音声記録は新潟大学人文学部地域映像アーカイブスで公開を予定している。

一、原稿は、ほぼ語りのままである。接続詞や感嘆詞は煩雑になる場合は省略したが、話の繰り返しなどは、そのままで手を加えていない。

一、表記に関しては、なるべく方言音を残すように努めたが、ルビをつけるとあまり煩雑になるものなどは、特に発音を注記していない。読みやすさを考慮して、漢字を当てたり開いたりしてある。

一、話の配列は、原則として『日本昔話大成』(角川書店、一九七九)の分類に従った。たとえば「隣の爺」のように小国の昔話の実態と合わないグループ名も、日本の昔話の中での比較検討がしやすいように通用している名称に従った。

一、各話の後には、世界的な昔話タイプ(ATタイプ)やエーバーハルトの中国昔話タイプ、崔仁鶴の韓国昔話タイプとの比較、新潟県の類話との比較、小国町の暮しとのかかわり、および語りの特徴などについての解説をつけたが、網羅的ではなく、それぞれの話の内容に特にかかわるものに限った。巻末に比較対照表を付す。

一、参考文献は、本文解説などで引用する場合、略称を用いた。巻末「参考文献」で網掛けした部分がそれである。特に頻出する資料例は次のとおり。

『日本昔話大成』→『大成』
『日本昔話通観』→『通観』
『榎峠のおおかみ退治』→『榎峠』
『越後松代の民話』→『松代』
『越後黒姫の昔話』→『黒姫』

長岡市小国町

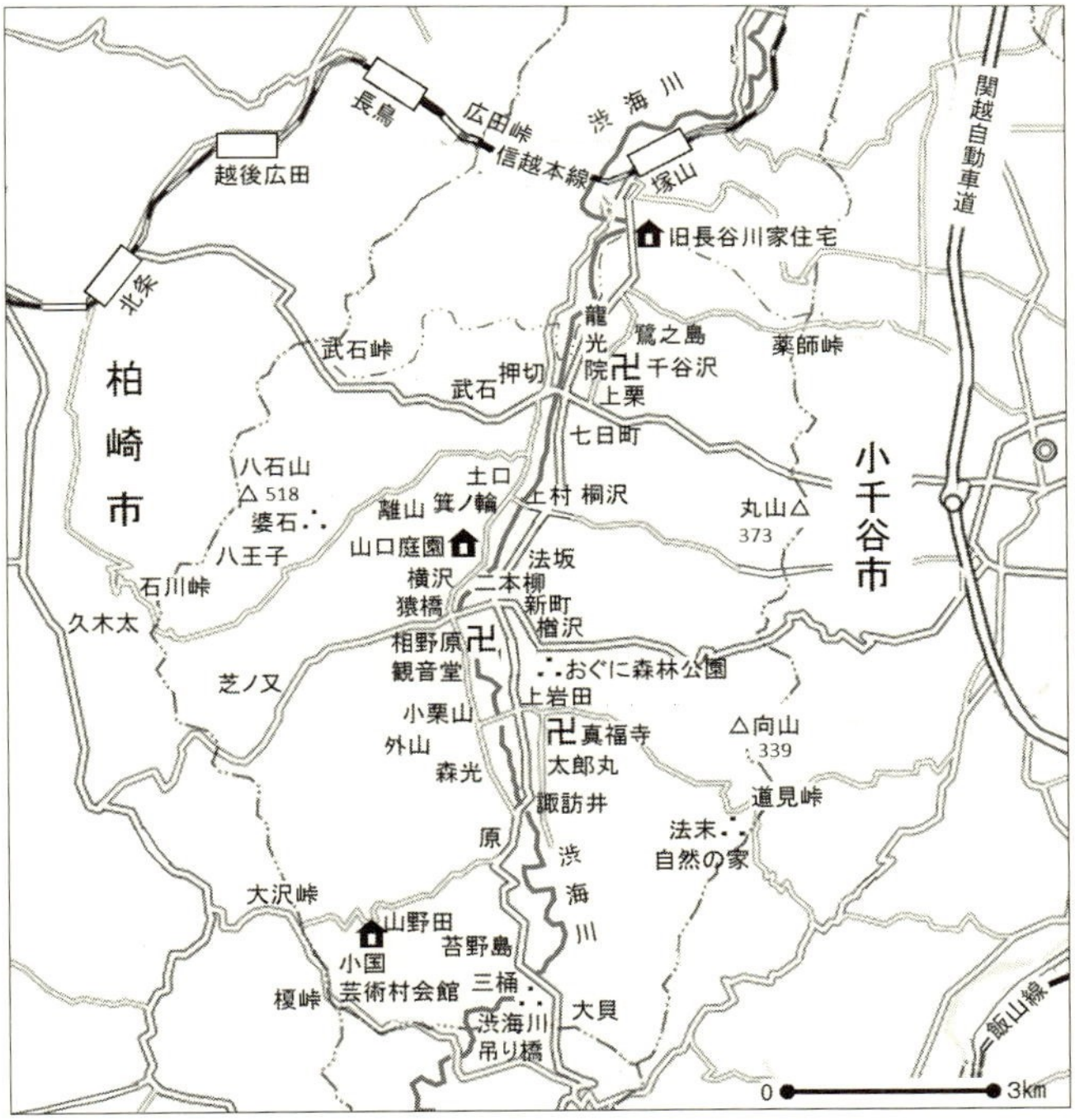

渋海川
長鳥
広田峠
信越本線
塚山
越後広田
北条
関越自動車道
旧長谷川家住宅
龍光院
鷺之島
千谷沢
薬師峠
武石峠
武石
押切
上栗
柏崎市
七日町
八石山
518
土口
上村
桐沢
小千谷市
婆石
離山
箕ノ輪
丸山
373
八王子
山口庭園
法坂
石川峠
横沢
二本柳
猿橋
新町
久木太
檜沢
相野原観音堂
おぐに森林公園
芝ノ又
上岩田
小栗山
真福寺
向山
339
外山
太郎丸
森光
諏訪井
道見峠
原
法末自然の家
渋海川
大沢峠
山野田
苔野島
小国芸術村会館
三桶
榎峠
渋海川吊り橋
大貝
飯山線
0
3km

小国の言葉一覧

あいほう	手伝い
あこ	あそこ
あささあ	ああ、失敗した
あだ	まあ
あだける	暴れる
あつける	あずける、持たせる、あてがう
あったらもん	もったいない、惜しいこと
あっぱ	大便
あねさ	嫁
あやまち	けが
あん	所
あんさ	兄、あととり息子、（若夫婦の）夫
あんだろい	あれだろう
あんで	歩く
あんばえなじらえ	お具合いかがですか
いーんな	みんな
いいあんべえに	いい塩梅に、幸せに
言うてかす	言ってきかせる
いせつける	はっぱをかける、励ます
一のひげ	胸鰭のついた一切れ。年取り魚の塩引き鮭などを切った時、一番の部位としてお供えや家長の分にした
一晩泊まり	嫁入り後、婿が初めて嫁の実家に泊まりに行くこと
いっか	幾日、なんにちも
いっこ	少しも
いったい	少しも
いっぺ	いっぱい
いつれも	いつも
いんな	みんな
ええーて	長い間
えつれも	いつでも
えろご餅	選り粉餅、くず米を粉にして搗いた餅、色も悪かった
苧績み	縮の材料の苧（麻）を裂いて撚って糸をとる作業
おうこい	背負子を背負った縮商い
おおいん	狼

おーごった	大ごとだ、たいへんだ
おーだ	大ごとだ
おじ	弟、次男以下の息子（↕あに）
おっかなあ	あれまあ
おとんじょ	末娘
おば	妹娘（↕あね）
おめる	叱る
おらこ	うち（私の家）
おんまける	ぶちあける
かあす	聞かす
かぎんこ様	囲炉裏のかぎ
かくせつ	宴会、収穫祭、農家が出し合いをして行う
かした	食わせた
かずける	他に転嫁する、せいにする
かたこ	カタクリ
かっか	母さん（妻、主婦）
かっつける	↓かずける、
金道具	鉞、鋸など金属の道具
かぶつ	切り株、根株
かまう	いじめる
からがく	縛る
からげる	↓からがく
唐櫃（からと）	かぶせ蓋で、四ないし六本の脚がついた木製の大きな箱、衣類、甲冑、書籍などを収納
川越	サツマイモの品種
がん	もの
雁木	家屋の入り口の庇を長くして雪を防ぐもの
木小屋	材木などを積んでおく小屋、物置
肝焼く	気をもむ、腹を立てる
きもん	着物
食いあげる	食べ終える
屑布団	藁の布団、布団カバーに蒿屑を入れたもの
葛屋	藁葺、茅葺の家
くっさ	たくさん
くっさ	こそ、（今日）こそ
くってくれ	ください
屈強	成人した一人前の
くめる	塞ぐ、目をつぶる、穴をくめる
くんので	くれないで
げいもん	えらい、賢い
豪儀	（程度の甚だしいこと）たいへんな
荒神さま	竈神
こをふく	劫臈を経る、年を経て狂暴になる、年寄りの。猫、狐などについて言う

こえ	買おう
こざく	こぎ歩く、道のない雪の上を踏み分けて歩く
腰もがらかす	腰を抜かす
こだ	今度は
ごっつぉ	ご馳走（になる）
ごらごら	あれこれ
ころ	丸太状の薪（↕ぼよ）
こんだくっさ	今度こそ
こーんま	こんなに
ざい	氷
さがりいちご	キイチゴ、オレンジ色の実のものがおいしいと言う
猿梯子	一本の丸太を垂直材に材木などを打ち付けて足掛りとした梯子
しかも	とても
じじどり	雄鶏
しっとつ	たくさん
しとって	一人で
しとってねん	していない
しゃっこい	冷たい
しょ	衆（人）
しょーしょもござく	囃し言葉、意味は不明
常会	村の寄合
じょうさねい	ぞうさない、簡単だ
しょうしい	恥ずかしい
重棚（じょうだな）	箱膳をしまう棚
上納の金	税金
常用柱	大黒柱
しょうぶする	いじめる、やっつける
じょっぎ言う	礼を述べる（じょっぎは交際）
じょんならん	尋常でないほど
しられ	できる
しーんぐらい	一番上
しーんぶれえ	一番上
しんばた	凍み渡り
ずっとぼこ	（手ぬぐいの）ほおかぶり
ずる	動き始める、ずらん…走らない、動かない
せいたしねい	気ぜわしい、大げさ
せえ風呂	据え風呂。木の風呂桶
せきたい	体格、背格好
せんとこ	そこ
そうせ	総て　全部
そうたいぎょう	秋おと、たいぎょうはともに収穫祝い。各家で日を選んで、親戚や結い関係（近所の人など）を招待し合った。のちに部落全体で同じ日にやるようになり、

	これを「そうたいぎょう」という
そら	天井、上
そんま	すぐ
たいやった	たいへんだった、亡くなった
たがえる	持つ
たげる	↓たがえる
竹ずっぽ	竹筒
たさけなし	区別なく
だすけ	だから
たそっけ	関係
たちこむ	入り込む
たな	たなぎ、ころを割ったもの
たばく	↓たがえる
たらかす	騙す
だーろも	だけれど
だんなんしょん	旦那衆
団子	くず米を粉にして丸めたもの、茹でて食べる
ちだらまか	血まみれ
つぁつぁ	父さん（夫、家の主人）
つりせんべい	くず米を搗いた餅を丸く薄く焼いた紅白のせんべい、小正月に団子の木に飾る。店で買うのには、繭や俵の形をしたのなどもあった
てっじょ	↓てっちょ
てっちょ	空（天頂）、上
てま	時間、ひま
でんな	来年
どうろ	たくさん
とば	縄と藁を編んで作るシート。特別の縄の掛け方で編み、片とばと両とばがあった。「ころにお」とか「ぼよにお」とかの臨時の屋根代わりに使った。藁は雨水をはじくので臨時とはいえ丈夫なものだった
どんげつ	尻もち
な	汝、おまえ
なからんして	途中で
なじょら	どうだろう
なっじょも	ぜひどうぞ
なじらや	大丈夫か
なんばん	唐辛子
によ	にお。藁や薪などの束を積み重ねたもの。藁塚。大根も冬はにおに積み、春、雪解け以後、残ったものを干した
庭	土間、家の中の作業場
ぬか火	熾火、ぬかは籾殻のこと、籾殻を燃料に使った

ぬりで	ヌルデの木
ねら	おまえたち
ねんぶつ	腫物、できもの
のうやら	どうした
のたぜ	野蓼
のてつ	不器用
のどくらま	首
ののすけ	キクザキイチゲ
のべつ	↓のてつ
のめし	怠ける
のめしこき	怠け者
のんばき	梅雨明けごろの大掃除。筵など外で叩き、埃を叩き出す。江戸時代、銅の精錬で雑物を掃除する呑掃吹がなまったという
はいとー	どうぞ
ばた	背中あて
ばばどり	雌鶏
春木	春、雪が溶けたばかりの頃に山に入り雑木の根切りをして山に積んで乾燥させ、燃料にする
ひっとよお	とてもよく
ひとつげ	一荷
ひっとつ	いっぱい
ふっとず	↓ひっとつ
ぶて	背負う
ふるえる	膨れる
ふるまらだ	真っ裸
べちゃる	捨てる
べと	泥
拍子	機会
へら	舌
へらすみ	昼休み
へんなか	囲炉裏（火の中）
ほうこ	頬かむり
方丈さま	住職
ほかな	おやまあ
ほぐら	祠
ほげん	そんな風に
ほだ	今度
ぼって	籠
ほやけたろい	あったんだろう
ぼよ	柴、枝など細めのたき木（↓ころ）
ぽれぽーれ	しおれて、元気なく
ほろっこ	懐
孫爺さ	祖父のこと
孫婆さ	祖母のこと
またしっちゃ	またも、くり返し何度も

またっきや	始末する?
まや	馬屋
蓑がで	蓑を身につけて
みるけど	みると
みんじょ	水屋、炊事場
むくらもち	モグラ
目えひっこする間に	目をひっこめる間に、瞬く間に
めた	過ぎた
めめのいい	器量よし
もぞう、もぞら	うわごと 夢
焼きめし	焼いた握り飯。藁の灰の中で焼く。ヤキミシ、ヤケメシとも言う
やまぎもん	山着物、野山で作業するときに着る丈の短い着物
やまぶし	ショウジョウバカマ
ゆうさる	ようさる、夜のこと
よいし	イワシ
よおづけ	湯漬け
よっぱら	十分に
よつばる	寝小便
よろぐち	炉縁
よんでる	熟れてる
ろこ	ところ
ろっぺい	ロープ
渡し	囲炉裏で、餅などを載せて焼くのに使う太い針金で半月状に作ったもの
藁ずっとご	萬苞、藁を束ねて入れ物にしたもの
んな	↓な

はじめに

一年の三分の一は雪に閉じ込められた豪雪地帯新潟県中越地方は、日本の中でも特に昔話が豊かな地域として知られる。これには、小学校教諭、校長の勤務の傍ら、週末の休みごとに、重いテープレコーダーを抱えて、「語り婆さ」を探して、村々を訪ね歩いた長岡市出身の水沢謙一（一九一〇—九四）の功績が大きい。水沢が主に聞き取り調査をしたのは、一九五〇年代から八〇年にかけてで、だいたい百話以上語れるのを基準に、一人の話者を繰り返し訪問して、聞き取りをしている。『日本昔話事典』（一九七七）には、当時の記録で百話クラスの語り手四三名が紹介されているが、そのうち実に一七名が新潟県であり、一六名は水沢が発掘した話者である。また『日本昔話通観・新潟巻』（一九八四）には、新潟の昔話資料として単行本六一冊が挙げられているが、そのうち二〇冊が水沢の著作である。（その後も亡くなる直前まで、採訪を続け、著作の刊行も続いた）

語られるものとしての昔話が注目され、蒐集活動が始まるのは、『遠野物語』（一九一〇）のような先駆的著作を除けば、一般には一九三〇年代以降で、『遠野物語』を起点にしても、せいぜい百年の歴史である。しかし一九六〇年代には、すでに生活の変化で、昔話を語る環境はどんどん失われ始めていた。一九七七年に刊行が始まった『日本昔話通観』(一九七七―九八)は、こうした民間伝承の急速な衰えに危機感を抱き、それまでの伝承の実態を整理して示そうと企図されたものであった。幸い『通観』刊行後も、新潟では勢いは衰えたものの、昔話集の出版は、様々な形で継続して今日に至る。中でも語りに着目して編纂された著作に、『語りによる日本の民話　越後松代の民話』(一九八七)、長岡の笠原政雄語り『雪の夜に語りつぐ』(二〇〇四)、新潟市横越の笠原甚威『いちがぶらーんとさがった』(二〇〇六)、入広瀬村の佐藤ミヨキの『ミヨキさんのざっと昔』(二〇一二)さらに下田村出身の中野ミツの話を東京で記録した『江戸川で聴いた中野ミツさんの昔語り:―現代昔話継承の試み―』(二〇一二)など興味深いものがある。このうち笠原政雄(一九一八―九四)、佐藤ミヨキ(一九一〇―二〇一三)の二冊は、当時の暮しの思い出の聞き書きも載せて、昔話の背景にも配慮した編集になっている。各冊、収録話数はそれぞれ約七〇話であるが、解説を見れば、二人とも数百話の語り手であったことがわかる。また笠原甚威(一九三四―)の本は八五話載せるが、氏は二〇〇〇年刊行の『横越のむかし語り』に一二五話載録されている笠原ミツノの長男である。二書を比較すれば、ほとんど話に変化が見られず、甚威氏が忠実な語りの継承者であることがわかる。中野ミツ(一九三四―)の話も語り手として知られた母小林ツギの話を引き継いだものといい、七四話載録する。

一方、『語りによる日本の民話　越後松代の民話』は、専修大学樋口淳ゼミの学生たちが現在の十日町市松代を八三―八五年に手分けして訪問し、聞いた話を整理したもので、松代町という地域全体への共時的採訪の成果を示す。特出した話者ではなく、明治生れを中心に地域の何人もの老人を訪ねて、話を聞いており、松代では当時、まだ昔話が地域に共有されて生きていたことがうかがえる。松代は、小国とは渋海川の上流・下流の位置関係にあり、話の類似、伝承状況でも比較対象として興味深い。

これら八〇年代以降に刊行された昔話集も、語り手の年齢をみれば、水沢の「語り婆さ」たちとそれほど年齢に差は無い。例えば『松代』の話者たちは六二名中三八名が明治生まれである。入広瀬村の佐藤ミヨキは一九一〇年（明治四三）の生れだが、水沢の「語り婆さ」として最も知られた一人、長岡の下條登美は一九〇四年（明治三七）生れで、六歳しか違わない。先に挙げた百話クラスの話者一七名のうち、九名が明治二〇年代以降の生れである。水沢の話者の中には、八〇代の人もまれにいたが、中心は六〇代であった。つまり刊行年の差ほど、語り手の生れ年は違わない。平均寿命が延びて語り手が高齢化した、とも言えるし、この間、若い語り手が育っていないことも示している。共同体でも家庭でも生活の中に「昔話の語り」が生きていた、そんな時代は、水沢が盛んに「語り婆さ」に話を聞いていた七〇年代には、先の『通観』編集時の危惧通り、すでにほとんど終わっていたのである。

本書は、水沢謙一の最後の採訪からさらに四半世紀を経た二〇一〇年から二〇一四年までの五年間、新潟県長岡市小国町を訪問して、語っていただいた三六話を記録し、それぞれの話の特徴、伝承状況、特にその語りの特徴について検討したものである。生きた「昔話」の調査が、今果して可能なのだろうか、という点について、実は、語り手の方がたに会うまで、確信が持てなかった。

小国では、次の三名の方に語っていただいた。

山崎正治　一九二五年五月生れ、元小学校教諭（二〇一三年逝去）

鈴木百合子　一九三一年三月生れ、農業

五十嵐サチ　一九三一年一一月生れ、実家は神官、婚家は農業（山崎さん後任として一三年から参加）（二〇一六年二月逝去）

先に挙げた「語り婆さ」たちよりは、およそ二〇年あまり、すなわちほぼ一世代、後の世代に当たる方がたである。しかし、いずれもまだ昔話が生活の一部として生きていた時代に、いろいろな場面で、昔話を聞いて育った方がたである。（語り手の詳しい紹介は本文を参照されたい）けれど自らも語る経験を積んでこられたのは、小学校教諭として、児童に語り続けた山崎さんだけである。山崎さんの「古屋のもりや」は、秋の収穫祭として親戚や結いの仲間を食事に招き、昔話を語る大切な日でもあったソウタイギョウのこととして語り始められ、ソウタイギョウの日への特別な思いが伝わる語りになっている。一方、鈴木さんと五十嵐さんは、自身の子育て中に自ら語った経験は無く、孫たちにも語ったことはない。「昔話は好かれなかったから」という。鈴木さんは、「語り手」が、世間にほとんど見られなくなった九〇年代末に、「語れる人」、語る潜在能力を持っている人を探していた山崎さんたちに見込まれて、語り始め、以来、語りの会などで、語りの経験を積まれてきた。小国の方言で語られ、どの話も構成はきちんと整っていて、とても上手な語り手である。今回、語っていただいた中で、「猿婿」「笠地蔵」「お藤とお杉（栗拾い）」などは伝承に忠実な語りだが、「臆病どっつあとぽんたろう」「貧乏神」「松之山鏡」などは、鈴木さんが再構成した話だという。「松之山鏡」は、人を水に誘いこむ魔性の「鏡が池」伝説と鏡を知らないために家族争議になる笑話と、二つの話を一続きにまとめられたものだが、最後のオチまで破綻無く構成されている。一方で、「貧乏神」では、後半部分、心を入れ替えて稼ぎ手になった夫婦の稼ぎぶりを述べるくだりは、世間話風にその時々の時事にも対応して、自由に語られる。

五十嵐さんは、公の場で語るのは、今回が初めてだったようで、五十嵐さんのような訥々とした語り方が、果して家庭内の語り方として一般的であったのか、もっと速度のある語りもあったのか、現在では検証のしようもないが、ともかく、ゆっくりした、聞き手に合の手を求めるような語りだったのが、特に印象深かった。日本の昔話についての概説書などを見ると、その特徴として、語り始め、語りおさめの言葉があること、聞き手は合の手を挟むことが、まず挙げられる。語り始め、語りおさめは、話者の規範意識で守られるとして、聞き手に要求される合の手を入れるのは難関である。今回の一連の採訪の最初に、小国の合の手は「さあす」と言うのです、と教えられたが、話者と聞き手に空間的距離があり、気持ちのつながりも生まれていない状態では、声は出なかった。第一回目のこの訪問には、長岡民話の会からも応援に来てくださっていたが、その方がたも、会議室の前と後ろ、遠く向き合っての席からでは、最初の数フレーズだけで「さあす」は止まってしまった。四年目の訪問で初めて五十嵐さんの「鳥のみ爺さ」を聞いた時も、結局、「さあす」とは応じられなかったが、促すような感じは受け止めた。感想めいてしまうが、昔話を語ることとは、双方向の活動であることを、この時、わずかながら肌で感じたように思った。五十嵐さんには、子どもの時に話を聞いて以来、語る機会が無かったとすれば、これは鈴木さんにも共通することだが、七〇年以上の時を隔てて尚、言葉の一句一句までしっかり記憶に残っていて、正確に語りだされる昔話の力に、今更ながら感心させられた。少なくともこの三名の語り手の方がたの脳裏には、昔話が今も大切にしまい込まれており、呼び出しさえすれば、ほぼ正確に語られることがわかった。（五十嵐さんという語り手が、今回の採訪のために新たに発見されたことに鑑みれば、まだ発見されていない隠れ語り手がいるかもしれないという期待も抱かせられる。）ただ、いずれも水沢の言う百話クラスの語り手ではない。数十話語るのも難しいのではないだろうか。子ども時代までで、昔話の経験が途切れている限界なのかもしれない。たとえば、数百話の語り手、入広瀬の佐藤ミヨキは、自ら語り続けてきた方である。記憶が何度も更新されたのだろう。

また今回の小国採訪を設営してくださった高橋実さん（一九四〇生）は、鈴木さんたちより約十歳若いが、両者の昔話体験には、はっきり断絶がある。高橋さんには、もう昔話の語り合いをしたというソウタイギョウの経験は無く、昔話は「猿婿」をおばあさんから聞いた印象がある、という程度のようである。一方で、一九五八年高校生の時に、ラジオで水沢の昔話採集の話を聞いて、自らも採集を試みている。昔話が生活の一部であった時代は過去のものとなったが、ラジオによる外部からの情報で、改めて昔話を探してみれば、周りにはまだ聴き手を失った語り手が溢れていて、尋ねれば、誰でも語れた、というわけである。ただし、昔話に注目することは、まだ一般的ではなく、高橋さんはあちこちで奇異な目で見られたという。この時の聞き書きをまとめたのが、最初の私家版「小国昔話集」（高橋実編、一九六〇）である。そして二五年後、小国で日本民話の会の民話学校が開かれることになり、昔話の語り手を探そうとしたら、昔話を語れる人はほとんどいなくなっていた、という。ちょうど先述した松代での聞き書きの直後に当たる。松代では、ぎりぎり昔話が生きている時代に間に合ったが、昔話環境の喪失は、小国の方が先行していたのだろうか。

昨今、道の駅、老人ホームなどで、新しい語りの可能性が、生まれつつあるようにも聞く。昔話にも語りにも、今、新たな方向を模索して様々な活動が行われているが、ここでは、それらの活動はひとまずおく。本書では、およそ七〇年以前には、共同体あるいは家庭の中で生きていた「昔話の語り」が、その存在基盤を失って以降、なお半世紀以上にわたって、語り手の記憶の中に命脈を保ち、おそらく存在の最終段階に来て、なお元気な、その「昔話の語り」の現状を三人の話者の語りによって記録することを旨とした。

目次

目　次

目次

目　次

語りによる越後小国の昔ばなし

Ⅰ　小国で聞いた昔話（資料編）

小国町相野原観音堂

動物昔話

1　干支の始まり

（鈴木百合子語り）

とんと昔があったてんがの。

ある村へ身上《しんしょ》のええ太郎《たろ》べろんと、貧乏《びっぽ》の次郎《じろ》べろんがあったってんがの。太郎《たろ》べろんは身上《しんしょ》がええんだが、飼《こ》うてる猫もおかしら付きでまかのうてもらって、ネズミが蔵にいきゃあ豆に米に小豆に何でもあるんだが、なんもあがあがしないで猫の前をネズミがとんで出たとて猫は手を出さん。裕福に暮らしてたってんがの。

次郎《じろ》べろんの方じゃ、じさまと牛が住んでいたろも、じさまがぎっくらごし起こして牛の草刈りしらんねかった。ほんだら牛はだんだんだんだんだんだん痩せこける、じさまもだんだんだんだんだんだんだん痩せこけていく。二人《したる》は牛とじさまと腰が抜けて立たんねなった。ほしたら太郎《たろ》べろんのネズミが、

「猫どん、そうけ毎日毎日《めんちめんち》お頭付きつけてもろうがんに、次郎《じろ》べろんのじさまと牛どんにたまには一匹やったらどうらい？」

「やらやら、そっつらがん。おら、てめえで食うたほうが、いっちうめえ食うてえ」

そう言うて魚一切れでも次郎《じろ》べろんのじさまに猫はくんねかったと。

ほたらネズミがみんなして集まって、

「じゃあおらが、次郎《じろ》べろんの牛とじさま助けようにか」

「ああ、そうらね」

ほして太郎《たろ》べろんはごっつぉがいっぺえあるんだんが、ちぃとずつこっちのネズミはおかず、こっちのネズミはごはん、こっちのネズミはおつゆ、みんな集めて、次郎《じろ》べろんの牛とじさままかのうたと。ほしたらじさまも牛もめきめきめきめき太って腰が立つようになったと。ネズミどんのおかげでまあ達者んしてもろうて、えかったや。

そう言《ゆ》うているろこへ、お寺の方丈さまが、

「明後日の日の出と一緒にお寺の山門に飛び込んだもんから十二支の仲間んしるすけ、ふるって皆《えんな》が来てくれ」

というお札が村中のあちこちあちこち立ったてんがの。だろもネズミは、

「おら体が小さくてとてーも朝げ、日の出と一緒になんかお寺の山門までとんでいがんねんだんが、おらあきらめろや」

そう言うてネズミは相談してた。たら次郎《じろ》べろんのじさまと牛どんが、

「おいおい今日、こういうときゃっさ、命の恩人だがにネズミ恩返ししようねか」

「おれがこの角にネズミを乗してほして一番乗り、ほしてネズミどんに恩返ししようねか」

「そらーええことだ。じゃあおめえもごっつぉいっぺえ食《く》て、足強うして明後日の朝げは日の出と一緒にネズミを連《つ》ってお寺へ行ってくりゃ」

ほしたらネズミが来て、

「おら、お寺へ十二支に行きたいだろも、体が小さくて行がんねんだが、牛どん頑張ってきてください」

「いや、とんでもねえ。牛どんが頑張るが、ネズミどんをちゃんと乗して一番にしるすけ、明後日の朝げは俺が角へ乗ってくれ」

そういうて明後日の日の出になったんだんが、牛は角にしっかりつかまらして、

「ええかネズミどん、落ちんな。俺がとんで行くすけ」

ほして牛どんは、こんだけぐっさ命の恩人だ。なんがなんでも一番にならんけ。ほいで、がさんがさんがさんと行ったが、道中いろいろけだもんがいたども、みんな飛びこして、ほして山門にとびこんだらちょうど虎がいたったてがの。この虎、一番になろうもんなら、おらがなんがなんでもこの虎をよけなきゃなんなこて。入って虎をぐーっと体でねじって虎を転ばして、ほして角をぐるんぐるんぐるんぐるん回してぐーんとネズミを本堂の方丈様のほろっこへ投げ込んだ。

方丈様は、

「ほうかほうかほうか、体が小さいども一番に来たかや。ようしたようした」

長谷川邸（塚野山）

ほう言うた。

ほしたらネズミが、

「いやーや、俺が一番に来たこたんやなくて、隣の牛どんが俺を乗して来てくれたらんだんが、牛どんが一番のがて、おら連ってきてもろたんで牛どんが一番」

牛どんが言うには、

「いやーや、おらの命の恩人なんだ。今日ぐっさ恩返ししなきゃならんと思ってネズミどんを一番に連ってきたらんだんがんネズミどんが一番」

二人《したる》が「牛どんだ」「ネズミどんだ」、ほしたら方丈様が、「ほうかほうか、ねら、いい心がけだ。じゃあ俺が決めようかね」

「ああ、じゃあそうしてください」

「じゃあ牛どんが恩返ししたいてらんだんが、それをありがたく受け取って、ネズミ、一番になれや」

「ああ、じゃあ申し訳ねえのう牛どん。俺が一番にさしてもろうてええかの？」

「ああいいくらいいくら」

ということで子・丑・寅・卯・辰・巳と十二支が始まっただと。

いきがすぽーんとさけた。


（解説）

十二支の由来譚。十二支は中国に始まり、周辺の日本、朝鮮、モンゴルなどに伝わったといわれ、十二支にまつわる話も中国から各国に伝わったと考えられる。猫と鼠は、昔、仲良しで、一緒に十二支に名乗りをあげに行く約束をするが、鼠は猫に遅い日付を教えるなどして、自分だけ先に行ってしまい、猫は十二支に入りそこなう。以来、猫は鼠を恨んで追いかける、あるいは鼠はこっそり牛の背に乗って行き、最後に飛び下りて一番乗りになる、などの話がある。


鈴木さんの語りでは、貧乏な家と金持ちの家があり、鼠は貧乏な爺とその飼牛の暮しを見かねて、金持ちの家の飼猫に援助するように促す、猫は断るが、鼠は自分たちで助ける、暮しが楽になった爺と牛は、お礼に牛が鼠を乗せて十二支の名乗りをあげに行く、牛の推薦で鼠が一番、牛が二番になる。この語りでは、猫は最初に登場するものの、鼠との直接の葛藤は無い。一番が鼠、二番が牛で、十二支に猫は入っていない、という結果は同じだが、ずるい鼠が親切な鼠に変化している。『榎峠』の、鈴木さんの話では、猫は「朝げのさぶいがんに十二支なんて、仲間にしてもろうわんたっていい」と断っており、「のめしこきの猫は仲間にしてもらわんねかったと」で終わっている。鈴木さんにこの話の来源を確認したが、十二支の話は、誰でも知っていて、特に誰から聞いたということもない、鼠が貧乏な家の爺と牛を助ける話も、なんとなく知っていた、ということだった。

小国では、以前は二月十五日の釈迦の命日には米粉で干支の人形を作ってお釈迦様にお供えした、という。十日町では、今も一月中の五の日の節季市で、三センチほどのしんこ細工の人形チンコロが売られる。飾り物で、ひび割れの状態によってその年の運勢を占ったという。チンコロには、その年の干支の人形も作る。十二支が生活の中で親しまれていたことがわかる。

2　のめしぎつね

（鈴木百合子語り）

（私は昭和一二年ごろ小学校一、二年生ごろのことを少し話してみますので聞いてください。あの頃は雪がいっぱい降ったと言うか、今のように二階建て三階建てはあんまりなくて葛屋根でけらばが短くて、一晩に一メーター一メーター五〇も降ると、ぐしからけらばから地べたから伸び続けんなって、朝げやいつ夜が明けたかわからん、うちん中真っ暗。でも時間になるとかっかとばんばが、「ほらねら、学校行く時間だぞ、朝飯できたすけ、起きれや」そういうて起こされて。へんなかの前、十燭の電気が一つしかなかったです。新聞もラジオもなくて、そいで学校行く仕度、綿入れ着て羽織着て三尺して、本は風呂敷に包んで担いで行きます。学校行く仕度ができると、「ほらみんなが朝飯食べれや」って、かっかが言って、くず米を臼で粉にしてそれをこねて、あんぶ、たいていのうちが朝飯はあんぶのようでした。その頃はたいてい三人や四人子どもがいました。それでかっかが、「ねらねら、指の後が一つついたがんはヨイシが入ってたぞ、二つ指の後がついたがんは、やたら味噌が入ってたぞ、三つ指の後がついたがんはあつきが入ってたぞ。どっでも好きながんいっぺ食って、学校へ行けや。みんなが「おらヨイシがいい」「おらあつきがいい」って、いっぺえ食って学校行く。雪がいっぺえ降ってて、ゴムの長靴なんかなかった。藁沓履いて風呂敷で学校の本かづいて藁帽子かぶって、朝早く道つけたろこは、早いっぺ雪が降ってスポンスポン、学校行きました。

学校上がってくると、大人はうちの周り雪掘りして、五年生六年生になれば雪掘りの手伝いもしました。「今来たでー」うち入ると、ばっばが「おー寒かったろ、寒かったろ、早当たれや」と言って、へんなかはかぶつにぬかくべて、もろもろもろもろと、へんなかはたいてい一日火が消えないようでした。そこに当たると「今日はちっと、ぼよをここへ運んでくれや、それからぼよを運んだら、据え風呂一つつぎ込んでくれや。今日はおらこへ据え風呂立てて、あたり近所の衆よばってお湯へ入ってもらおう。据え風呂つぎ込んでくれ」ポンプのうちもあったし、釣瓶のうちもあったし、流れ川が近い人は川の水を汲んだうちもあったと思います。ほして据え風呂をつぎ込むと、あたり近所に、「今夜はおらこで湯立てるんなんが、湯う入りん来てくらさい」っていうて使いして。その時はうちのが早めに夕飯食べて、あたり近所の人がお湯う入るんがん、待って、あたり近所の人はみんなちょうちん下げてお湯入りに来て、一軒のうちから二人も四人も、それにうちの家族、あちこち二十人にもなったんでしょうかね。その風呂、火い焚き、小学校四、五年生になれば火焚きが仕事でした。「お湯はなじらえの」「ああちょうどいいや」「ああ、ちっと温いんだんが、もうちっと熱くしてくれや」「はい」みんながお湯から上がったら、子どもは大人の背中はたいたり、腰もんだり。そうすっとばんばとかっかはへんなかに渡しかけて、きび餅に粟餅にえろご餅に、かけて、砂糖味噌つけてその砂糖味噌が焦げる香がぷーんと今でもその香がするようです。ほしてその餅を食ってお茶を飲むと、こんどは甘酒も沸かしてもらって、その甘酒を飲みながら、ばんばが「ねらねら、のめしこきだけはなってくんなや。つぁつぁやかっかみてように、稼ぎ手になれや。稼ぐに追いつく貧乏なし。のめしこきだけんはなにがなんでもなっちゃならんぞ」そう言って、ばんばが語ってくれました。）

昔があったてんがの。山奥へきつね村といたち村があったてんがの。

そのきつね村へ、のめーしでのめしでのめしで、どすのめしこきで、みんな、へえ、十一月も末んなれば、冬篭りしねきゃーならん、みんなが一所懸命で木の実拾てきたり、魚捕《つか》めてきたりして、冬篭りのしたくしるろも、そののめしぎつねはあっちへごろごろ、こっちへごろごろ、人の拾うてきた木の実、とって食たり、魚とって食たりして、村の衆《しょ》はへぇてこずって、この、のめしぎつねをひとつ、村から追い出そうねか、ていう、常会開いて常会で話がまとまったと。

　のめしぎつねは、どうしょもねんだんが、朝げ、

「お世話んなりました」

　そう言うて、村を出たと。ぼっさぼさぼさぼさぼさぼさ雪が降って、すぽーんすぽんと体が半分も雪ん中へもぐるような、大雪だったてんがの。きつね村の村長さまが、

「のめしぎつねや、いつーでも、稼ぐ気んなったら、この村へ戻って来ぉや」

　そう言うて、見送ったと。


　のめしぎつねは、どごーって行く当てもないし、さーぶいし、腹は減ってるし、どうせやえーろ、ま、すぽんすぽんと足の向くまま気の向くまま、歩《あ》んで行ったら向こうのほうへ、でっけー椿の木があったと。椿の木の下は泥《べど》が出ったと。まあ、あこへ行ってひとつまあ、休もや、そう思《も》て、その、椿の木の下のべと原行って、ごろーんと横んなって、これからどうすやえーろ、考えて、上のほう見たら、椿の実がひとつ、なってたったてたんがの。あーぁえがった、あの

椿の実ひとつもいで食おうかな。のめしぎつね、寝たまんま、手ぇ伸ばしたども届かんかったと。あ、こりゃまあだめだ、ちっと腰上げて、手ぇ伸ばしたども、まだ届かん。あ、こりゃまあだめだ、立って手ぇ伸ばしたども、まだ届かんかったと。ああまあ、思い切って、いっちにーのさーんで飛び上がったら、椿の実がぼつーんともげたてんがの。あーぁ腹が減ってるんだん椿の実みーんな剥いて、食うたら、んーまかったと。ほっぺたがとび落ちるほどんまかったと。のめしぎつね、あーあ、やっぱしのめししてたんじゃだめら。俺もこれから稼ぎ手になろうや、そう決心したと。

決心したばっからてがに、空、弥三郎婆《やさぶろば》さま（23の話参照）が、雲に乗ってでっけー袋担いで、ごーっと出ていったと。やさぶろばさま、そこら、近辺にいる、わーりぃ子どもみんな攫《さろ》ごうていぐだと。やさぶろばさまが出てったあと、ふーっといい香《か》がしるてんがの。まーぁこっけんとこへ、なーんでこげええ香がすっだろ。だんだんだんだん、ええ香が、油の香、あ、こらここらへんに油あげ屋があっだろか。まーたその油あげが食いたくてほしくて、たった今稼ぎ手になろうと思て決心したららも、そげは忘れてしもて、

「よーし、きれいな姉さに化けて、ひとつ油あげ買《こ》え」

そう思て、一所懸命かわいげな、きれいな姉さに化けっだども、日ごろ、のめしこきで、化けること、ろくすっぽなろうてねんだんが、なかなか上手に化けらんね。鼻がとんがって手は毛ぇだらけ。尻尾は隠れね。でも、のめしぎつね、てめえじゃ、かわいげなええ姉さに化けた

と思てまっ赤な着物着て、ほし、油の香のしるあんを辿て行たら、一軒家が、もろもろもろもろとけむが出てて、油あげ屋があった。前行って、どんどん、どんどんと戸ぉ叩いた。

「ここのしょ、油あげ売ってください」

そう言《ゆ》ってかわいげな声出して言ったと。ほしたら中でばさまが、

「あいあい、今開けるがのし」

そう言うて、ばさまが来て、ごろごろごろごろーっと、戸を開けたと。ばさまはたまげて、化けもんだやら、まあ半化けの、鼻はとんがって、尻尾はあって、手は毛ぇだらけ、はーぁばさまはたまげて、ひっくりかえって、腰もがらかしたと。

「じいさまじさま、おーごっだて。おらこへ化けもんが来たて。はよ出てみてくらさい」

じいさま、

「なんだやなんだや。どらどらどら」

出てきて、見たら、

「おーだおーだ、だてやおお化けもんだ。汝《な》が話に聞く、きつね村の、のめしぎつねやかや。まあなんだいそっげな化け方じゃ、おら、油あげのカスでもくれっこたならん。きつね村へ、戻って、また一所懸命稼ぇで、一所懸命で化けることなろうて、一人《いちにん》めぇに化けられるようになったら、おらこへまた来い。ほしゃ、油あげ腹いっぺでも腹にへえでも、食わしてくれるすけ。ほーげな化け方だけはカスでもくれっこたならん」

がらがらがらぴしーんと戸を閉めちもうたと。

のめしぎつね、

「はーぁ、やっぱし、稼がんきゃだめらかね。よし、今度《こうだ》くっさ、稼ぎ手になるぞ」

また決心したと。


まあ、どご行けやいいろ、途方にくれてたら、隣んの馬屋《まや》のそらで、けけこっこ、こここここ、こここ、鶏が、卵産んだような音がするてんがの。や、まーたのめしぎつねや、その卵がほしくてほしくて、またたった今稼ぎ手になろうとした、決心なんか忘れちもうて、

「よーし、あのまやのそらへ上がてひとつ、卵とらね」

そう思て、まや行ってそーっと戸を開けて見たところが、でーっけえ真っ赤な朝鮮牛が、ごーとごとー、ごーとごとと、へらすみしてたと。こげなでっけえ朝鮮牛がいりゃあ、あの、まやのそらへ、どうして上がれよう。そこらを見回したら、ちょうど隅っこのほうへ、猿梯子がかかってたと。

「あ、こーらまあよかった」

朝鮮牛起こさんように、そろー、そろんと、猿梯子を上がって、まやのそらへ上がったてんがの。そうしたら、かごん中へ、たった今産んだばっかの卵が五つも六つも入ってた。

「こーりゃえかった、こりゃえかった」

そう思て、のめしぎつねは、そろーんとかごの中へ手ぇ、入れようとしたら、あーぁじじどりにばばどりに、かーこっこっこっこっこっこっこっこここ、みーんな手ぇつっつっついて、挙句の果ては、のめしぎつねの目玉をつっついたと。はぁ、こっつぁたまったんじゃね、目玉をつっつかったんだん、猿梯子がいっちのてっぺんから、朝鮮牛の、気持ちよく寝てる、どっ腹《ぱら》へ、ずっどーんと落ってしもたと。あーぁ朝鮮牛は気持ちよく寝ってがん起こさったんだんが、怒るやらたまげるやら。ごうぎな角を振り回して、ほーして、くそだらけの尻尾で、のめしぎつねを、びしーんびしんと、押さえつけたと。のめしぎつねは、鶏につっつかって血だらまかになって、牛にはこんだ、くそだらけの尻尾で押さえてつけらって、命からがら外へ逃げてったと。

「はぁーあ、のめしは、はやこりーごりだ。こんだくっさなんがなんでも稼ぎ手になるぞ。だどもまあこんげきったね体じゃどうしょもない。川行って体きれいにしょ」

そう思て川行って体洗ぅてたら、なんか下《しも》の方へ、ごらごらごらごらにぎやかだってんがの。

「まぁ下の方へなんがあっがだろ」

行ってみたと。ほしたら、いたち村の衆《しょ》がえ、村中の者が出て、桶にバケツに、魚つかめているてんがの。桶ん中やつんつん、バケツん中つんつん、魚が泳いでる。

「おまえがた、いってえなんがあんがえ」

ほいたら、いたち村のしょが、

「あぁ、おらはへえみんな、あの、穫り入れも終えたんだんが、これからあの村中で、魚つかめて、ごっつぉいっぺして、かくせつしっかだ」

そう言うてかぁしたと。たーらもうのめしぎつねはつんつんつんつんとバケツん中いる魚が、またーまた欲しなって、それくっさぁ化けることも知らんなんだんが、尻尾で、くるくるーっと魚あげることも知らんだんど、魚が欲しくて、バケツの前行ってぐるーっとして、尻尾をいれて、魚あげようとしっども一匹《いっぴ》でもかからんかったと。そしたら後ろのほうで、いたち村の村長さまが見てて、

「のめしぎつねや、そっけーえ魚が欲しいけ?」そう言うて聞いたと。

「ああ、おら魚がほーしい。はらいっぺー食てみて」そう言うたと。

「じゃあおれがええこと言うてきかせる。魚がいっぺ捕まえられること言うてかせる」

「はい」

「これからな、あの、ほら、だんだん晩方んなってきて、夜が更けてきたころんなったら、あの池へ行って、尻尾を池の真ん中にたらしていると、お月さまの青いがんが出てきて、池の水がしゃっこうなってくると、尻尾にこつこつこつこつこつこつと魚がかかるすけ、朝方、あんーまり欲張らんで、ほどほどにして、尻尾をあげて、ほしてきつね村へ持っていけや」

そう言うて聞かしたと。あーのめしぎつねはええこときいた、まだ魚つかめて食たわけでもないども、はーやここ食たような気になって、

「はーい、いたち村の村長さま、ありがとうござんした」

そう言うて、まだおてんとさまがてっちょぃるうちから、池のはた行って待ってたと。だんだんだんだん晩方んなって、よさるんなって、お月さまが出てきたてんがの。

「はやこれぐらいになりゃ入ってもいいかな」

そう思て、尻尾を池ん中へいれて、

「はぁまだかな、まだかな、まだかな」

と思て待ってたと。したら、みし、みし、みし、池が凍り始めた。ほしたら、尻尾がこつこつ、こつこつ、こつこつするってんがの。

「やーあ、こらいいあんばいだ、まぁどんげいっぺかかっだろ」

まぁ、なからんして尻尾をあげりゃいいがに、

「もうちと、もうちと、もうちと」

はやこつこつこつこつこつこつ、尻尾が重たなってきたと。

「あやいいあんばいだ、いいあんばいだ。いっぺい魚がかかった、いいあんばいだ」

そう思ていつまでも尻尾あげないでいたら、空が白んで夜が明け始めたと。そってもまだのめしぎつねは魚がいっぺ欲しくて、尻尾をあげないで、頑張ってたと。

そしたら夜が明けて、村の子どもがみんなしんばだしてきたと。

「ねーら、こっちのほうにしんばたにいごうや。あっちのほうにしーばたにごいや」

〽しーんばたしょーや、
しょーやのかかが寝てーてよつばるこいて
宿のかかかっつけたー、かっつけたー
の歌、うたいしまに来るってんがの。

「あーおっごったぜ、あのがき大将ってぃぅもんにみっけらってんもんならん、魚どころじゃない、命がない。まぁここらへんであげろかな」

だーども尻尾びくとも動かんね。そのうちに子どもがめっけて、

「ねーら、でっけぇきつねがいた、行ってつかめぇようや」

こっちとんで来るってんがの。

「あーぁおごったおごったおごった、はーやくとっ尻尾をあげなきゃならん。はぃよいしょ、よいしょ、よいしょ」ったって、びくともしない。

「あまぁ、おごったぜ、おごったぜ」

子どもは、はや近間へきたってんがの。たらきつねは、

「しょーしょもござく、離れてくれや、どっこさのさーよいしょこらしょ。しょーしょもござく、離れてくれや、どこさのさーよいしょこらしょ、どこいさー」

子どもが、

「おーいでっかいきつねや、早よつかめろやー」

なんて池のふちに　来たってんがの。

「あーぁおごったおごったおごった。よいしゃこらー」

したら、池中の氷《ざい》が、みーりみりみり、みりーっと割れて、のめしぎつねの尻尾がとれたと。あーぁいかった、のめしぎつねは尻尾にくっついたでっけぇざいをひきずりながら、血だらまっかの尻尾をさげて、命からがら、稲荷様に逃げあがったと。

いきがすぽーんとさけた。

（解説）

新潟を含め国内では「獺と狐」、世界的には「尻尾の釣り」のタイプ名で知られる話である。『大成』「昔話の型」の３「獺と狐」は、「一　獺と狐が招き合いをする　獺は魚をごちそうするが、狐は約束を守らない　二　獺は魚の取り方を知らないからだと言って狐をなじる　三　狐は魚のとり方をたずねる　獺は尻尾で釣ったと教える　……」とまとめられている。

鈴木さんの語りは、題を「のめし狐」とするように、前半は、のめしこきをしたら、どんなにひどい目に遭うか、まともに人に化けることもできず、油揚げ屋の主人に馬鹿にされ、鶏の卵を盗もうとして、朝鮮牛に追いかけられる情けない狐を例に、生き生きとテンポよく語られる。後半は「尻尾の釣り」となるが、この語りでは、いわゆる狐と獺の招びあいの不公平、すなわち料理でもてなすのは獺だけという「尻尾の釣り」の前半モチーフを欠くため、後半が、獺の意趣返しだということがはっきりしなくなっている。『榎峠』36の話も、狐とかわうその招びあいはなく、狐が魚のとり方を獺に聞くところから始まる。この点、たとえば下田村出身の中野ミツの「獺と狐の招びっくら」（『中野』二〇頁）では、前半、まず獺がたくさん魚を捕まえて狐を腹いっぱいにもてなす。ところが狐のほうは、山を一日駆けずりまわっても、山鳥一羽捕まえられず、鶏を盗もうとしては鶏に騒ぎ立てられ、命からがら帰ってくる始末。もてなす準備ができていないので、獺が土産を持って訪ねて来ても居留守を使い、一回目は「天向なずき（見張り）」、二回目は「地なずき」だった、と言い訳するが、獺に「嘘つき」と一蹴される。そこで獺に魚のとり方を教えてくれ、と頼む、となっていて、話の展開がわかりやすい。なお、中野さんの語りも鈴木さんの語りも、狐のダメさ加減をたっぷり語っていて、たくさんある類話の中でも、印象深い。

鈴木さんの語りに出てくる弥三郎婆は、小国と柏崎の間に横たわる八石山地に住む山姥で子どもをさらって食うと言われた。（23の話参照）

凍み渡りのわらべ歌が出てきて、五〇年前の小国の冬の子どもの日常が彷彿とする。のめしに懲りた狐は、今度こそ、と我慢強く尻尾を水につけていたため、しっぽが完全に凍って取れなくなる。「ねら、こっちの方にしんばたにごいや、あっちのほに、しんばたにごいや、しんばたしょーや、庄屋のかかが、ねてーてよつばるこいて　やど（のかかに）かっつけたー、かっつけたー」子どもたちの囃し言葉に出てくる「しんばた」とは凍み渡りのことで、一面に凍った田んぼは、どこまでも自由に歩いて行けた。宮沢賢治の「雪わたり」も「堅雪かんこ　しみ雪しんこ」と狐が唄う場面から始まっている。一切の障害物が埋もれた雪野原の開放感が伝わってくる歌である。「寝小便こいた」と囃されている「庄屋のかか」とは、金沢の庄屋さま、山口家の嫁を指す、という。山口家は、現在は山口庭園として屋敷跡を一般に公開し、郷土資料館を開設する。山口奨学会を運営するなど、今も小国一の素封家である。小国の話では、金持ちの代名詞としてしばしば登場する。この部分、栃尾の話では

「しんばし、しょうやのかかが、イモにてかした、カブにてかした、もっと食おうとしたれば、目、くち、はばけて、死にやった」（『栃尾郷』一七頁、昭和三六年の語り）と唄う。凍み渡りしてきた子どもたちに見つけられた狐は、必死にもがく。鈴木さんの語りでは「しょーしょもござこ、離れてくれや、どこさがさー、よいしょこらしょ、どこいさー」と唄うが、小国の高橋篤太郎の昭和三四年の語り（『榎峠』36）では、

「おびなもこびなもぬいでくれ。しょうしょのざっこはふるはなせ」

新潟の各地の昔話集では、

「お鮒も小鮒もいいらねぞ、尻尾ばっかぬげてこいっ」『村松』三頁

「ヨイサラサラのスッコンコン、しょうしょうのこんだら、のげてくれ」『栃尾郷』一七頁

「大魚《おーよ》も小魚《こーよ》も離いてくれ　かいかいかい　こんこんこん」入広瀬村『ミヨキ』三八九頁

「千も万もくっついたか　ヨイサラサのすっこんこーん」『松代』一八頁

「尻尾、尻尾、抜げてくれ。鮭ンよもいらね。鯉も鮒も放してくれっ！」下田村『中野』二四頁

いずれも狐の必死さが伝わってくる。結末は、狐が血まみれになりながら逃げおおせる話と捕まって狐汁にされる話がある。

なお鈴木さんがもともと聞いた話は「狐と獺」だったが、今は獺がいないのでイタチに変えた、という。「獺祭」の由来となった獺の習性あってこその話だが、日本では絶滅種になってしまい、語り手にもその経験が失われては仕方のない改編なのだろう。鈴木さんと同年生れの五十嵐サチさんは、川辺の土手に黒い細長い獣が寝そべっているのを見たそうなので、昭和一〇年代にはまだ小国のあたりにも獺は生息していたようである。

3　かちかち山

（鈴木百合子語り）

昔があったてんがのぉ、なじょんか稼ぎ手のじさまが、毎日毎日《めーんちめーんち》畑へ野菜作って楽しんでいたってんがのぉ。

ほうしたら、狸がめーんちめーんちめーんち出て、じさまの丹精込めた野菜を皆《いん》な荒らしまわってた。

じさまは困ってしもうて、兎に相談したと。

「おら、まぁおれが丹精して、作った野菜をいーんな狸が荒らしちまうが、どうせやええろに」兎に相談かけた。

兎は「そうらのぉ、じゃあ狸にぼよだしのあいほうへ来てもらえばいいことや」

「はぁ、じゃ、ぼよだしに来てもらってどうする」

「狸にいっぺえぼよを担がせて、ほしてじさまおめえ後からカチンカチンと拍子木に火つけれ。ほして狸が池（海？）に行ったら火傷してるすけ、それは後は後でまたおれが考えるすけ、ともかく、狸をぼこのだしへ頼めや」

ほして、兎の中声《なかごえ》で狸からじさまのとこ行ってぼよだしのあいほうへ来てもらった。狸はえつれもじさまの野菜を傷《えた》めているんだが、「まぁ多少の恩返しもしよう」という気もあったろか、気持ちよくじさまのとこへぼよだしのあいほうへ来た。ほして、

「じゃあ、あの山奥からぼよを持って来んだが、おめぇ担《かず》がれぇだけ担いでくれ」

狸はひとつげぼよを担いだと。後からじさまがええかけんのろこまで来たら、カチンカチンと拍子木を打って、火つけ始めた。ほしたら狸が、

「じさま、じさま、このカチンカチンていう音はなんだろうへの」

「あぁここはかちかち山ていうとこなんだ」

「ほうかい」

ほして、そのうちにだんだん背中があったこなってくるよう、その内にぼぉーぼぉーぼぉぼぉと背中が焚きもんがみんな燃えて、ぼぉぼぉぼぉと音がする。

「じさま、じさま、ぼぉぼぉていう音はなんだろうへのし」

「ここはぼぉぼぉ山」

その後、狸は背中が焼けてきて、

「あちぃ、あちぃあちあちあちあち」

みんなぼよは背中で燃えて、狸の皮まで燃えて、狸は、

「あちぃやあちぃやあちぃ」

じさまは待ち構えていて、なんばんの粉を練《ね》ったがんを狸の背中に塗《の》ったくったと。まぁ狸はたまったんじゃねぇ、

「いてぇやいてぇやいてぇや」

「じゃあ海行こ、海の水かけりゃいいすけ、海行こ」

ほして狸を海へ連ってって、海の水をぶっかけた。ああ、しかも痛くて痛くてどうしようもねぇ。ほしたら、泥舟と木の舟二艘《そう》用意してて、兎は木の舟へ乗ったと。じゃあ狸は、

「おら、この泥舟がいい」

ということで、狸は泥舟乗った。ええけんどこへ行ったらぶくぶくぶくぶくぶくぅー狸は海の底へ沈んでしもうたと。


（解説）

「かちかち山」は、五大昔などと言われて、日本でもっともよく知られた昔話の一つである。悪狸が、婆を殺して婆汁にして、爺に食わせる。兎は爺に代わって仇打ちをしようと狸に萱を背負わせ、後ろから火をつけ、火傷した狸の背に唐辛子を塗りたくり、泥船に乗せて溺死させる。前半の悪狸が後半では一変して兎に騙され痛めつけられて殺される愚か者になる。新潟県内で記録された話を見ても、狸の悪さ、兎の関与の仕方など、さまざまで、概して長い話として語られることが多いようである。『榎峠』にも高橋実さんが一九五八年に記録した二話が入っており、小国でも広く知られた話だったことがわかる。鈴木さん自身は直接、語りを聞いた覚えはない、という。鈴木さんのこの語りは、

準備されたものではなく、雑談のおりに、「かちかち山」をご存知かとうかがったところ、最初は「わかりません」と断られたのを、一時間ほどの間に思いだして、「じゃあ、ちょっと語ってみます」と、いわば即興で語ってくださったものである。婆汁の話が無いことと、狸がやけどをして以降は、泥舟が沈む結末まで、ほぼ筋を述べるにとどまっているものの、破綻なくまとめて語っている。鈴木さんの語る話としては短いが、「かちかち山」の基本モチーフ構成はしっかり押さえている。昔、本で読んで覚えていた、ということだった。兎が狸に頼むのが「ぼよだしの手伝い」で、また婆汁モチーフが無い点は、『榎峠』所収の33「かちかち山」（高橋篤太郎）と一致する。この話では、兎は、大便が出ないように尻を縫う竹やぶの兎、やけどの薬と偽ってたれ（蓼）を塗るたれ原の兎、杉の枝を下ろして船を作る杉原の兎として登場し、狸にはべと（泥）船を与えて、溺死させる。その後、兎は子どもが留守をする家に上がり込んで遊び、親には内緒にするように言うが、帰宅した親は兎のいたずらを発見し、なたを投げて兎の尻尾を切った、となっている。（『榎峠』所収の鈴木さんの72「悪だぬきに罰」は、狸が兎汁を食わせると偽って、鍋に糞をし、怒った男がなたを投げて狸の腹の皮をはいだ、とこの後半部分が独立したような話になっている。）これが鈴木さんの読んだ話と同じかわからないが、比較すると記憶に残る部分がわかって興味深い。『榎峠』所収のもう一話34「べと舟と杉舟」（木原カノ）は、狸にいつも弁当を盗まれる爺が、しかえしに狸に萱刈りを手伝わせ、狸が背負った萱に火をつける、ナンバンを塗っても狸が死なないので、縛って庭にぶら下げる。狸は縄を振りほどき、婆を殺して逃げる。爺が悔しがると、兎がべと舟に狸を乗せ、爺と兎は木の舟で、狸を溺れさせる、となっている。

4-1　ふるやのもりや

（山崎正治語り）

とんと昔があったってんがの。ちょうどこの村みたいなところへ、ものすごく身上《しんしょう》のある旦那さんがいたったと。十一月の三十日っていうのがあるんだけど、これはそうたいぎょう、農業やってる人たちの一年中の仕事の総納め、といって、旦那様の家では、

「そのそうたいぎょうが来たすけ、ねら、おらこ招《ゆば》って来いや」

そう言って村中の子どもたちを全部招待したって、招んでくれた。ごちそういっぺいして招んでくれたんだね。そして旦那様が言うには、

「さあねらねら、ねら腹いっぺえ食ったかや。じゃ、こんだへんなか来てあたれや。どうどう今日はひとつ、ねらにひとつ聞きたいことあるんや。この世の中でいっちおっかねえんは何だか聞かしてくれや」

そういって旦那さんが言った。

「お前どうら」

「おらは狼《おおいん》いっちおっかね」

「おめえは」

「俺もおおいんいっちおっかね」

ちょうどそん時の、その狼がこっそりやって来て、旦那さんの庭へ忍び込んで、鶏を盗んでいこうかと思うて来てた。ちょうど旦那さんが「ねら、この世の中でいっちおっかねえのなんだや」って言ったら、「おらおおいんおっかねえ」「いっちおっかねえ」って言ってた。

さあそれを聞いていた狼さんは喜んだと。

「へへ、この世の中でもって、いっちおっかながられてるってのは俺様だな」

そう思っていいい気になっていたっと。そうしたらの、旦那さまが一番終わりに、

「おばおば、汝《な》あ、さっきから黙ってるが、なあ、なんがいっちおっかねえや」

って聞いたらの、一番隅っこいた小さい女の子がね、

「おら、おおいんもおっかんねえども、ふるやのもりやがいっちおっかねえ」

そう言うたと。そうしたら旦那様が、

「小せえやんに、げいもんだ、げいもんだげいもんだな。ふるやのもりや知ってたかや。そっかそっか」

さあ外で聞いていた狼はぶったまげた。

「ええ、この世の中でもっていっちおっかながられてたのは俺様だと思ってたら、俺よりまだえれえやつがいたらしい。なんだとう、ふるやのもりやだと。いやそんげなのにとっつかれよ

んならおおごっだすけ、おら逃げんけな」

　こっそこっそこっそこっそと旦那様の庭から逃げ出して、峠道出て、山の方へどんどんどんどんどん走りだしたと。その村外れに、屋号が「いち」っていう家がその村はずれにある。そのいちっていう家にはじさまがたった一人暮らしや。そうたいぎょうだなんていったたって、誰もいねえからごちそうしてくれるもんもいねえなんが、自分でもって雑炊かなんかして、ちゃかちゃかと食べて早く寝たと。早く寝たすけ、すぐまた小便出たくなっちゃって目が覚めた。便所へ行くは、めんどくせえすけ、表行ってこいっちまえ、誰も見てねえや。どうせ見てねえってしゃんしゃんしゃんしゃんと小便こいたらの、どうも旦那様の屋敷の方からものすごいもんがとんとんとんとん跳んでくるけ、走ってくる。

「あっ」

　爺さん、まだ寝ぼけてるから、

「こりゃ大変だ。旦那様のとこの馬が逃げてきたんじゃ、あれ捕まえんきゃならん」

　ほうしてそこへ狼が飛んできただと知らねえだかね、とにかくダアーッと狼に跳びついた。そして首のとこヤッととっ捕まえた。たまげたのは狼の方だった。

「これは俺はふるやのもりやに捕まったかな」

　そして落とそうと思ってあっちへぴょんぴょん、こっちへぴょんぴょん。上跳ねたり、体へーひねったり、落とそうと思うけど、じいさんがなにくそ、この旦那様の大事な馬逃がすまいと、しっかっかと首ん玉へ抱きついてた。そのうちに今まで曇っていた雲がサササーッと引いていって、お月様がパーッと出た。その拍子にじいちゃん、ちょっとその自分で捉まってる馬だと思ってみたら、とんでもねえ、狼でねえか。いや、こらまあ大変なものに跳び乗っちゃった、どうしようかなと思ったら、ちょうどどとんとんとんとん走ってる間にね。炭を焼く窯があって、穴があいてたんだが、そこらーと思ったから、じさまピョーンと飛び降りてその穴ん中へバチャーッと逃げ込んだって。狼は喜んだ。

「やーれやれ。ふるやのもりや落ったげえや、よかった。あーよかった、よかった」

ほいで狼は、山へとんとんとんとん上がってってさあ、ヲーーン、ヲーーンと、遠吠えした。遠吠えはね、友だちなんか呼ぶ声なんだ。それで呼ばれたんでね、狼だけじゃなくてね、山に住んでる動物たちがみなぞろぞろぞろぞろ集まって来て、

「狼どん、狼どん、何事が起きたら」

「ふーん、お前らの中、ふるやのもりやってや知ってっか」

「ふるやのもりや、知らねえ」

「お前どうら」

「知らねえ」

「お前どうら」

「知らねえ、聞いたこともねえ」

誰も聞いたことねえ。

「それがどうしたん？」

「いや、そのふるやのもりやってのに、さっき俺捕まえられて、いやーやっとこさでもって落として逃げてきたの」

「じゃあそのふるやのもりやはどうしました」

「下の方の炭焼きがまの穴の中へ逃げこんだすけ、これから、そいつ、どげな状態なのかひとつ、誰か見いてこい。猿、なあちょろちょろしてるすけ見いてこい」

「いやー俺じゃだめだめや」

「お前行ってこい」

「だめだめ」

誰も行き手がなかった。

「じゃあみんなして行けばいいねか」

いうことでもってぞろぞろぞろみんなおっかねえからね、ぞろぞろぞろぞろぞろぞろと歩いて行った。

「ああ、あの穴ん中へ、ふるやのもりやが入って行ったって。どうする」

「なあ行け」

「俺やだ」

「なあ行け」

「俺やだ」

「お前行け」

「俺もやだ」

誰も行き手がねえ。

さーて穴ん中へ飛び込んだ爺さんは、

「これはとんでもねえ穴にとびこんできたや、これからどうし逃げたらええろうかね」

そしたらごやごやごやごやと動物たちがみんな集まってる声がするて。

「いや、こんなんがみんな来や、俺なんかとてもじゃねえが生きていらんねや、どうしよ」

そしたらの、大勢いる動物たちの一番、後からね、兎がね、ぴょこんぴょこんと跳んできて、

「遅うなりました」

って言うて来た。あー、みんなが喜んだ。

「兎、なあ、いっち遅なったすけ、なあ行って見てこい。この穴ん中にな、ふるやのもりやがいるすけ、お前どけなってるか見てこい」

いや、兎はなんだことや事情がよくわからねえども、一番遅くなった罰だっていうなんがな、しかたがねえ、じゃあ行かんけならんかなっと思って、よく事情も分からんがに、兎はひょこんひょこんと中へ入って行ったたって。その頃の兎ってのは、耳が短くてや、しっぽが長え。い

やー中のじいさんがなーんか入ってきたろうと思って、こうして中から見たら、月明かりの中から入ってきたんが兎やって。

「はきゃ、兎、よーし来た。こんげなのが来たら俺がとっ捕まえてやろ」

と思って待ってたと。

兎は外から来たんだか、中は薄ぐれえなか分からねえ。とにかくぴょこんぴょこんと入ってきた。ぴょこんぴょこんと入ってきたんだが、爺さんまあ、すぐ目の前来たんだんが、兎のそのなげえしっぽをこのヒョコーンと捕まえたって。兎はぶったまげたって。

「ふるやのもりやに捕まったやー、助けてくれ、助けてくれ」

外の方いた皆、

「ほら兎や、ふるやのもりやに捕まって。みなで助けに行かねえか」

「おい、なあ行けや。なあ行けや」

「俺、やだ。みんなして行こでねえか」

「よし行こう行こう」

ぞろぞろぞろぞろ、ぞろぞろぞろぞろ中へ入っていった。兎はせつながってわんわんわんわんって泣くて。そのうちにの、とうとうみんなでもって兎のこと引っ張らんといかん。一番前にいたやつは兎の耳、こう捕まえた。後の連中はその後ろにみんなこうつながって、そしてよいしょよいしょ引っ張った。下の方では爺さんがしっぽのなげえの捕まえて、よいしょよい

しょって引っ張るから、兎はせつながって、

「痛やー、痛やー……」

って泣いた。そしてるうちに、短かった耳がだんだんだんだん、だんだんと長うなる。じいさんがしっかりたがえてた長え尻尾がプツーンと短くなっちゃって。それから兎の耳が長くなったし、しっぽは短くなった。あんまり痛《いて》いんなんが、兎はうんうんうんうん泣いたんなんが、目が真っ赤んなったがらと。息がすぽーんとさけた。

4-2　ふるやのもりや

（鈴木百合子語り）

むかしがあったでんがのう。仲のええじさまとばさまが、血統書付きの馬の子を飼うて暮らしていたったと。その晩も、野菜くず、大根のしっぽらの、いものしっぽらのいろごらの屑米を、えんな五升鍋に入ってぐつぐつぐつぐつ、へんなかで煮いながら、じさまとばさま仲良う世間話しながらお茶飲んでいたと。外は、こがらしひゅうひゅうと寒かったと。

山から狼がのそらのそらと出てきて、「今日は寒くて遠いろこ行きたねえすけ、ここの家の血統書付きの馬の子ひとつごっつぉになろうかいの」そういいしまに、縁の下へもぐったと。ほしたらちょうど、へんなかの下なんだ、暖かかったと。「あ、こら、あったかくて気持ちがええよ、ここへ一休みしょうや」狼はごろんとそこへ横になったてんがのう。

したら、てっちょでじさまとばさまがごーらごーらごーらごーら世間話して、そのうちにじさまが、

「ばさまばさま、おめぇ、この世の中でいっち、おっかねえがんはなんだい」そう言うて聞いたと。したらばさまが、

「なあんの、じさま言うやだい、いっちおっかねて言や、こった狼に決まってごったし」そう言うたと。したらばさまが、

「じゃあけや、じさま、おめぇなんがいっちおっかな」

ほしたらじさまが、

「ううん、おら、狼もおっかねえろも、ふるやのもりやがいっちおっかねえ」て言うたと。

さあ下で聞いてた狼は、俺様がいっち偉ぇくておっかねえだとも、俺よりおっかねえふるやのもりやなんてのが、ここらへまあいりゃ、まあつかめらっておおだすけ、早、まあ逃げてでにゃけらん。そう思うていたろこへ馬屋の外のほうへ馬泥棒がずっとぼこをがんがんと縛って、「今日はここの血統書付きの馬の子盗《のそ》んで、博労《ばくろう》に売り飛ばして一儲けしょえ」にたあ、にたんしながら、馬屋の戸をそろーっと開けたでんがのう。ほして、厩栓棒《ませんぼう》、げっがたがた、げっがたがたと、外そうとしたと。

ほしたら狼が縁の下で「そうーら、ふるやのもりやが出た、俺つかめるとて出た。ほっげんとこでつかめられたら、まあおおごとら、はや逃げて出なきゃならん」命がけで一、二の、三《さーん》で馬屋の外へ飛び出たと。や、たまげたがんは馬泥棒。厩栓棒まだ外さんうちに馬の子が逃げて出た。こっげな値打ちもんの馬の子は逃がしちゃならねぇ。馬泥棒も一、二の、三《さーん》で狼の背中へ飛び乗ったと。ほして狼ののどくらまへしっかんかんと掴まったと。

ああ、狼は「ふるやのもりやにつかまっちもうた。なんまいだぶ、なんまいだぶ。神様仏様

助けてください、なんまいだなんまいだ」

　だろも馬泥棒はしっかんかと首っ玉へ掴まっているんだが、取れるものじゃない。狼は、振り落とそう思て、あっちへぴょんぴょん、こっちへぴょんぴょんしても、なんとしても、ふるやのもりやは離れねえってんがのう。

「ま、とても俺の力じゃあ、ふるやのもりやは振り落とさんねが、山へ行って、仲間呼ばって、助けてもろうや」、そう思うて、わざわざわざわざわざわざ、馬泥棒を乗して、跳んでいったと。

　いいけんどこ行ったら、空が白んできて、夜がちとずつ明けてきたてがのう。馬泥棒も、「なんと足の速ええ馬だ。血統書付きの馬の子てが、こってえ足が速ええんだろうかね」

そう思て、目ぇ開けて見たところが、なにが血統書付きの馬の子どころか狼だったと。耳の下までさばけて真っ赤のへらがびろーんびろんと。「ああこればっかしゃ、血統書付きの馬の子だと思うてしがみついったら狼だに。まあとんだことぜ。どうして逃げりゃええろ。降りりゃ狼につかめられっし、どうせりゃいいろ」と思うてるうちに狼は、へえくたびれてるんだんが、木のかぶつに、けつまづいてどさーんとひっ転んだと。ほしたら馬泥棒の手が外れて、馬泥棒はそこにどさーんと落った。見たら、そばに古井戸があった。「は、こん中へ落ちりゃあいい」して馬泥棒は古井戸ん中へ落ったと。

　喜んだがんは狼、「はあよかったよかった、命拾いした。だろもその、ふるやのもりやていうばけもんの姿はまあ見ねらも、この井戸ん中へ落ちるってこたあ、そうたいしてでっけえはあるめえ。いつ、この井戸から上がってきて、また俺が掴められるやも分からねが、ともかく仲間を呼ばって、この井戸ん中のふるやのもりやをみんなして退治しよう」

ほう言うて、山の上上がって、

「おーい、おーい、おーい」って呼ばったと。

熊にイノシシに、狸に狐に鼠にモグラモチに、ぞろもこぞろもこ出てきて、

「狼様、狼様。何の評定でござんしょいのし」そうやって聞いた。

「ねらねら、何の評定もかんの評定もあったんじゃない。おら夕べにゃふるやのもりやなんておっかねえのにつかまっちもうてや。ねら、ふるやのもりやなんて聞いたことあるかや」

「おら、ねえのう」

「見たことあるかや」

「へぇ、そっげながん見たことも聞いたこともねえぜ」

みんなおっかながって後ずさりするけん、

「そのおっかねえふるやのもりやが、この井戸に落ってるんだんが。みんなして力合わせて引きずりあげて、ひとつ、退治してくれや」

「おらおっかねえ、やらの」

「おら、やらの」てみんな後ずさりし。

ほしたら、猿が、

「ああのう遅なっちもうて申し訳なかったのう」、とことこと出てきたと。

「ああ、猿がちょうど手ごろだ。でっかもないしちっさもない。猿、この井戸ん中へ入ってもろて、ほして、ふるやのもりやを引きずらん」

「あ、そうらそら」

猿は、「やらや、おっかない、やらや」て、無理やり、猿の頭頂《とうちょ》にロッペイつけて、猿が「やらやらおっかない、やらや」と泣くんがらも、井戸に落としたと。

ほしたら下じゃ馬泥棒が、「まあ、こっげんどこに落っちもうたが、どうして上がれやええろ」、そう思うてるうちに、手ごろの縄が落ってきたと。猿てや昔はなーげえ尻尾だったがと。その猿の尻尾が落って、馬泥棒は「ああ、こりゃあえがったえがった。手ごろの縄が落ってきた。こげんに掴まろう」て両手で掴まったと。猿が、

「掴まったー！」てがなったと。みんながそれーっと、上へロップ引っ張ったと。よっしゃあよっしゃあ。猿は「痛いやあ痛いやあ」て泣くも、皆よっしょよっしょて、みんなで上、引っ張ったと。猿の面が見えはじめたところで、猿が、

「けつの皮がめけたやー」て言うたと。なんの言うてたのと、皆思うて、引きずらんて。したらば下で馬泥棒が尻尾をあんまり引っ張るんだんが、尻尾だけじゃのうてけつの皮までべろべろべろんとめけっちもうて、猿のけつは真っ赤、面は「あーあ、あーあ」と泣いて力むんだんが、面は真っ赤に。今でも猿は面が真っ赤にけつが真っ赤んだと。

して、ふるやのもりやなんてがんは、始めっからそっげな化けもんはいねがったがと。じさまが「ふるやのもりやがいっちおっかねえ」て言うたことは、のめしいして、屋根の葺き替えしねえと、屋根が漏ってくる、それがいっちおっかねえ、のめしがいっちおっかねえ、そう言うたことんだと。ふるやのもりや、いきがすぽーんとさけた。

（解説）

古くはインドの『パンチャタントラ』五巻「泥棒と羅刹と猿」に見える話である、「羅刹が化けた馬に、馬泥棒が乗り、羅刹は恐ろしいヴィカーラ（夕焼け）に乗られた、と思って逃げる。途中、馬泥棒は羅刹に乗っていることに気づき、樹の枝に捉まって逃げる。猿が羅刹に、乗っていたのはただの人間だ、と言うので、盗人は猿の尾を切る」

日本では、「虎狼よりも古屋の漏りが怖い」という諺としても知られ「1　爺と婆が古屋の漏りが一番恐ろしいという　2　虎狼がそれを聞き、自分より恐ろしいものがあると信じる　3　盗人が虎狼を牛馬と思い、飛び乗る　4　虎狼が盗人を古屋の漏りと思って、振り落とす　5　猿が虎狼に頼まれて確かめに行き、尻尾を切られる」とまとめられる。日本には虎はいないので、たいていは虎狼という恐ろしい想像上の動物にしたり、狼になっている。恐ろしいものを「漏る」とする話は、日本各地に広く語られるだけでなく、中国東南部にも、ほぼ共通の話が広く伝わる。（立石展大『日中民間説話の比較研究』二〇一三）一方、韓国の類話では、虎が自分より恐ろしいものと誤解するのは「串柿」であり、日本の伝承とは直接に結び付かない。昔話の伝播を考えるうえで興味深い例となっている。

小国でもっともよく知られる話の一つであるが、七字句で口調がよいからか、「古屋のもりや」と

「や」をつけて呼ばれることが多いようである。鈴木さんの語りは、老夫婦の会話で始まり、馬泥棒が馬と間違って、狼に跨ってしまうという全国共通の展開になっているが、山崎正治さんの語りは独特で、そうたいぎょう（総怠業）の晩に、地主が子どもたちに「怖いものはなにか」と聞く。狼に飛び乗るのも泥棒ではなく、小便に起きて、旦那様の馬が逃げ出した、と見誤った小作の爺であり、最後に尻尾を垂らして「ふるやのもりや」を探る役も、猿ではなく兎になっている。これらは、小学校教諭であった山崎さんが、教室で子どもたちに語る時の工夫なのだろう。秋のとり入れの後の収穫祭は、「ソウタイギョウ」「あきごと」と呼ばれ、一年の農作業の締めくくりで、地主や本家では、一年間、作業を手伝ってくれた人々を招き、ごちそうしてねぎらったという。正月と並び、昔話が語られる場でもあった。五十嵐サチさんも、親戚に話の上手なおじさんがいて、この日、話をしてくれるのが楽しみだった、と言っていた。この語り出しは、ソウタイギョウの昔語りを伝えたい、と言う山崎さんの思いがこもった語りだしだろう。インド、中国の話とも、虎に跨っていると気づいた泥棒は、たいてい樹上に飛び移るので、確認に行く動物も木登りが得意な猿でなければ成り立たない。日本の話でも確認に行くのは、たいてい猿であるが、泥棒は穴に逃げ込む場合が多いので、山崎さんの語りのように兎に変えても成り立つ。尻と顔が真っ赤になった、と語るかわりに、耳は動物たちに引っ張られて伸び、目も真っ赤になった、とする。

鈴木さんの語りに出てくる血統書付きの馬、と言うのは、今風に語った言葉であるが、新潟県の類話を見ると、かわいがっていた馬、大事な馬の子、と語られており、馬は家族に準じる特別な存在として大切にされていたことがうかがわれる。馬泥棒は、博労となっている話もあり、博労に対して、いかがわしい目で見ていた視線を感じる。

なお鈴木さんの話は、のめしこきをして、屋根の葺き替えをしないでいると、雨漏りがして大変なことになる、と、「のめしこき」を戒める言葉で締めくくられている。長岡の笠原政雄は、「古屋のもりと食っちゃ寝の化けもん」という題でこの話を語り、世の中で一番おっかないのは、古屋のもりと食っちゃ寝の怠け者だ、と言い、編者の水沢謙一は、この言葉をそのまま方言一覧に載せている。（『とんと一つ』二八九頁）茅葺の家が貴重な文化遺産となった現在、雨漏りの恐怖の実感はすぐにはぴんとこないが、天井板が張られていない葛屋でいったん雨漏りが始まれば、どんな恐ろしい状態になるかは想像に難くない。のめしこきあるいは食っちゃ寝と結びつけられることで、この話が、実際の生活の教訓を込めた切実な話であったことがよくわかる。

本格昔話

渋海川（小国町大貝）

5 猿婿

（鈴木百合子語り）


昔があったんてんがの。山奥にじさまと娘の子が三人でくらしてたったと。ある日じさまが、

「ねらねら、雪《いき》も消ぃたし、今日は天気がいいんだんが、おれは山へ行ってはるきしてくるや」

ほして、鉈に鋸《のこ》に手籠《てごん》中入《い》って山へ行ったと。

かたこにのすけに山ぶしに桜に、綺麗に咲いてて、じさま気持ちがいい。一所懸命ころを切ったりぼよを切ったりしよた。して、でっけぇ木一本伐って倒して、枝はえーんなぼよにまるけて、でっけぇろこは割って、ころたなつんだと。あーんまり一所懸命したら、へー昼間《ひんま》からなったらくたびれちもて。

「そんま日がへ、沈むがにおおごったぜ。ぼよは収まらんし、ころも収まらんがに、おおごっだぜ。誰《だ》か、ちとあいほうしてくれるんがあったら、おら、娘の子が三人あるろも、どれか一人嫁にくってもええろもな……」

と、じさまがせつなまぎりに誰も聞いてないと思て言《ゆ》うてしもた。

ほうしたら、藪からガサガサガサガサとでっけぇ猿が出て来て、

「じさま、じさま。おめぇ今何か言うたねけ」

「んん、なぁんも言わね」

「いや、何か言うたねけ」

「んん、なぁんも言わね」

「なんだか、娘の子、嫁にくってもいいなんて言うたねけ」

「うーん。おら、あんまりぼよところが、仕事がはかどらねんだんが、あいほうしてくれるんがあったら、娘の子一人くってもいいがなと、せつなまぎりに言うたらや」

　そう言うたと。ほしたら猿が、

「じゃあ、じさま。おれがそれ、えーんな片付けるすけ。ほんに、その娘嫁にくんねぇか？」

　そう言うたと。まさかじさま猿がころやぼよ、えーんな始末できないと思たんだんが、ちっとまぁ見てた。猿はのぼりハチマキして一所懸命くるくるくるくるくるくると、ぼよはによにちゃあんと格好よく上手つむし、ころはたなへ。めえひっこする手間にじゃかじゃかーっと終《お》やしてしもた。

「じさま、じさま。こっでいいかね」

「あぁそっでいいが。よぅしてくった、よぅしてくった。おれは明日、焼き飯どーろ礼に持ってくっすけや」

そう言うたと。ほしたら猿、

「おら焼き飯なんかいらね。おめぇさっきな、えーんなこの仕事片付けてくっれば、娘の子嫁に一人くれるて言うた。男と男の約束らすけ。じゃ、あさっての晩、おれが嫁もらいに行くで」

そう言うて、またガサガサーッと猿は藪へ入ってった。

じさま、「さぁーおごっだおごっだ、とんでもねぇことを言うてちもた。どう言うて家《うち》、行ぎゃいいろ」うちに頭痛《いと》なる腹痛《いと》なる。おおごでおおごで、這《ほ》うて家《うち》来たと。

ほしたら娘の子が三人、がんぎに出迎えて、

「じさまじさま、おおご苦労らったの。ちとばか遅かったねけ。さあさあ早《はや》入って休んでくらさい。じさまの好きーな団子汁して待ってたすけ。さぁさぁ早入って休んでくらさい」

じさま、ぐうの音もでねぇ。泥《べと》だらけのわらんじも脱がんで、そんま部屋入って布団の中もぐって、うーんうーんと唸りはじめた。

はぁ、娘の子えんなたまげて、いっち上の娘が、

「じさま、じさま。あんばえなじらえ。湯《よ》れも茶でももってこうかいの」

そう言うたと。

「いやあ、おら湯も茶もいらねが。今日は山で猿とこれこれしかじか、これこれこういうこういうこういうことで、こらあったが。一つ猿んとこ嫁に行ってくんねぇかな」

そう言うたと。ほうしたらいっち上の娘が、

「このボケじい、バカじい、ハゲじい、クソじい、ヤカンじい。誰が猿んとこへなんか嫁に行かんとがっし」

ガラガラビシーンと戸閉めてどっかに逃げていっちもうたと。じさま、また腹痛なって頭痛なってウーンウーン。

こだ二番目の娘がまた、

「じさま、じさま。あんばえなじらえ。湯《よ》れも茶でももってこうかいの」

「おら湯も茶もいらねが。今日山で猿とこれこれしかじか、こういうこういうことになったが、猿んとこ嫁に行ってくんねぇかの」

そう言うたと。二番目の娘も、

「このバカじい、ハゲじい、クソじい、ヤカンじい、こっぱじい」

ほして戸ビシーッと閉めてどっか行ってしもうた。じさまおおごってまたウーンウーンと唸ってた。

んだ三番目のおとんじょが、

「じさま、じさま。あんばえなじらえ　湯《よ》れも茶でももってこうかい」

そう言うたと。

「おら湯も茶もいらんども、山でこれこれしかじか、こうこうこうこうこうで猿とあれしたが、山の猿んとこへ嫁に行ってくんねぇかの」

そう言うたと。

ほしたらおとんじょが、

「あいあい。じさまの言うことだきゃ、おら何でも言うことときくうで。ましてじさまが世話んなった猿んとこらがに、おれが嫁に行ぐぜ」

そう言うたと。じさま喜んで喜んで、腹痛いがんも頭痛いがんもいっぺんによくなって。ほして、「あさってもらいに来るてらんだんが、じゃ、おとんじょの嫁入り道具そろげるこてや」

ほして嫁入り道具そろげてほして待ってたらあさってがきて、山の猿がまだお天道様てっちょの上いるうちに、紋づきはかまで、猿の紋どころの弓張りつけて、

「おばんになりました。嫁もろい来ましたがのし」

んて来たと。ほしたらおとんじょが真っ赤な一張羅の着物着て。猿は、めめのいいおとんじょらんだん、猿は喜んで、真っ赤な面《つら》がその上また真っ赤になって喜んだと。

「じさまが世話になった猿どんなんだんが。おれがじゃ猿どんの嫁にしてもらいますがのし」

ということで、猿が嫁入り道具担いで、ほしておとんじょの手引いて、ほしてかわいげんして、猿のうちに行ったと。

ほして一週間めた。猿が、

「おとんじょ、おとんじょ。一晩泊《いちばんとま》り、じさまんとこに餅ついて土産に持って行こうと思うろも、何の中いれてきゃいいろうに。重箱《じょばこ》がいいことやね」

そう言うたと。ほしたらおとんじょが、

「おらこのじさま、じょう箱臭いが大嫌いら」と。

「ほっかほっか。じゃあどうすればいいがね。じゃあどんぶりの中に入れてこ」

「どんぶり臭いがんも大嫌いら」

「ほっかほっか。じゃあどうせやいいろうに。桶ん中入れてこか」

「桶はしかも桶臭くてやら」

「じゃあまあ、どうしていぎゃいいろうに」

「おらこのじさま、搗き搗き来た餅がいっち好きらと」と。

「へえ、じゃあまあ、おれが臼担ぐんだんが、おとんじょ後《あと》からぺったんこぺったんこ、搗きしまに来てくれや」

ほして猿はでっけぇ臼担いで、おとんじょが後からぺったんこぺったんこ搗きながら行ったと。途中行ったら川があって、一本橋がかかってたんだと。したら猿が、

「おとんじょ、橋渡るまで搗くなや」

「おとんじょ、搗くなや」

「あいあい」

「おとんじょ、搗くなや」

「あいあい」

「おとんじょ、搗くなや」

「あいあい」橋渡ってしもた。

ほしたら、おとんじょが、

「猿どん、あこへあの綺麗な桜が咲いてるが、おらこのじさま桜の花が大好きんだが。あの枝一本とってくんねぇか」

「よーしよし。そっげんがん、ぐっさ造作もないこった」

ほして臼、べとんとこ下《おろ》そうとしたと。

「あっ猿どん猿どん、待ってくれ。べとんとこ下ろすとおらこのじさまべと臭いが大嫌いら」と。

「あじゃま、どうせいろうに。んじゃまおとんじょのためらがんに、おれは臼担いで木に上がるや」

ほしたら、上がって真ん中辺に行って、

「おとんじょ、この枝がちょうどいいねかね」

「その枝もいいろも、もうちっとでっちょ」

「ほかほか、じゃあここらかや」

「それもええろも、もうちっとでっちょ、もうちっとで」

「おとんじょ、ここらへんどうらがね」

「もうちっとばか、てっちょら」

「よしわかった。じゃあここらがや」

「ああ、そやの、そこがいっちいいろやの。それとってくんなか」

猿は足いっぺずっと枝んとこに伸ばしたと。ほしたら、足もとの枝がみりみりみりっと枝が裂けて、猿は臼担いだまんま下の川ん中へバッチャーンと落ってしもたと。ほしてぷいこんぷいこん流れていきしまに、

「おら、てめぇの命は惜しねども、あとへ残したおとんじょがかわいいかわいいて」

ぷいこんぷいこん流れて。おとんじょは、

「猿はさるさる川へ流れていけ、臼はうすうす川へ流れていけ」

そう言うて、猿が見えんなったんだが。はあや、じさまんとこ逃げていこう。おとんじょは一目散で家《うち》とんできたと。

じさま、まだがんぎ柱につかまっておんおんおんおんと泣いてたったと。

「じさま、今来たぜ」

「おとんじょ来たか。よかったよかった」

そう言うて、おとんじょとじさま、また仲良く一生安楽に暮らしたってんがの。
いきがすぽーんとさけた。

（解説）

おそらく小国で最も知られた昔話で、「これはもう小さいころから聞いて知っていました」と鈴木さんもはっきり言われたし、高橋実さんもおばあさんから聞いて知っていたと言う。日本各地に分布する異類婚姻譚であるが、他の異類婚とは異なり、猿はそのままの姿で現れ、人に変身することはない。新発田の話（『北蒲原昔話集』）では、「山のアンニャ」と猿を呼んでいる。一般に、嫁入り当日に丸木橋から猿を落として死なす西南日本型と、嫁入り後の里帰りの道中、花をとってくれと言って、猿を木に登らせて死なす東北日本型とに分かれると言われる。鈴木さんの語りは、里帰り型であるが、まず、臼を背負った猿が、丸木橋を渡る時の「おとんじょ、搗くなや、搗くなや」の繰り返しがあり（ここでは、おとんじょはまだ躊躇しているうちに橋を渡り切ってしまう）、その後に、おとんじょの「桜をとってくれ」という要求が続く。猿の不安とおとんじょの心の揺れが響く語りである。

この話も、会話の繰り返しでテンポよく進むが、特に印象深いのが、猿に娘をやる、と約束してしまい、不安のあまり寝込んだ爺さまに、

「じさま、じさま。あんばえなじらえ？　湯《よ》れも茶でももってこうかいの」

と繰り返す娘の問いである。のんびりした口調と、わけを知った後の罵詈雑言の落差が際立っている。一方で、「かたこにののすけにやまぶし（カタクリ、キクザキイチゲ、ヤマボウシ）」と春の花を列挙して、華やぐ雪解けの小国の春が描写される。対話の部分は、他の語りでも共通で、非常に強い伝承性を示

すが、野の花の描写は鈴木さんの自由な語りである。春木（山）というのは、冬の間に落ちた枝などを拾い、木の枝きりをして、それを積み上げて、薪の準備をする。雪が解けて、草が生えだすまでの一時期に仕事を終わらせねば、草が生い茂ってしまえば、もはや手が付けられない。雪深い小国では、山仕事に入る前の最初の大事な仕事だった。田打ち、田への水入れ、草取りなどが多い中で、雪国小国の一年を象徴する作業を語り出しにするのも鈴木さんの工夫だろう。『榎峠』所収の話は、山の畑の粟の草取りから始まっている。

「猿はサル……」、と歌を詠み、雪解け水に押し流されていく猿と、雁木柱に掴まって泣いていた爺のもとに一目散に戻るおとんじょ。結婚の習俗からいえば、いったん嫁に出たら、もう家には戻れない、と来た道とは逆方向に道を急ぐ「蛇婿」（6婆っ皮着た娘）の展開が自然なのだろうが、ここでは爺と娘の強いきずなが示されて終わっている。鈴木さんは、猿は流されて行ったが、死んだわけではない、去って行った、と言う理解だった。猿が変身しないことと合わせ、猿を異類として完全に拒絶していない。

黒姫の「猿婿」では、猿に嫁入りするときに俵を着て、さんばいし（桟俵）を被り、縄を締めて行く、と言う話がいくつも見られる。（『黒姫』一一五頁他）

6　婆っ皮着た娘

（山崎正治語り）

とんと昔があったてんがの。

あるとこへ、村じゅうをまわって歩いて、糸を買い集めているじいちゃんがいたったと。

「ようし今日もひとつ小国へ行って、あちこちのばあちゃんやかあちゃんとこ寄って、糸をいっぺ買って来《こ》うかなあ」

そう思ってとんとんとんとんとんとんと、峠の道を歩いて行ったたん。

峠の途中、中にね、きれーいな清水がこんこんと湧き出てるところがある。

「ようし、なー、まいっけ、朝早いから水飲まんたっていんなんが、帰りにまあひとつ飲もうかな」

そう思って、ひょいひょいひょいひょいっとそこんとこ通り越して、

「はてな？　なんかおかしな音がしてるなあ」

そう思って足止めてみたら、「ギイギイ、ギイギイ」というような音がするってがな。

「はあーて、何の音だろうがなあ」

そう思ったから、ちょいちょいちょいと後戻りして、その泉ん中見たら、

「うわあーこら、嫌ぁのが見ちゃったれやー、商売にこれから行こうてがんに、嫌なもの見ちゃったれや」

ちょうどその泉の中にね、蛇が一匹、カエルをあぐーんと食って、呑み込もうとしてる。蛇がぐーっとそれを呑み込もうとすると、カエルが切ながって、「ギイー、ギイー」と言う。

「あやー、悪いがん見てしもうたども、どうしよかなあ、まあ見ねえことにして行ごう行ごう」

ほうして、とんとんとんと行ってみるけど、後ろからカエルが「ギイギイ」ってのが、

「助けてくれえー、助けてくれえー」

と言うてるように聞こえるてん。

「ああーあ、これを見過ごして行ぐわけには行かねんがなー、ああーどうしよ」

と思ったらばまた、泉のとこへ戻って、

「蛇蛇、汝《な》あ、いい子だが、そのカエルんこと放してやらんねえかや。もしなあその、カエルんこと放してやりゃあ、おらあ家、娘が三人いるが、お前に一人嫁にやってもいいがなあ」

そう言うたと。

ほうしたら、その蛇がね、くるっとじいさんの方見て、じぃっと見たったけや、ぱあっと今までくわえていたカエルんことを放して、藪の中へ、つるつるつるつるつるっと入って行ったで。

「はああ、こたったで」

そう思ったら、そのカエルの方がね、

「ありがとー、ありがとー」

と言うてるように、「ギイー、ギイー」て鳴いてると。

「ああ、まあこらいいことをしたで」そう思て、

「今日はきっと商売もいい具合にいくだろう」

そんなことを思いながら、村へ下りて、ほして糸をいっぺ買い集めた。

何のことはねえやっぱり、いいことをした後だから、糸がいっぱい集まった。それを、どっこいしょーと荷物にかづいて、夕方近くなったから、また元来た道を、家に帰ろうと思って歩いてきた。

「そうそう、今朝ここ来た時、ちょうどこっげんこと言って、蛇がカエル呑もうとしてるやつをおれが助けたったなあ、あの蛇どこ行ったやらなあ、あの助かったカエル、どこ行ったかなあ」

そんげこと考えての、すとすとすとと歩いて行ったらの、なんだか誰かが後ろからついて来るみたいだてんがね。

「いやあー、こげんなとこ誰も通りゃしないんだがなあ」

ところがこう歩いてると、後ろから誰かがついて来るみてえだ。ひょいっと後ろ見たらね、とてもじゃねえが若いいい男なんだって。それがじいさんの後へこうついて来る。

「いやあー、おれぁお前さん初めて見るが、お前さんどこの誰でやったい」

て聞いたらね、

「おれっか、じいさん、おれぁお前、今朝の蛇らがの。お前が娘んこと嫁にくれるて言うたんなんが、おれは待ってて、これからお前んとこ、娘んこと嫁にもらいに行こうなんだで」

さあじいさんは、どきーっとした。

「しまったー、そんげなこと蛇と約束してしもうたが、あぁどうーしようかな」

と思うたろも、今さら、「あら嘘だや」て言うわけにいかねんだが。

「ああそうらったそうらった。だろうもな、おい、おれぁこれから帰って、ほして娘にお前のこと話するがな。まあ娘は三人いるども、どれか一人はお前の嫁になると思うけども、ま、今日はお前から途端に行ってもらっても、まだ話、してねんだんが、今日は無理だなー」

「そっか、じゃいつ来りゃいい」

「そうだなあ、まあ三人いるだんが、ほーやってくと、明後日、じゃあ来てくれや」

「明後日だの」

「ああ明後日だ」

「じゃあ明後日、もらいに来るで」

と言うたと思ったらいつの間にか蛇の男、いなくなったてんがね。

はあじいさんは、

「こら大事だ、とんでもねえ、蛇と約束しちゃった」

こう思ったら今度切なくて切なくてどうしょもねえ。家に帰って来るなり布団の中、どたーんと寝て、「うー、うー」と言って唸りながら寝てたと。

そうしたら、一番上の娘が障子戸開けてすーっと入ってきて、

「じいちゃんじいちゃん、おめぇさんあんばい悪いんけ、どうしたえ、湯でも茶でもやろうかい」

「んーん、おらあ、湯もいらんし茶もいらねえが、なあいい子だすけ、山の蛇んとこへ嫁に行ってくんねえかなあ」

「なんだいこのばかじいさん、誰が蛇のとこへなんか、嫁になんか行かんろうに、ばかじいさんっ！」

一番上の娘は怒鳴りつけて、障子戸、パシーンと閉めて、どんどんどんどんと出てってしまった。

じいさん、

「無理もないことやなー、誰が蛇んとこ喜んで行くやねろう、だーどもどうしょう」

ほしてまた唸って寝てたら、今度は二番目の娘がやって来て、

「じさじさ、今日は暑《あ》っちぇかっただんが、おめえちっと難儀《なんぎ》んなったかえ、湯でも茶でも持ってこうかえ」

「んーん、湯も茶もいらんが、なあ、いい子だが、山の蛇んとこ嫁に行ってくんねえかなあ」

と言うと二番目の娘が、かーっと、

「何言うてんだて、誰が蛇のとこなんか、嫁になんか行くかね。おら早や、ちゃーんといい人がいて、一緒んなることなってがんだて」

パシーンと戸しめて逃げて出て行っちゃった。

「はあーあ、こればっかしはまあ、どうしよ」

ほうしてじいさんが相変わらずこう、唸って寝てた。

三番目の娘が、名前はおとんじょってんだ。

「じさじさ、さっきからお前さんの様子、こう見てんがんだども、お前、あんだろい。おごーとのことがほやけたろい。そういうことをおれに話しねえかの、ほうせや、らくらーくしるすけ」

「そっかあ、なあじゃあ、俺の話聞いてくれるかや、じゃあ聞いてくれや」

「はいはい」

「実はこれこれこういう訳でもって、一人、娘の子を蛇にくれる約束しちもうただが、だーろもそれ明後日もらいに来るだんだが、それがおごとでおごとでどうしよもねえで、俺こうやって難儀くなってんだ」

ほうしたらおとんじょが、

「へえ、よくわかったぜ、じいさん。おら、さっざおめえの世話んなって、こうやってでっかく育ててもろうただんだんが、おら今度はくっさおまえに恩返しするぜ」

「いやあ、んげ恩返しなんてしねたってもなんでもいいどもや。まさかなあ、蛇んとこに嫁に行ぐなんて言うんじゃねえろがねえ」

「いや、行がんばっがでもねえて」

なんて言うて、「なにや」て、

「うんうん、まあ、いいて。へぇとにかくね、じいちゃん、の、おれの頼むがんをひとつ買《こ》うてきてくんねえかえ」

「なんでえ。箪笥《たんす》らけ、長持《ながもち》らけ、鏡台らけ」

「へや、そんげな道具はなんもいらねえ。とにかく、でーかいフクべと縫い針千本、それ買うてきてくんねえか」て。

「なんだんや。ひょうたんひとつと、縫い針千本、あとはなんでや」

「いや、それだけ買うてもらえりゃ、あとはなーんもいらねえ」

「なんだんや、こっげなこって嫁入り道具になんがだけ」

「いやそっでいいがだんや」

「ほうかーあ。じゃあおれ早速行ってくるっや」

ほうして、じいさん、まあ、町へでて、ほいであっちこっちあっちこっち探したらまた、ばかでっかいひょうたんがあったってんね。ほうしてそのひょうたん買って、ほうして縫い針千本買って、

「さあ、おとんじょ行ってきたぜや。ひょうたんはこれでいいかや、フクべはこれでいいかや」

「はあ、それでいい、上等ら」

「ほら、縫い針これでいいかや」

「ああ、そっでいい、そっでいい。じゃあ、じいちゃんついでにの、その縫い針千本、そのひょうたんの口ん中からひょうたんにみんな入れてくんねえか」

「これみんなこん中、入れるがんか」

「ああ、そん中、入れてくんなせ」

「へえ、はい、じゃあようお前の言うとおりにすっことや」

ほうしてその縫い針、ひょうたんの口ん中、ぽろぽろぽろぽろぽろ、ぽろぽろぽろぽろ中へみんな入れて、

「じゃあしっかり、あの、口しめての」

ほいで口しめて、

「こっでいいがだんが」

「そっでいいがだんが」

さあ、一日おいて、明後日っていう約束だったんだんが、どうしようと思っとったら、

「おはようございます」

って言うて、この間の、蛇の化けた若いいい男が、「嫁もらいきました」て、来たてんがの。

　さあおとんじょは、

「じいさんじいさん、お前、出ねでいいて。おれが行ぐすけ」

「はい、おれがおめんとこに嫁に行くんがだすけ、連れてってくらっしゃい」

「ほうか、じゃあお前行ってくれるか」

「ああ行ってく。おれがおめさんの嫁になんだがすけ、そっちへ連れてってくんなせや」

「うん、じゃあ、箪笥や長持どうしたてや」

「いや、そっげのおめさん、いるがだけ」

「いや、そんげのいらねえ。いらんどい」

「おら、いらねえと思うだんが、お前にはこの、ひょうたんと、これだけ持ってってもらえばそれでいいと思ってんたんだんて。そっでいいかえ」

「ああ、そっでいい、そっでいい。おれは、お前が一緒に嫁に来てくっれば、それでいいすけ」

「ほうか、じゃあ連れてってくんなさい」

　そうして、その若い、蛇の化けた若い衆のあとついて、娘は、どんどんどんどん、どんどんどんどんと、山、上がって行ったたって。

「こんげんとこ、今まであったんだろっか」

　ほう、ますます、どんどんどんどん上がってってったら、山のずーっと高く上がったところは平らのようになっててね、そこんところへ、大きなでっかい、湖があったって。

「わあ、こんげな山のてっじょに、こんげ水がいっぺあるっや。こっげんどご、村の衆《しょ》はだれも知らんかった。おらこのじいちゃんも物知りだども、こっげな話、してくんなかったがなあ」

ほうして行ったら、

「ほい。ここがおれのうちだすけ、さあ入ってくれや」

て、蛇の若い衆は言うてんだぇ。なるほど行ってみたらね、入り口からこう、池ん中へ階段ができてる。

「さあ、この階段こう降りて行けや、おれの住んでるところへ行くんだすけ、さあ中へ入ってくれや」

「いや、お前さん先入ってくらっしゃいね。ほうして、この荷物こう持って入ってくらっしゃいね。おれはお前のとこに嫁にきたんだんが、おれが先に入ってくってこと、ないねかね」

「それもそうだな。じゃあ後からついて来い」

「あー、ついてくぜ」

ほうしたらお前、蛇の化けた婿さんはひょうたんを持って、どんどんどんどんどんどんとその階段をいい加減とこまで降りてくと、ぐぐぐぐーっとひょうたんの浮力ができて、ポコンと浮く。またそれを持ってぐーっと沈んでくと、ボコンと浮く。こんだ蛇の若い衆は何回やっても浮くんだんが、こんだに、あの若い衆の形してらんねぇで、元々のでっかいあの、蛇に変わっちゃって、ほうしてそれを持って、ぐーっと沈んでいくも、やっぱりボコンと浮く。

こんだはもう頭にきた蛇がそのひょうたん、こんだは、ぐるんぐるんぐるんと巻いて、ぎぃーっと絞めた。ほしたらそのひょうたんが、バカッと割れて、ひょうたんの中に入ってた千本の針がばらーっとその池の中へひっちゃらかった。その鉄でできた針が、それが池の中へひっちゃらかったから、その針がみんな蛇の体につったたって、ほうら蛇めがもう、切ながってもう、もう大蛇の形になって大暴れこいた。でも結局、黒鉄《くろがね》の、その毒が体中みんなまわっちゃって、さすがのでっかい蛇も死んじゃって、ばかーんと、池へ浮いたってや、まぁ電信柱みてぇなでっけぇ蛇だったと。

いやはや、おとんじょは、

「やれやれ良かっただ。やっぱり年寄りの言うことあ聞いてくもんだなぁ。やっぱり、黒がねというのは蛇に毒なんだったなぁ。あぁ良かった。だぁろも、おれはこれからうちへ帰るわけにはいかねぇ。一旦蛇んことを嫁にしたことになってる。その嫁はうちへ戻るわけにはいかねぇ。どーうしよかなぁ」

そう思って、家とは反対側のほうへどんどんと歩いて行ったら向こうのほうへ、ちゃかーん、ちゃかーんと明りが見えてんがね、もう夕方になってか、

「あー、そろそろもう夕方になるがだすけ、今晩まぁ、あこ行って泊めてもらおうかなぁ」

ほして、そこへ歩いて行って、とんとん、とんとん、

「はいはい」

「ごめんなさーい」

「はいはい、どなた?」

と言って、がらがらがらーっと戸を開けてくれたのは、品のいいおばあさんだったってね。

「いや私は、道に迷っちゃって、困ってるんですが、今晩ひと晩泊めていただけませんか」

「あー、入んなさい、入んなさい。さぁ入んなさい、入んなさい」

って中へ入れてくれて、

「ちょうど今お風呂が沸いたとこだから、あんたも大分体が汚れてるからお風呂へ入んなさい」

「はい」

んでもう、娘はもう疲れてるんだんが、また風呂へ入った。気持ち良かったたってね。ほいで上がってきたらもうご馳走がでててね、

「あんた、お腹がすいてるだろうから、さぁこれ食べなさい」

ほうして、ご馳走になって、着物もね、

「あんたのはもう、汚れちゃってるから、これはあとで私がね、処分するから、これを着なさい」

って着物もいいの、そやって。そうして娘はもうらくらーくして、

「じゃあおやすみなさい、失礼します」

まぁ、なんだったって疲れてるからねぇ、ぐーぐーと朝までぐっすり眠ったって。ほして朝になって、また朝飯頂いて、

「どうもお世話になりました。ありがとうございました。じゃ、これで失礼します」

そう言ったら、おばあさんが、

「うんうん、あんたいい人だから、だからいい目に遭うんだよ。で、お前さんはこれから、まだまだこう歩いて行くというと、いろんな目に遭うけども、これをあんたにあげるから、これ持って行きなさい。これはなぁ、婆っ皮といってな、これを着ているとあんたは器量がいい娘だけど、これを着ているというと、くそばあさんになって見るけ、だから、土地の中に行って悪い奴に会っても、これさえ着てれば大丈夫だすけな、これ着て行かっしゃい」

そう言ってその、婆っ皮っていうの貰ったたって。

「はい、どうもありがとうございました。じゃあ私はこれ着《け》してもらいます」

って言って、こう着てさ、後ろをぽっと見たらさ、ありゃ、ゆうべ泊めてもらった家もねぇし、さっきまでここにいたおばあちゃんもいねぇっけのね。

「はりゃー、どういうがんだろう。まぁしょうがねぇこって。ま、ばあちゃんの言うことを一

つ信じて、この婆っ皮を一つ着ていこう」

そう思ってその婆っ皮を着て、てんてんてん、てんてんてんてんてんと山下って行ったらの、途中になんかいわゆる山賊ってやつがいて、

「おい、いいものが来たげやぞ。とっ捕まえて身ぐるみ剥ごうねぇか」

「よしきた、おいおいちょっと待った」

ほしてばあさんとこへ、ぴょっと山賊が来たきゃ、

「あちゃー、えら小汚ねぇばさだねっかて」

「こんげなばさになんか用はねぇ、あっち行け、あっち行け」

まあ、婆っ皮着てるんだんが、いい娘なんて見えねえこってね。そんげな目に何回もあってさ。ほして、どんどん下りてったら、だいぶ大きな町へ出たて。

「はあて、どっかに泊めてくれるとこねえかなあ」

そう思って、あっちこっち見ていたら、でっかいお屋敷があって、その前を番頭さんらしい人が、さらーん、さらんと、表掃いてたて。

「こんばんは、番頭さんですか」って。

「ああ、おれぁここの番頭だども」

「おらぁまあ、ごらんのとおりの婆さだども、なんだったってへぇ、今日一日歩いてくったび

れてくったびれてどうしょもねえが。今晩一晩泊めてもろんねろか」

「んだあーなあ、ああいいこてやじゃ。あのおめえ向こうへ見えるあっこんとこへ小せえ小屋があるわ。あれな、木小屋て言うんだろも、あれ今、使《つこ》てねすけ、あの小屋ん中、おめえ、じゃ泊ればええこてや」

「ありがとうございます」

「あとからなあ、あの、みんなのご飯が終わった後来《こ》えば、食べもんも食べさせてやるし。風呂に入りたきゃみんな終わった後、入らせてくれるすけ。それまでまあ、あそこいれや」

「はい、じゃあお願いします」

ほいでまあ娘はこれはまあよかったと思ってさ。ほしてまあ、その、木小屋っていうんだ、その小さな小屋ん中へね、小屋ん中入ってさ、ほしてやれやれよかったって、ほいで婆っ皮脱いでさ、ほいで体も、みんなきれいにこう、ほいでこんだ、化粧もこうし直したりしてた。

「おい、しまい湯があいたすけ、汝《な》も入れや」

「はい」

ほしてこんだ、お湯へこう入り、お風呂入れてもらって、体きれいにして、ほいできれいにしてあがったから、風呂からあがって、口紅を塗ったり、まあこのへんもこう、ぽんぽんとしてきれいにしてたって。

ちょうどそこへの、ここの屋敷の若旦那が、夜遊びに行ってきたん。その若旦那がちょっと遅くなって帰ってきた。

「おやあ？　あの木小屋、だっれもいねえわけらがなあ。なんであんなんとこ明りついてんがろ」

そう思って、こっそこっそこそって、こうっ……　障子に穴開けてこう覗いてたんら、

「わあ！」

いや、若旦那びっくりしちゃって!うーんて、びっくりしちゃって家へ、どんどんどんどんって戻ってきて、ほーして、自分の寝間にどさーんてこうやって「うーん、うーん」って唸って寝てってんがの。


さあ、家の人はまあ若旦那どうしたんだろって。

「どした、どした、どした」って言うろも、

「あっち行け、あっち行け」って、いっこう、誰も寄せ付けねえって。

「はあーて、まあどういんだろね、おらこう、こんだばっかしゃ」って、「どうしたんだろ」なんて言ってたら、ちょうどね、旦那さんらんがいろんな旅の人たちを泊めてた中に、一人、占い師がいたてんがの。

「どうどう、おれがひとつ占ってやろい」

ほして、まーず若旦那の顔んとこへでっかいあの天眼鏡《てんがんきょう》ってやつを、うーっと、拡大して

見てん。ほーそい竹でもってできた筮竹《ぜいちく》ってのがあるんね、それを、じゃらじゃらじゃらじゃらじゃらじゃら、じゃらじゃらじゃらってやって、ぺっぺってやって、こう勘定すんだと。

「んー、わかった、わかりましたぜ」

「なんだね」

「いや、ここの若旦那さんは、この屋敷の中へ、んま、大勢女の人がいるけども、そん中の、だーれかが好きになっちゃった。だっけ、その人と一緒にすりゃあ、若旦那、治るがねえ。おれの占いそう出たぜ」

「えー、そうかなあ。見せれ」

「いやいや待てや！おれにも見せれや」

「おめさんなんだってんが」

「おれ医者ら」

「医者らて分からねがな」

「ばか言うんじゃねーよ！おれも医者ら」

ほんねこと若旦那を、この、こんなことやったり、こう見て、上からあの、竹ずっぽあったてんな、こう、竹筒をここへあてて、こう、心臓の音聞いたりなんかしたったけや、

「んー、さっき占い師が言うたんとおれの言うんと、同じだや」

「そらみーれ。じゃどーしたらえんがーて。じゃ、だーれが好きらかて、これ当てられますか

ね」ってね。

「そーら、分からねーなー。ああ、いいことがある」

「なんだよ占い師」

「いや、とにかく大勢ほら、この屋敷ん中に女の人がいるろも、とにかく、若旦那んところにお茶を持ってって、『若旦那、お茶いかがですか』とこう、持ってく。もしその若旦那が、そのうち持ってってったお茶を、ごくんと飲めば、その持ってった女の人を好きになるすけ、その人と一緒にせえばいい」

「ははー、なるほどねえ。よし、じゃあなあ、女中頭お前からじゃあ行げ！」

んまあ女中さんも大勢いるんだて。ほして一番そこ行って
「若旦那、お茶いかがですか」って。

「いらね！」

二番目の女中さんが、

「若旦那、お茶いかがですか」って。

「いらね！」

何人もその、お茶持ってくけど、若旦那、「いらね」「いらね」て飲まねえ。

「あーって、これ弱っちゃったの、おい、どうなんだろかね。へえこれでもって女どもはみんないなくなったねか」

て言うたら、番頭が、

「いや、もう一人いますぜ」

「それ、どごいるんて」

「いや、あの木小屋に一人、ばさが一人いるがね」

「じゃあそれ連れて来《ぐ》れ」

「いやー、あんげのばさ駄目ぇどー」

「ばかいうんじゃねえや、ばさだってあの、女らねかて！　連れて来い！」

ほうてまた、「はいはい」


ほうして行ってみたらさ、その間に、娘が、すっかり体をきれいにして、化粧しったら、おまけに、婆っ皮と一緒に貰った着物と、それを着たりなんかしてたんが、びーっくりしちゃって、

「いや、こらーまあ、すばらしい、じゃ、これじゃあ、お前、とにかくじゃ若旦那んとこ、お茶持ってってみれ」

ほしてその、きれいな服装になおした娘がね、

「若旦那、お茶いかがですかー」

って言って持ってったら、今まで「いらねー」「いらねー」「いらん」って言ったんが、ちょこーぉんと、この、お茶ひったくってさ、ごくごくと飲んで、

「もう一杯ー」
って言うたって。
「あ、これで決まった、若旦那が好きなんはこの女に決まった」
いうことになって、婆っ皮着た娘は、婆どころじゃなくて、そこの旦那さんのお嫁さんになって一生安楽に暮しましたとさ。いきがぽんとさけた。

（解説）

題名が示すように、これは「姥皮」すなわち娘が醜い婆になる姥皮を得て、庄屋の家の下女に雇われ、若旦那に見初められて幸せな結婚をする話である。

山崎さんの語りでは、前半は、「蛇婿」タイプになっていて、蛇が蛙を呑もうとしているのを見た爺が、娘をやるから蛙を放せと言い、家に帰った爺と娘たちの間で「猿婿」と同様の問答が繰り返された後、末娘が蛇の嫁に行くことになる。「猿婿」の場合と違って、蛇は若者姿で迎えに来、末娘は縫い針をつめた瓢箪を嫁入り道具として持って行く。蛇の住いの池の端に着くと、娘は、まず瓢箪を沈めてくれと言い、蛇は瓢箪と格闘するうちに元の大蛇の姿に戻り、針の毒が回って死ぬ。後半が「婆っ皮」で、娘は、いったん蛇に嫁入りすると家を出た以上、家には戻れない、と先に進んで行く。爺が助けた蛙が化けた老婆に出会い、婆っ皮をもらう。娘は汚い婆の姿になり、長者の木小屋に泊めてもらうが、婆っ皮を脱いで美しい娘姿でいるところを偶然、長者の息子に見初められ、めでたく長者の家の嫁となる。『榎峠』46の話は、この山崎さんの語りとほとんど変わらないが、蛇が住む池に投げるのはお経四十八巻で、読みながら池に投げて行ったら全部投げ終わると池の水がなくなる、となっている。『榎峠』47は、乳母が蛙を救うためにお嬢さんを蛇にやる約束をしてしまい、後に蛇が嫁もらいに来て、断ると蛇が怒る。娘は針千本と瓢をもらって嫁に行き、蛇の池に投げ込むと血の海になる。この後、実家が土砂崩れに遭ったり、同行した親戚が水の精に食われたりするが、蛇の祟りなのかは説明が無く不明。後半は、鬼の家で婆の皮をもらい、幸せな結婚で終わる。

異類婚姻譚の「蛇婿」には、この蛙報恩型のほか、田の水入れなどを頼む水乞い型と、夜、若者姿に化けて娘の元に通って来るが、服に刺された針の糸から正体がばれる苧環型があり、後者には、娘の妊娠にまつわる話が続くものもある。（『榎峠』28菖蒲湯の由来）小千谷には、子守が蛇に娘をやると約束してしまう、蛇は池の主で、年頃になった娘の乗った船が動かなくなり、娘は人身御供として入水する、後に蛇となった姿を見せて池に消えるという「おいよ」伝説も伝わる。

蛇婿に姥皮が続くこのタイプの話は、異類婚姻譚の「蛇婿」と題され、分類されることが多いが、新潟では、ほとんどの場合、「婆っ皮」と題されており、蛙報恩譚、幸せな結婚の話としてとらえられているようである。蛇が爺を脅して娘をもらう約束をする導入部は、「猿婿」と変わらないが、蛇は最初から拒絶され殺害が企図されている。（本書では、一般的分類に従って、異類婚に分類した）「蛇婿」（エーバーハルト『中国昔話タイプ』三一）は、中国でも広く知られる話で、末娘が蛇に嫁ぐまでは、日本の「蛇婿」「猿婿」と同じである。しかし中国の「蛇婿」の蛇は、最初こそ本物の蛇として登場するが、結婚後は、超自然的、いわば神のような存在となる。後半は、蛇との幸せな結婚を妬んだ姉娘が妹を殺して入れ替わり、妹は何度か変身（転生）を繰り返した後、再び「蛇」と幸せに暮らすという「偽の花嫁」タイプの話になる。

なお「姥皮」を中心に類話を見ると、前半が、「蛇婿」になる話のほか、継子譚の「栗拾い」（15お藤とお杉参照）になっている場合も多く、山中に一人取り残された娘が山姥の小屋に泊めてもらい、婆っ皮をもらう。その後の展開は、例話と変わらない。御伽草子の「はちかづき」や「うばかは」も継子譚である。

7　鷹にさらわれた赤子

（鈴木百合子語り）

あんさとあねさが仲良う暮らしてたってやの。そのあねさが、器量はいいし、気立てはいいし、働き手で、非の打ち所のねぇいいあねさだったども、なんだべ、子どもは授からんかったと。したら婆《ば》さまが、「おらも、孫の面《つら》みてんだが、孫を抱いてみてんだが」、毎日毎日《めんにちめんにち》外へ出て、お天道様お月様にお願い申したと。そしたら、ある日、ふわぁと風が吹いてきたかと思うたら、松の木の上へ、でっけえ羽広げた鷹がとまったてやの。ばさまが、「こらぁ、まぁ、縁起のいいこっだ、おらこへきっといいことあるでや、いあんべら、いあんべら」そう思ってたと。たら、一年めたら、あねさに、かわいげな男っ子がうまったてやの。婆さまもあんさもあねさも大喜びで、松太郎という名前つけた。

「松太郎、松太郎や」、みなが大事にしてかわいがってたら、だんだんでっかなって、百日目《ひゃくんちめ》なったと。したら、にかしゃかにかしゃか、笑《おろ》うようなったけん、ますますかわいげな。ほしたら婆さまが、

「こげぇ松太郎でっかなったがに、おめ、実家の親《おや》しょに、松太郎見せ行ってこやれ」

たら、あねさ大喜び。婆さまが松と鷹の模様のついた羽二重の、上等の着物《きもん》こしょて、松太郎に着せたと。ほして、赤飯ふかして、煮しめぇこしょて、あねさに、実家への土産持たして、

「気をつけて行って来や」して送り出した。

あねさ喜んで、実家へ行った。実家のしょも大喜びで、松太郎地べたへ置かんで放さんで、爺《じ》さまと婆さまととりあいっこして抱いてたと。一晩泊まったんだが、こだ、実家のしょが土産いっぺこしょて、あねさと松太郎、村はずれまで送って、

「気をつけて行けや」そう言《ゆ》うて送ったと。

あねさも早《はや》うちへ行って、婆さまを喜ばせよう、そう思っていさいさいさいさ来たら、土手へ、さがりいちごがなってたと。おらこの婆さま、さがりいちごがだいすきだが、黄色んなってへ―んなこけんなっておちそうげんなって、みな、よく熟《よ》んでるてやの。

「おれがじゃ、あれ、あれ、婆さまに、もいでくがや」、そう思て、松太郎、道の端《はた》へ、おろしたと。ほして、あねさ、さがりいちごをもいでいたら、ふわぁんとまた風が吹いてきて、見たら、でっけぇ羽広げた鷹が松太郎の背中をわしっとつかんで、静かに静かに静かに、空へ上がっていくてやの。あねさたまげて、

「松太郎放せ、松太郎松太郎」

追《ぼ》っかけたども、とうとうあの山も越え、この山も越え、山越え山越え山越え、松太郎は見えな、なっちまった。

あねさはきちがいみたいになって、あっちの山こっちの山、川ん中、色々探しているてやの。ほしたら、山の山の山の向こうの方の村へ、お寺があったと。そこへ、庭師のじさまが、庭木を手入れしてたと、お寺の。ほして松の枝を手入れしていたら、また、ふわぁんと風が吹いてきたな、と思うたら、鷹が羽広げて、松の枝に、赤っ子を置いて、またふわぁんと行ったと。

庭師のじさま、

「方丈様方丈様、松の木へ赤っ子が、鷹が置いてってたて」

方丈様もたまげてとんで出て、はしごをかけて、静かに静かにだいーじに赤っ子下ろしたと。

「まぁまぁ、この子はこの目の光、なんかあたりめぇの子じゃねぇようら。まぁ親《おや》しょが、どっけ悲しんで探していることやら。ともかく、おやしょがめっかるまで、おれがだいーじに育てろや」

そう言うて方丈様、重湯をこしょたり、色々して、大事に大事に育ったと。したら、それもまた松の木に鷹が置いてってたらんだ、「じゃまぁ松太郎という名前つけろや」ほして、方丈様も「松太郎松太郎」ていうてかわいがってたと。

五つなったころ、方丈様が毎日《めんにち》朝晩おつとめのお経お唱えするってんがの、へえ五つで方丈様がお唱えするお経みんな覚えて、方丈様と一緒にお唱えしてるってんがの。方丈様、

「この子ばっかしゃ、あたりめぇの子じゃねぇぜ。修行させれば、どっけぇ偉え《えれ》方丈様んなるかわからん」

そう言うているうちに松太郎が十歳になったと。

「まぁおれが手元へ置くはもったいねすけ、大本山の永平寺、修行に出そや」

そう思うて、松太郎は十歳の時、大本山の永平寺、修行に出したと。たら、何百人も居る修行僧の中で、なにをさせても何を教えても、一番で通してるってやの。普通の人は二十年ぐらいみねけや、偉い方丈様の肩書きをもらえねらだろも、松太郎は十年でその偉い方丈様の肩書きをもろて、お寺へ帰ってきたと。

お寺の方丈様、喜んで、

「まぁまぁ松太郎、修行は大変であったろも、よくがんばったね、よかったよかった」

だろも、方丈様もへぇ年取って、寝たり起きたりの暮らしになって、松太郎は一所懸命で介抱したてやの。そのうちに、方丈様も寝伏してしもうたと。

ある日、方丈様が、松太郎を枕元へ呼んで、

「松太郎、おめぇはこれこれこういうこういうわけで、このお寺へきたがて、おれが親じゃないら。してその松と鷹の羽二重の模様の小《ちん》さい着物《きもん》、おまえは小さい時この着物を着て、松の木に、鷹に、連《つ》ったって来たら。きっと親しょも悲しんで探していることらろんだば、おまえも一所懸命親を探して、この着物を証拠に、親子の名乗りして、親孝行しれや」

そう言うて、息きったと。その前にはその方丈様も、松太郎も、村のしょや檀家のしょのよーく面倒みたんだんだ、村中のしょも、「お寺の方丈様、松太郎坊ちゃん」て言《ゆ》うて、お寺を慕《しと》うて、

崇め慕《しと》うていたらけろものぉ。

そうこうしているうちに、大本山の永平寺で、えれぇお坊さんだけ集まって、大法要があるということで、松太郎も、呼ばられて、大本山の永平寺、行くことんなったと。行ぐどきは、村中のしょが皆道《いんな》ばたへ出て、「気をつけて行ってきてくらさい」と、見送った。

して、その大本山で大法要が終わって、いつのいっかに松太郎坊ちゃんが帰ってくるということで、また村中のしょが道の端《はた》へ出て、出迎えてたと。

ほしたらたまーたま、その松太郎の女親が、あっちの山こっちの里、あっちの川こっちと、探して探して探して、二十年もめえるんだんが、よぼよぼの婆さまんなって、着物《きょもん》はぼろぼろ、頭はばさばさ、ほげんなって、その村へ、たどり着いたってんがのう。ほしたら村中のしょがそうして道の傍へいるんだ、「何事があるらろうなぁ」、そう思て、そろーんと村のしょのはずれ、行ったと。ほしたら村のしょの話聞いてると、

「まぁまぁ、松太郎坊ちゃま、修行して、ええ、えらい方丈様んなって、それを見届けて方丈様も亡くなったんだんが、まぁまぁよかったことやね」っていうような、村のしょがいろいろと話してるがんを、その、きったなげな婆さま、村のしょのはずれで聞いてた。

「ひょっとしたら、おれが子じゃねえろか。松太郎らねえろか。だーろも、そっげな偉《えれ》え、方丈様になったらてや、おれがこっげなおいぼれで、おれが親だなんて言うて、出ろんなら、松太郎の名誉を傷つけ、出世の妨げになるんだんが、おれは出ちゃならん。でも、そういうえ

らいお坊さんになったらてや、まぁまぁよかった。おら、こっで死んだたて本望ら」そう思てたろも、「だーろもおれも一目、松太郎を見たい、一目会いたい」そう思て、村のしょの後ろへ、胸どきどきしながら見てたてやのう。

ほしたら、お供大勢連れて、立派なお籠が、「静か、静か」と来たてやのう。ほしたら、そのお籠が村のしょの真ん中へ来たら、止まったと。して、中からその松太郎が出てきて、「まぁまぁおれが帰りらとて村のしょ皆《いんな》こうして出迎えてくれて、ありがとうございんした」て丁寧に頭下げて、ほして村のしょ、はずれからはずれまで見渡して、

「ありがとうございんした」て、感謝の頭下げた。そのうちに、松太郎は、ずかずかっと村のしょを分けて、衆《す》の端《はた》へ行って、きったなげなその婆さまをひょいと抱いて、村のしょをこぎ分けて来て、そのお籠に乗したと。村のしょもたまげるやら「でもまぁひょっとして親やねぇろかね」いろいろのこそこそこそこそ、村のしょも話してた。

松太郎は黙《だんま》ってそのきったねえ婆さまをお籠に乗して、てめぇじゃ歩んで、ほしてお寺へ行ったと。ほしてきったねえ婆さまを降ろして、いろいろ話して、ほして、松と鷹の模様のこんだは羽二重の着物出して、方丈様の言うた言葉をそっくり言うたら、

「たしかにこの着物《きもん》はおれが縫うたがだ。ほじゃ確かに、おれの子、松太郎らね」

おっかさんということで、親子の名乗りしたってやのう。村のしょも、「若方丈様」、ほしてそのきったねえ婆さまもそれなりの身なり整えて、「大奥さん」、村中のしょが「大奥さま」と一方

丈様」と呼ぶようんなって、お寺へ毎日《めんにち》のように誰かが足運んでるってやのう。ほして、方丈様の育ってもろうたおかげもあるということで、でっけぇ大法要して供養して、お墓も立派に立てて、立派にお寺を守って、親子仲良く、一生安楽に暮らしたってんがのう。

いきがすぽーんとさけた。

（解説）

鷹ないし鷲にさらわれて、寺の木の上に置かれた子どもが、その寺の僧侶に育てられ、後に高僧となる話は、『今昔物語』をはじめとする文献資料により、古くから知られた。特定の高僧と結びついたものでは一三世紀の『沙石集』に見える東大寺開基の良弁僧正の出生譚が名高い。『通観』新潟巻には類話も含めて四話だけであるが、小国では広く知られた話であったという。鈴木さんは、菩提寺である桐沢の曹洞宗の桐盛寺《どうじょうじ》の庭をイメージして語ったと話された。小国では「桐沢の長谷川シンさんの語りがよく知られていたので、それに法坂の樋口ソメさんの話を合わせて、永平寺に修行に行った僧の話として再構成した」という。「嫁がさがり苺を摘んでいて、赤子をさらわれる」という部分が、二人の話に共通していて、特に印象に残っていたという。長谷川の話は残念ながら記録が無いが、参考までに『榎峠』62の樋口ソメの話を載せる。

観音様の御利益（「小国の昔話」より）

七日町（小国町）の次郎助と言う家に娘が一人あったそうな。その娘の名は、キサと言うので、桐沢《きりざ》（小国町）の村へ嫁にくれたそうだ。五月の節句に、実家の七日町へ赤ん坊を連れて来たそうだ。実家の婆さまが、「せわしなるすけ、早帰れや」と言いなすった。嫁は「はい、はい」と返事して、帰るてがんで、山の腰ばっか歩いていった。ほうしたら、上の方へさがり苺がどうろなっていた。「あんまり、まあげだし、婆さまに取っていごうか」と、赤ん坊を下ろして、てっじょうの山へあがっていったとさ。あがって、ちいとばか、もぎはねると、八石山の方から、鷹のでっけえがんが、ふわふわ、ふわふわとこっちへ向かってくる。嫁は、「俺の子の方へ向かって来るが」と大急ぎで、山の麓へ下りてみると、鷹が子の片脚を掴んで一向離さねがだ。股裂いてしもうちゃなんもならんと、もった足を離したと。鷹は一生懸命山の上へ飛んでいったそうな。嫁は、だれも助けてくれるがんがいねんだんが泣き泣き鷹のいった方へいったそうな。鷹はどんどんてっじょへ行ぐんだすけ、この嫁は気が違うたようになったきり、帰ってこねえ。ほうしたら、その鷹は、奈良のなんねん堂の杉の木に巣をくんでいたそうな。木の上で赤子の泣く声がしるんだんが、それを小僧が聞きつけて、「方丈様、方丈様、おらこの大門の鷹は、子供さらごうてきて、毎日泣いていますぜ」と方丈様におせた。ほうしたら方丈様は、「そうらかい、そうらかい」というて、「そっだけや、鷹がどっかいった留守にはしごかけてあがって連れてこい」といわっしゃるんだんが、小僧が上がってみたら、かわいげな子がいて、「こっちへこい、こい」というたらほうて来た。「方丈様、ほっげの子がいたぜ」というて連れてきたがんを、体中見たろも怪我一つしていない。着物の背中に四角い赤いつぎをくっつけていたんだんが、その中みたら、千手観音のお守りがのどくらま（首）にくっつけてあった。その守りに、観音様のお姿があるんだんが、方丈様は「この子を尋ねるには、これを証拠にしなきゃならんすけ、これがついていたことは、決して人に話しちゃならねえ」というた。その子は、大きくなって出世して、いい小僧になったそうな。そして、そのうちに、そのお寺の方丈様になった。昔は、寺の外には腹減らしてあがあがしている人（飢えている人）がいっぺいいた。寺じゃ、へにん粥（非人粥）というがんを煮て「この寺の鷹にさらごうれた人は、この寺の方丈様の親だ。へにん粥を食わせるから、腹の減った人は名のり出よ」

と立札を出した。ほうしたら「おれが方丈様の親ら」「おが親ら」という人が、いっぺい来たと。だろも、いんな証拠がなかったと。四五日たってから「おが、この方丈様の親ら」という目のつぶれた婆さまが来た。「何の証拠があるか」とお寺の人が聞くと「別に証拠というてないろも、きもんの首ったまにお守りかけているだけら」というんだんが、これがほんとの母親だとわかった。方丈様も喜んで、その持っている観音様で、「ぎんざいなとへいせい、ぎんざいなとへいせい」と婆さまの目をこすったら、婆さまの目があいて、そこで一生終わったという話だと。

8　蛇のくれた赤い巾着

（山崎正治語り）

昔あるところに、山へ木を伐りに行って、そのたきぎを町へ持ってって売る商売をしていたじいちゃんがいた。で、

「さぁーてそろそろ秋になったから、もうこれで仕事、今日でやめようかなぁ」

そう思って山へ行って、たきぎを切って、それをどっこいしょのしょと担《かつ》いで、で家《うち》へ帰ってこうと思って、とことこ、とことこ歩いて行ったら、なんだか足にひっからまるのがいたてんがね。

「なんだこれ、縄切れらかなぁ」

と思って見たら、なーんと蛇だてんがね。

「もう、のうやら、汝《な》ぁ、へぇいまごろ蛇なんてとっくの昔に冬篭りらてって穴ん中へ入ってるてがんに、お前まだ入らんかったんかい。まぁ仕方が無《ね》ぇ。じゃあ、おらこへ行ってこの冬は泊まれや良《い》いこてや」

こう言ってその蛇のことをちょいと捕まえて懐の中へとんと入れて、ほうして家《うち》へ連れて

帰った。

ほうしてうちへ連れて帰ったらまあ、ばぁちゃんもいるけども、そこのうちにはね、犬と猫飼ってた。その犬と猫に、

「ねら、ねら、ほら今日はお客さん連れて来たすけ、今年の冬うち、これと仲良くしてくれや」

「どっげのお客さんでぇ」

「ほらほら、こっだっや」

って、蛇出したと。猫と犬はたまげて、

「えー、こら蛇らねぇかい」

「ああ、蛇らろもや、穴ん中に入りそびれたやら、あこで困ってたすけ、連れて来たすけ。お前たちは二人、この蛇と、この冬の間、仲良く暮らせや」

犬も猫も「はいはい」

ほうして、どうやって生活したか知らんけども、仲良く暮らしてたてんがね。

さぁて、だんだんと雪も消えて、辺りがこう、春めいてきた。じさが言うには、

「蛇、蛇。なぁも家《うち》行げや、親も兄弟もいるがだろうが。なぁがどこ行ったーと思ってみんなが心配して待ってるろうすけ、山へ帰れや、へぇ」

「はい」

「家《うち》へ行がれっか」

「行がれる」

「ほっか、じゃあ、なぁ、気をつけてや家へ帰ってげ」

「はい、ありがとうございました」

で、また、行儀のいい蛇でね、じいちゃんばあちゃんにお礼を言って、ほうしてつるつるつる、つるつるつるつるつると山へ戻って行ったたって。

二三日《にさんち》するていうと、

「こんにちはー。先日はお世話になりましたー」

って言って、出てみたら、

「なんだおめぇ、山へ行ったんじゃねぇのか」

「ううん、山へおれが戻ったら、とっつぁもかっかぁも、兄弟どももも、大喜びで、まぁよく帰ってきた、よく帰ってきた。まぁ喜んでくれて、さてそうやって、人様から恩を受けたときには、恩返しってのしねぇきゃならねぇんだよ、そう言われて、これを恩返しに持ってきました。受け取ってくらっしゃい」

「なんだ」

「おれの頭見てくらっしゃい」

見たら、なるほど、蛇の頭にちーいせぇ赤い巾着つけてあったと。

「これ、うちの、こうちゃんかあちゃんだ、お前んとこへお世話になったお礼に、持ってけ言い、持って来ました。受け取ってくらっしゃい」

「なーんで、こっげのがん」

「んーん、なんだやらとうちゃんかあちゃんの話聞いてるていうと、その巾着に願いを入れるていうと、なーんでも聞いてくれるがだと」って蛇が言うんだんが、

「へぇー。ほんだろか」

「ほんだらか嘘だかおれも知らんども、一回試してみてくんなせ」って蛇のほういうんだんが、

「よしきた。おい、ばぁさん何の試ししょう」

「そうらのー、まさか本当《ほんと》だとは思《おお》わんねぇろも、おらこの家《うち》も、大分がたついて、まあ古しなって来たすけ、ちっと新しいうちにしてもらおうねっか」

「よし、そうしよう。巾着さん巾着さん、おらちの家《うち》はへぇ、がたがきてどうしょも無ぇすけ、新しい家《うち》が欲しいと思ったら、なじょらろ」

って言ったら、がらがらがらがったーん、とすっばらしい新しい家《うち》ができたと。

「おら本当《ほんと》らや」

「本当《ほんと》らー。じゃあついでらんだんが、うちばっか、できたってしょうがねえだんが、中のいろんな道具も欲しいねっか」

「そうだなぁ。巾着さん巾着さん、いろいろな家具もひとっつお願いします」

ったら、がらがらがらがらがらー、音がしたと思ったら、なんかへぇ箪笥《たんす》からなんか

いろんなその、家《うち》の中に要るようなもの、全部ばちゃっと出てきた。

「おー、こらまぁありがてぇがんのもろうた。おい蛇さんありがとう。うち行って、とうちゃんかあちゃん、よろしう言ってくれや」

「はいはーい。じゃあさいならー」って蛇は帰ってった。

「おい、これはとんでもねえありがてえがん貰っちゃったが。ま、とにかくまぁこれどこ置こう」

「いやなんて言うたったって、そっげありがてえがだんなんが、神棚へあげて、一升枡ん中入れて、毎日朝晩こうお参りしようねか」

「ああそうしよ」

その枡の中へ入れて、ほうして朝晩こうお参りしてたて。

ほうしてある朝、じいちゃんが、

「おい、ばあちゃん、おいおめえ、枡んなかのあの巾着どこやったい」

「どこやったって言ったって、おらぁ手ぇ触んねぇ。おめぇさんが一番こうお参りしてるがねっかい」

「いや、いつもはそうなんだろも、今日は枡ん中へ無ぇっや」

「無ぇて、無ぇっていうたら誰か盗んでったこてや」

「まぁそうらなぁ。どうしよう」

「おめぇさん、どうしようなんてったったって、おめぇこの世の中へ人間なんかじょんならんほどいっぺぇいるだんが、そん中から誰がお前、おらこの巾着盗んでたったって分かりっこねぇ。おれとお前と、さんっざいい目したんだから、もうこの辺でもって諦めようねっか」

「あぁそうしよそうしよ。あぁやめたやめた。へぇ欲かかんがんにしよ」

そばで犬と猫、聞いてた。

「おい、とっつぁとかっかぁ、あんげごと言ってる。あっでいいんだけ」

「いや、おれとお前と、さんざここの家《うち》の世話なったんだ。それだってやに、おら知らんふりしてらんねこてや」

「そうらなあ。じゃ、おれとお前でもって、その赤い巾着探しに行って来るか」

「そうしよ。犬、なぁ、ほら嗅げや」

犬が巾着の匂いをくんくんくんくん、くんくんくんくん、くんくんくんくんと「こっちだぞこっちだぞ」嗅いで、後ろから猫がちょこちょこちょこちょこちょこちょこついて行く。

ほいでどんどんどんどん、どんどんどんどん歩いて、川へ出た。

「おい、ここまで来たら香《か》がしなくなったや」犬が言うた。

「あちゃー。ほしたらじゃあこれじゃ、川の向こうへ渡ったんらこて」

「そうらなあー……」

ほしたらそこへ旅人が、ぶらぶらぶらぶらと、喋りながらこっち来て、

「おい、川の向こうの話聞いたかや」

「ああ聞いた聞いた。なんか川の向こうへ、いたってやねか」

「あっという間にまあものすごいあのー、物持ちが蔵を三つも建ったてねやか」

「そうらてやのー。どっからそっけお金出したろかのー」

なんて話をしながら、旅人たちは歩いて行った。ほい、犬と猫聞いてて、

「おい聞いたか」

「聞いた」

「きっと、じゃあその川向こうの方へ、おらちの家《うち》から、その、巾着盗んだやつが向こうに渡ったに違ぇねえ」

「おい、じゃ、向こう行ってみよねえか」

「おお行ってみよ」

ほしたら猫、

「おらあ川ん中な入らんねがね」

「ばか言うな、おれの背中に乗れや」

「おめえ泳がれんかや」

「ばか、ばかにしんなや。犬かきってんがあんだろ」

「あーそらそら、じゃあおれんこと乗してくんねぇ」

ほ　して犬の背中に猫が乗って、犬ががばがばがばがばがば。ほうして向こう側にぽんと着

いた。

「ほら犬嗅げや」

「よしきた」

くんくんくんくん、したら、

「ほら、こっちだこっちだ」

「おい、この土蔵ん中らいや」

「この土蔵ん中に確かに、匂いがする。こん中あるに違いねえ」

「いや、こげん中どうしようもねえなあ」

「猫、なぁ何とかしぇ」

「おれが爪で掻いたこて、ダメだこてぇね。犬こそおまえ、どうせあいい」

「おれもどうしよもねえ」

「ここまで来て、どーするてら」

ちょうど腹減ったと思ってってとこに、鼠がちょろちょろっと一匹出てきた。猫はちょこーんとそれ捕まえて、くしゃくしゃくしゃくしゃと食うたて。犬は、

「なー、うまーげんして食うねぇ」

「お前も食えや」

「やぁだおれ、鼠なんて食わんねがね」

またちょろちょろと出た。猫はすっくと捕まえて食うた。

ほっけしてね、二、三匹食うてたら、猫に負けねようなでっかい鼠がのっそんのっそんと出てきて、

「おいおい、おれの子分、そっげやたらに食《か》わんでくれや」

いやー、猫と犬はぶったまげちゃって、

「おお、食《か》わねえよ食《か》わねぇよ。じゃあ、おらの言うことも、じゃあ聞いてくれや」

「なんだあ、言《ゆ》うでみれ」

「この土蔵ん中へ、赤い巾着が必ずあるすけ、お前がそれ持ってきてくっでや、おれ、お前の仲間なんて、決して食わんすけ」

「そうか。赤い巾着だな」

「ちいちぇ巾着だ」

「よっしゃ、待ってれ」

ほして鼠の親分は、どっから入ったんだか知らねども、土蔵ん中へ入って、あちこちがたすたがたすたと言わしたったけ、「これかー」と言って、降《お》ってきた。

「お、そんだそんだ、ありがてありがて」

「いいかな、さっきなの約束通りだぞ。おれの仲間食うな」

「ああ食べね食べね。はあー、おい、良かったねか」

「ほら、猫、しっかり、こんだそれ、落とさねように、巾着こと、咥《くわ》えてれや」

「よしきた」

「さあ、じゃあまたおれの背中乗って、川渡るぞ。いいか、離すな」

「ああ離さね」

　また犬の背中、犬が猫こと背中へ乗せて、がばがばがばがば、がばがばがばがばと犬かきでもって川の真ん中ごろまで泳いで行ったって。猫はね、その巾着が見つかったのが、うれしくてうれしくてうれしくて、どーしょもね。川の真ん中ごろ行って、そのうれしさを隠さんなくなっちゃって、「おまえ良かったねか」と一言喋ったら、しっかんかんと咥えてた、その赤い巾着がパチャーンと川へ落ちちゃった。

「あー落《お》ったや落ったや落ったや。投げ落ったで、あの赤い巾着」

「ばあか、しっかり咥えてれて」

「しっかり咥えてたんだども、ついつい喋っちゃって」

「あぁあ、これ、どーしょもねや」

「や、犬、お前ちょっと捜してくれや」

「おればっか泳がせるねか」て言って捜した。

「あぁあこれ仕方無えな。とにかく上がろて」

ほいで、元来た岸上がって、

「とにかくまあ、下《しも》まで、流れて行ったろーすけ、下《しも》の方まで行って捜そうで」

ほいで、とことことことことことこ、二匹行って、

「おい犬、おまえ、そのそこら行って見て来いや」

「よしきた、じゃあおめえ、待ってれ」

犬が所々行って、こう、ねえかなーと思って、

「無《ね》え無《ね》え」

ほいじゃまた、とことことことこ行って、

「おい見て来いや」

「いや無《ね》え」

「へぇー、まあ仕方ねぇねか、ほいじゃ諦めよねか」

「でももう少し下《しも》行ってみよや」

ほいで下《しも》行ったら、魚釣りしてる、漁師がいたんだ。

「もしもーし」

「ほい、何でぇ」

「ここへあれだろか。お前さんずぅーっと前から、魚釣りしてるらーだろうか」

「ああ、おらずぅーっと、朝から魚釣りしてっじゃ」

「こげな真っ赤な巾着が、流れて来なかったろか」

「いやぁ、おらあもう、浮きと魚しか見ねもんで分からんかったろも、真っ赤《け》そんげな巾着流れて来なかったがなー」

「そっかぁー。おい猫、どうする」

「や、どうするったって、ここまで来《こ》や、じっき海へ出るがね。ほげなとこ行かんね。行ったってどうしようもねがね」

「諦めっか」

「諦めよ」

「あーどうも漁師のおじさん、ありがとうござんした」

「あぁあ、がっかりしたなあ」

二匹ががっかりしてたら、その漁師のおじさんが、

「なんでお前たちそんげがっかりしてらんたね」

「いやさっき、なも言ったその赤い巾着がどっか行ってしもたら家《うち》帰らんねがね」

「うーん、仕方が無《ね》こてや。いまさら、おめ、どこ行って捜す手が無《ね》んだから。いやまあ、ごくろうさんだったすけ、これ一匹持ってって、家《うち》行って、じいちゃんばあちゃんから料理して貰《もろ》って食べればいいこって」

でーっかい魚一匹貫ったで。

「はい、ごっつぉさまです。ありがとうございました」

ほいで二人で交代交代にそのでーっけ魚ごと家運んで、

「じいちゃんばあちゃん、ただいまー」って帰って来た。

「おお、ねら帰って来たかね。しっかし、どご行ったかと思《おも》てあっちこち捜して心配してたが」

「あぁーおれら、赤い巾着ごとどっかねぇかと思《おも》て捜しに行ったど無《ね》で、とうとうじいちゃんばあちゃん、無かったで。勘弁してくんねか」

「いや勘弁すること無《ね》がてでや。初めからおれ、じいちゃんとばあちゃん諦めてたでがね。ねら気きかせて。んな、よしゃよしゃ、帰ってきて良しこった。さあさ上がれや上がれや」

「だども、そしたらあの、漁師のおじさんがのー、このでっけぇ魚一匹くれたで」

「おおー、でっけ魚らねぇ。ねらほれじゃ腹減ったろすけ、これからおれ料理するすけ、ちょっと待ってれ。料理してやるすけ」

「はあい」

ほんでおとっつぁんが、そのでっかい魚、ガツンガツンと三枚におろして、ずいずいずいっと腹ん中割いて、はらわた出したら、なんと、その腹ん中から、赤い巾着がぺろっと出てきたてんがね。

おかげでまた、じいさんばあさんと、犬と猫と、らくらーくとその巾着のおかげで暮らしましたとさ。いきがぽんとさけた。

（解説）

「魔法の指輪」として、世界的に分布する話である。『大成』一六五「犬と猫と指環」では、概ね次のようにまとめる。　1　貧乏な男が蛇を助ける、親蛇に指環をもらう　2　男はそれによって金持ちになり、妻をもらい番頭を雇う　3　妻（番頭）が指環を盗んで逃げる　4　男は元の貧乏になる　5　飼い犬と猫が恩を感じ、川を渡って探しに行き、猫が鼠を捕えて指環をとらせる、猫が指環をくわえて犬の背に乗って川を渡る、途中で猫はうっかり指輪を落とす、指輪を呑んだ魚を捕える　6　指輪は男の元に戻る（猫と犬は功名争いで不仲になる）

一方、エーバーハルト『中国の昔話タイプ』一三「役に立つ動物たち」は、1　ある男が猫と犬を飼っている　2　男の貴重品が盗まれる　3　猫と犬は、主に鼠を無理やり手伝わせて、それを取り戻す　4不公平のせいで猫と犬は仲が悪くなる、である。

崔仁鶴の「韓国昔話タイプインデックス」二六五「宝珠と猫と犬」は、概略、次のようである。1　鯉を海に放す、漁師は龍宮に招かれ珠をもらう　2　魔法の珠を盗まれる、漁師は再び貧乏になる　3　飼い猫と犬が取り戻す、猫は鼠を脅して珠をとってこさせる　4　猫と犬の仲が悪くなる

『大成』では、この話を呪宝譚に分類しており、呪宝譚の典型例に基づくモチーフ構成を示しているが、日本の類話は、むしろエーバーハルトのタイプ構成に近く、猫と犬が呪宝を取り戻す5の部分中心で、2と3のモチーフについては、ほとんど語られない話が多い。また猫と犬の不仲について語る話は多くない。この点『通観』は、「犬と猫と玉」として、動物の援助に分類し、よく対応している。

逆に中国の話には、『大成』２、３の呪宝にまつわるモチーフが加わった長い話として語られるものも多い。（エーバーハルトのタイプは、一九三七年当時の中国の状況から上海、広東を中心とした江南一帯の話を主な資料としていて、北部や広大な少数民族地域の話はあまり反映されていない）韓国のタイプは、魚を助けて龍宮に招かれる、「浦島太郎」のような異郷訪問が発端になっているところに特徴がある。この部分を欠く話も多いというが、日本の話にも、いじめられていた亀を助ける話は多く、関連がうかがわれる。最初に蛇を助けるモチーフが来る点も含めて、日本の話ももともと水と関係のある話だったのかもしれない。（ヨーロッパの話では、呪宝にまつわる２と３の部分を中心に語るものが多い。）

『通観』新潟巻の類話は一二話で、この話は、誰でも知っている、というほどには、新潟では知られた話ではなかったようである。中で、栃尾の「犬と猫とかね巾着」（『雪国の炉ばた』五四頁）は、最後の部分、釣りをしていた人から魚を分けてもらうのではなく、猫がかっぱらって来るところが違う以外、ほぼ山崎さんが語られた話と同じである。同書の解説（二五四頁）には「西谷、東谷、上塩谷　の山深い村に五話も採集した。幼い子どもの日に、祖母が囲炉裏端で語った話だという」とある。

一方、小国を貫く渋海川の上流、松代の「犬と猫」は、松之山の板屋という長者の宝を浦田口の田辺の旦那が盗んだのを板屋の犬と猫がとり返しに行く話である。猫は田辺の屋敷に入って、おっ母に甘えてニシンをせしめ、それを餌に鼠を捕まえて宝物を盗んでこさせる。ところが帰り路、猫は自分一人の手柄にするので、犬と喧嘩になり、宝を川に落としてしまう。それで板屋の旦那も田辺の旦那も身上がつぶれて絶えてしまい、宝は渋海川を流れ下って小国の人が拾って、それで小国に旦那様がある、という。（千年の関谷ワシ、『松代』九二頁）小国の旦那様とは、金沢の旦那様山口家がイメージされているのだろうか。

9　尻鳴りしゃもじ

（山崎正治語り）


とんと昔があったって。ある旦那様のうちのおじは、

「よーし今年くっさ、おれはいい初夢みて、いいめえ、したいすけ……」

早々と寝たと。

「寝ろ、寝ろ、寝ろ、寝ろ、寝ろ」と、一向《えっこ》寝られんたった。そのうちにだんだん夜が明けてきた。うつうつっとした拍子に、夢見た。

「あ、こりゃ、初夢だべな」

なんの夢みたかというと、ごはんしゃもじの夢を見たて。なんや、どうして見たか思て、

「一富士、二鷹、三茄《なすび》っていうが、もうちっとええ夢見られなかったもんだかなあ。仕方ねえこてや、もう早や、夜、明けちまった」

そう思ってうちん中に居たろも、外にからからっと飛んで出た。うちの庭の石の上に、さっき見たと同じしゃもじがぽんと置いてある。

「おっ、これは正夢らろうかねえ。初夢は正夢になったんだろうかね。ごはんしゃもじみてー

ん、ほんとしゃもじだ。夢でねかったんてよ」

そう思って、しゃもじをうっかり持っててね、自分のほっぺたをね、ぺらっとなでたら、おじのほっぺたがね、「おたびとたびと、おたびとたびと、おたびとたびと」って鳴る。

「おごとだ、おごとだ」て言って、ほっぺたなでるけどもいっこう鳴りやまない。なんの気なしにそのしゃもじの裏っかわでもって、ぺらっとなでた。「おたびとた」ぴたりと止まったて。

「こりゃーまーええのをあたったぞ。初夢にしては、ばか、ええがんが当たってんでや。よしきた。こっでもってひとつ、いいめにあおう。よしくっぞ、おれな、なんてったって、おらあな、あの庄屋さんの娘のことが大好きでやらんが。あれひとつ、おれの嫁にしてえ思ってな」

ほうして、正月の二日だっていうのに、まだみんな寝てるっていうのに、そこの娘さんの、庄屋さんのうちに出かけて行った。

「どっかへ入るとこはないかな」

うちの周り回るろも、まだ正月の二日だっていうのに、どっこもきちんきちんと錠がかかってて、入るとこなんてなかったと。

「まー、どっか入れんとこありそうだけどなあ」

たった一か所入るとこがあったてや。便所の汲み取り口。その蓋だけはとれた。こりゃまあえーや、そっから、そろーと入ってった。（冬場は何のにおいもしないんだ。）便所の中ひそんでいたら、ぱったすった、ぱったすった、ぱったすった、ぱったすったと誰かが草履みたいのを履いて歩いてくる。

「おお、誰か来たや」

中にじーとなって、からからって戸が開いて、そこのうちのお嬢さんが入ってきた。いやーこりゃ大変だ。お嬢さんは、まさか便所の中にそげんなんがいるなて知らん。らくらーくとふりっとお尻を出して、しゃーしゃー、しゃーしゃーと小用《こよう》をたしたて。おじはその持っていたしゃもじの表の方でお嬢さんのけつをぺらっとなでた。お嬢さんのおけつが「おたびとたびと、おたびとたびと、おたびとたびと」て鳴りだした。お嬢さんは「おおごとだあ」てもうせつながって、どんどんどんどんどんどんと行って、布団の中にすぽーんと入って、おうおう泣き出した。泣き出したっても、おけつは「おたびとたびと、おたびとたびと」って鳴ってるだんがん、これぱっかしゃどうにもならん。とっつぁもかっかも、

「こりゃあまあ大変でや。おら、医者呼んでこい、おら、あれ呼んでこい」

治らん。お嬢さんはせつなくて、せつなくて、せつなくて、どうしょうもねえ。

「ほんなら、占い師から占ってもらうより仕方ないなか。おい、占い師探してこいや」

「よしきた」

おじは早速占い師になって、

「えー占い師でござい。えー占い師でござい」

て町ん中にいた。

「おい、お前さん。占いできるのかや」

「ええ、できますぜ」

「じゃあ、是非、是非」

そしてこの番頭さんに連れられて、庄屋さんのうちに行った。もう家《うち》ん中、外から聞こえるってやね。

「おたびとたびと、おたびとたびと」

「あー、やってる、やってる」と思いながら、

「お前さん、実はこれこれこういう訳でもって、おらっちの娘のお尻が鳴りだして、いいにも、いいにも止まらないだが、なんとかお前さんの力でもって止めてくんないか」

「はい、なんとかしましょう。お嬢さん。とにかく、旦那さんも奥さんもここいちゃだめな。お嬢さん、しょうしいがいい。どっかに引っこんでて下せえや」

ほして、お嬢さんと二人になった。

「お嬢さん、お尻出しなせえ」

「いやいやいやあ。『おたびとたびと』ってなってるもん。いやいやいや」

「いやいやったて、お前さん、いつまでたってもそのおたびと治らんで。私が治してあげますから。どうかお尻出して下せえ」

「いゃいやいや」

いっこう出さない。

「おたびとたびと、おたびとたびと」と鳴ってんだから、どうしょうもない。仕方がねえ。お嬢さんは、

「あんた、これ止められるの？」

「私が止めてあげますからお尻出しなさいね」

「じゃあ、ほんとだね？」

「ほんとだよ」

しょうしかったらしいんだけど、なんだったてせつねえから、お嬢さんはおじの前にそろっとかわいらしいおけつ出したって。そしたら、

「いいかね、止めてやりますよ。お嬢さん、いいですか止めてやりますよ」

「はい、早く止めてくだせえ」

「待ってくだせえ。止めてやるけども、私も条件があります。お前さん、もしこのおたびとたびとお尻の鳴るのが私の力で止められたら、私の嫁になってくれますかね？」

「なにね？」

「私と結婚してくれますか？」

「いいから、もう早くもうじゃあ止めて下せえ」

「じゃ、いいんだね」

「はい、いいよ」って。
「よっしゃあ」しゃもじ出した。「じゃあ、とめますよー」
ほして、お嬢さんのお尻を裏側の方でぺらぺらぺらとなでたら、「おたびとた……」ぴたっと止まったて。お嬢さんも喜んで、「ありがとうー」って言って、おじの首んたまに飛びついたって。んで、それがもとで、おじは、まあ、いい初夢だったこってね、そこのうちの旦那さまの跡取りだよ。一生、安楽に暮したてんがの。いきがぽんとさけた。

（解説）

山崎さんの語りでは、ある旦那様のおじ（次男）が初夢にしゃもじを手に入れる。初夢、すなわち正月に福を授けられる話として語られる。似た話に、古典落語の「花の都」で知られる「鼻高扇」を手に入れる話もあるが、いずれも魔法の品は一つで、運よく手に入れた主人公が、その正反両用の働きを利用して、美しい妻や豊かな財産を手に入れる。鼻が伸びる、尻が鳴るという魔法には、笑話の要素が強い。『大成』の分類も笑話の誇張譚であるが、呪宝譚とみれば、ユーラシア大陸に広く分布するAT五六六「三つの宝と魔法の果実」に対応する。こちらは、どこでも行ける靴、いくらでも金の出る財布など魔法の宝の働きはめざましいうえに、魔法の品は三つもある。「しゃもじ」に対応するのが魔法の果物（李、イチジクなど）で、食べると角が生えたり、顔中こぶだらけになったり、魔法をかけるものとその魔法を解くものと二種類がある。妻に宝を持ち逃げされたり、見知らぬ土地に取り残されたり、という大冒険譚に発展する話も多い。

山崎さんの語りとほぼ一致する、長岡の笠原政雄の語りは一九五八年と一九八六年の二度出版されていて（『とんと一つ』『雪の夜』）、内容にはほとんど変化が無いが、「オタビトタビト」と鳴る音は、一九五八年版では「ウタビト」となっている。山崎さんの語りの「オタビト」もこれが訛ったものか。

10　爺さと豆

（山崎正治語り）

とんと昔があったてんがの。あるとこに仲のいいじいさんとばあさんが住んでいましたと。ある朝二人でもって、ぽんぽんぽん、ぽんぽんぽん、片一方はハタキかける、片一方はさらーんさらーんさらーんと座敷を掃く。

掃除していたらの、でっかい豆が一粒ころころーっと転んで出たてんがね。

ばあさん喜んで、

「いかったー、おれ炒って食おうで」

言うて。そしたらじいさん、

「ばか言うんでねえ、こげなむしゃむしゃって食うたったって、なんの足しにもならねえ。それよりもこれ蒔いておけゃー、秋になりゃこれに枝がついて実がなって、いっくらでもいっぺぇ食べられるすけ。とっとこう」

そう言うて、ばあさんが持ってる豆をちょこんとひったくって、ちん中へからからっと入れて、それ神棚へ上げて、パンパンとお参りして、じいさん出かけた。

あとに残ったばあさんが、あの豆食いたくて食いたくてどうしようもねえ。

「よしきた、もう食うたれや」

その升の豆を神棚からおろそうと思ったらね、ころころっところろんじゃって。豆がころころころころころーと転がってってって、

「あーあーあーあー」

と思ってるうちに、ネズミの穴へころんと入っちゃった。ネズミがこーう作ったトンネルの穴へ入っちゃったんだ。

さぁー大事《おおごと》だで、いまにじいさん帰ってきたらどうしよう。そう思ってにょうか、

「今来たぞー」

じいさん帰ってきた。

「ばあさん、あの豆どうしたや」

「だーすけ、それがまあ大事したて。おれはもう一回拝ましてもらいたいと思って、神棚から升おろしたら、おとしそこなってそう、豆がころころーっと転がってってそのネズミの穴の中へころんと落ってしもたて。堪忍してくれねえか」

ってばあさんが謝《あやま》った。

「ありゃー、よしわかった。仕方ねえ、じゃあおれが探し行ってくる」

ほんでじいさん、袋一つ持って、ネズミの穴の中へとんとんとんとんとんとん入ってってったて

んが。どんどんどん入ってったらね、遠くの方がなんかこう賑やかになってる。

「ん？何があんのかな」

だんだんだんだんそばへ寄って見たらね、ネズミが大勢集まって臼のあれ持って、餅つきやってるてんがの。

「うわー珍しいこんだで。ネズミの餅つきなんて、おら初めてだ」

それで聞いてると、そのネズミがみんなしての、

〽ひゃーくになっても、にひゃくーになっても、にゃーにゃのこーえは、やーらんや、ほーよいしょ、よいしょ
って言って歌うってんだ。

「へー、ネズミってのはこういうこと歌うんだろうかね。ちっとかまってくれようかな」

そう思て、

「にゃお」

って言ってじいさん、猫の鳴き声まねしたて。

まあーネズミはたまげた。

「ほら猫が来たから逃げれ逃げれ、逃げれ逃げれ」

ってごそごそごそーと、どっかに隠れちゃった。

「やー、これはかわいげらんことしてしもたで。どーらどら、ネズミの餅ってのは、どっげな

んだろうかなあ、一つまあ見てみようかな」

と思って、ネズミがさっきこう大勢集まってた臼のそばへ寄って、中見たら、いや、なんと中へ入っていたやつは、餅じゃなくて銭だったて。

「ほー、いかった、ほー、いかった」

じいさん喜んじゃって。その銭こと、持ってきた袋の中へ、じゃらじゃら、じゃらじゃらと入れてさ。そで、

「よっこいしょのしょ」

って担いでさ、そしてまた穴ん中、とことこと歩いて行った。

しばらく行くと一軒の家があってさ、なんか中、賑やかだってんがね。

「へー、いまごろここでもって何事が起きていてだろう」

そう思って、指なめて障子に穴開けてのぞいて見て、ぶったまげたって。家ん中にはね、赤鬼、青鬼、黒い鬼と、いろんな鬼どもが大勢集まって博打の最中だった。

「へー、鬼も博打するんだがいや」

そう思て見てたら、青鬼がね、

「おいおい、ほら、早う張れや。じき夜が明けちまうぞ。早う張った張った」

あー、じさまそれでわかった。

「あー、さては鬼どもていうのは、明け方になりゃ、こりゃいなくなるんだな。よしきた、そ

うすりゃ夜を明けさせりゃいいな」

そう思て、なんかにゃあかなって、仕事がらな、そこ行ってねーかなと思って探してみたらね、ちょうどその箕ってものがあった。その箕、持ってきてさ、ひっくり返して裏側の方、ばたばたばたばたと叩いて、

「コケコッコー、夜が明けたー」

って鶏のまねしたて。

ほうしたら鬼どもが、

「ほら夜が明けたぞー。焦らにゃ、ほうら、逃げれ逃げれ」

あの大勢いた鬼どもが、がたがたがたー、いんな、いねーなっちもうた。「丁」「半」て言って、張った小判だの銭だのなんかそっくり置いてったで。

「いやー、これはまあいかったでや、これもじゃあ、おれがもらって行こう」

ほで、それでみんな集めてきた。袋の中へちゃんと入れて、どっこいしょ、ほして担いで、よっとこしょと家へ帰ってきた。

家じゃ、ばあさんがね、

「あのばかじいさんが。豆、おれが食うたのも知らんで、あっげな探しに行ったで、ばかもんじゃのう」

そういうこと言うて、ばかにして、じいさんの悪口言ってた。

ほしたらばあさんのケツの下が、むくん、むくんとこう持ちあがるてんがね。

「ん！　これ朝っぱらからムクラモチが出たげだな。よーしきた、この野郎」

ほして横槌《よこづち》っていうの持ってきた。わらを叩く、その槌を持ってきて、むくん、むくんとするところを、

「ムクラモチはどこ行った、そこいらいたらかっつぶせ」

って言って、がちーん、がしーんと始末したで。

ほしたら今までむくん、むくんとしてたムクラモチだと思うのが、ぴくっ、てんで動かなくなった。

どらどら、こっだ、今どうしたかなと思って、ばあさんがそーっと板、こうはぐり上げてみたら、なーんとそこには大事な大事なじいさまがのびていたてんがの。

「じいさまー、勘弁してくれや、おれが悪かった。いや、じいさま勘弁してくれや、悪かったやー」

って言いながら、ばあさんがおんおんて泣いたらな、その涙がじいちゃんのほっぺたへぽちゃぽちゃぽちゃーと落ちたらさ、死んだと思ったじいさんの目がぽかんと開いたて。

まあそれからまあ二人でもって、お金はいっぺえできたし、

「いさかいしちゃだめだのし、これから仲良くしようぜ」

って言って仲良く暮らして、いい楽しい楽しい一生を過ごしたてんがの。

いきがぽーんとさけた。

（解説）

爺が転がった豆（団子、握り飯）を追いかけて、穴に入って行くと、異界が広がっている。「鼠浄土」「地蔵浄土」また子ども向け絵本などでは「おむすびころりん」の題で広く知られる話では、爺が落とした豆（団子、握り飯）を食べた地蔵や鼠の援助で、爺はたくさんの宝を土産にもらう、まねをした隣の爺は失敗する、という隣の爺型の話になっている。

山崎さんの語りでは、爺が、豆を追って穴に入って行くと、鼠たちが「何も怖くないが、猫だけはこわい」と歌って餅つきをしているので、猫の鳴きまねをして鼠を追い払い、臼の中を見ると銭なので、もらっていく。次いで鬼が夜明けを気にしながら博打をしているのを見て、鶏の鳴き声をまねると、鬼は慌てて逃げ去り、爺はまた小判や銭を手に入れる。婆が爺を待っていると、尻の下がもぞもぞするので、モグラかと思って横槌で思い切り殴ったら、爺だった。婆が泣いて謝ると爺は息を吹き返し、めでたしで終わる。爺は死んでしまった、と語っているものもある。一方、「小国の昔話」では、「鼠の米つき」と題して次のように語られている。

「……爺さもその豆について穴の中に入って行ったと。そこへ入ってみると、鼠が米をついていて、「鬼でも蛇でもおっかんねえ。にゃあにゃあの音がおっかねえ」とストンストンと米をついているんだと。そこで爺さが「にゃあおん」と猫のまねしると、鼠はたまげて、すとすと逃げて行ってしもうたと。ほうして、臼の中にぁ銭がいっぺえ入っていたと。……」（高橋篤太郎『榎峠』12）

「鬼も蛇もこわくないが、猫の鳴声がこわい」と米をついていた、といい、爺が無事生還したかどうかは述べられていない。「鼠の米つき」と題されているように、穴の奥に異界が広がっており、そこでは鼠が銭を管理していることを述べている。餅つきではなく、玄米を精白する米つきとなっているのも、銭の汚れをとる作業を示している。一方、松代の話に「ねずみの札干し」（『松代』一一一頁）がある。山仕事に行った爺が、いい天気なので、ぼんやり休んでいると、鼠が札を干している。爺は猫の鳴きまねをして、その札を奪って来る。次の日、また山に行くと、今度は鼠が秉燭で手をあぶっている。爺が近づくと鼠は逃げ、爺の手は秉燭について離れなくなり、大やけどする。奪った札をみんな返して謝ったら治った、という。これも鼠が地中の財宝を管理していることを示す話だろう。この類の話は、中国にも広く分布しており、エーバーハルトはタイプ一三九「財宝番の神のガチョウ」として次のようにまとめる、「1　財宝を守る神が晴れた日に宝を外に出す　2　料理人が通りかかる、神は宝をガチョウに変える　3　ガチョウを買い損ねていた料理人は一羽欲しがり、足の悪いガチョウをもらう　4　ガチョウは途中で元宝（馬蹄銀）に変わる　5　料理人は引き返してもう一羽ねだり、一番大きいのをもらう　6　そのガチョウは元宝になり、料理人の足の上に落ちる　7　元宝はそっくり治療費に化ける」（『中国』2、三一五頁）これは、松代の話とそっくりである。

山崎さんの語りで、餅つきになっているのは、鼠の財宝管理という部分があいまいになったためと、米つきが農作業から精米所の仕事に変わり、人々の暮しから忘れ去られたことの反映だろう。

山崎さんの話の語り出し、爺と婆が掃除をしていると、豆が一粒転がり出て、炒って食うか、蒔いて収穫を待つかで二人が言い争うというのは、『通観』新潟巻で、「笑い話四五七豆ご話」として一つのタイプにまとめられているように、新潟では、広く知られた語り出しである。この語り出しに続く話には、豆を炒って黄な粉にしたが、屁で飛んでしまった、という話、豆を植えたら大木になり、爺が登って行くと、「天に金は余っているが、豆が不足して困っていた」と感謝されて金を土産にもらう、下りる途中で雷様の水まきを手伝って、下界を大水にした、と思ったら夢で寝小便を垂れ、婆に叱られる話、また豆のほかに稲穂も一つ拾って、ぼた餅にする話などがあり、豆が米と並ぶ大切な食べ物であったことがうかがえる。

なお山崎さんの語りの最後、婆が爺をモグラモチかと思って唱える「ムグラモチはどこ行った　そこいら居たら覚悟せい」というのは、正月十五日のモグラモチ追いに歌うわらべ唄である。（「子どものころの思い出」三九六頁参照）

11-1　あやちゅうちゅう

（山崎正治語り）

昔ある村へね、ものすごく働き者で正直で、いいお爺さんがいましたと。その日も山へ行って一所懸命に働いて、

「どうどう一服しようかな」

そう言って、木の切り株つに腰を下ろして、そこにチョンと鍬を立てて、煙管に刻み煙草を詰めて、カチーンカチーンと火打石でもって火をつけて、ポカーンポカーンと煙草を吸ってたてや。ほしたらの、可愛げな小せえ綺麗な鳥がパパーッと飛んできてさ、その爺ちゃんが立てかけておいた鍬の柄のてっちょにチョンと止まったと。

「うわーこらまあ可愛げな、俺が今まで見たことのねえ可愛い鳥だんや。鳥、鳥、汝《な》あ、俺の手のてっちょに乗ってみれ」

って手出したらね、鍬の柄に止まってた鳥がパパーッと飛んできて、爺ちゃんの手の上にチョンと止まったと。

まあ見れば見るほど可愛いてんがね。

「鳥、鳥、んな今度俺《こっだ》のべろのてっちょに乗ってみれ」

って言って、へーって出したと。

そしたらその鳥がまた、パパーッと飛んできて、爺ちゃんのべろのてっちょにピョンと止まったて。

おおー止まったや、と思ってるうちに爺ちゃんうっかりゴクンと飲んでしもうたて。ほうしたら鳥が生きたまんま、ずんずんずん、ずんずんと食道通って、腹ん中へこう入っていって。そのうちに臍のあたりが、もぞもぞ、もぞもぞとするねと思って、爺ちゃん着物こう開けてみたら、臍の脇にその羽が一つチョコンと出てたじゃ。

「あやや―、こっげんどこに羽が出たんや。じゃあここから引っ張りゃ、中、また中から出てこられるろっかね」

そう思って、爺ちゃんその羽んことクツンと引っ張ったら、腹ん中で、鳥が、

「あやちゅうちゅう、こやちゅうちゅう、にしきさかづき、ぴぴらぴんとのむ」

と鳴いたてや。

「ええーんな喋られるんがだけ。どう、もう一回、どう」

クツンと引っ張ったら、

「あやちゅうちゅう、こやちゅうちゅう、にしきさかづき、ぴぴらぴんとのむ」

って言って。

「いやー、こりゃ面白《おもし》いがや。俺ばっか一人で聞いてたんじゃ、こりゃもったいねえすけ、家《うち》へ行って、かかにも聞かせよ」

ほうして、とんとんとんと家へ帰って、

「かか、かか、面白いやんが出たんや」

「何が出たい」

「出たんじゃなくて、俺の腹ん中にいるんや」

「どれどれ、いやーや、そりゃ爺さん羽だけね」

「おう、鳥の羽だこてやな。それちょっと引っ張ってみれや。強引に引っ張んな」

「はい、引っ張ってもいいかい」

「いいぜ」

ほうして、母ちゃんクツンと引っ張ったら、腹ん中で、

「あやちゅうちゅう、こやちゅうちゅう、にしきさかづき、ぴぴらぴんとのむ」

「おやー爺ちゃん、こりゃ面白いいったな。中で鳥が鳴いてるがんけ」

「ああ、鳥が鳴いてらん」

「どうしてこっげなったがい」

「いや、これこれこういう訳で、俺がべろ出したら止まったら、うっかり俺が飲み込んでしもうた」

「さー、そらどうも大事《おごと》だども、でも面白いねかい。じゃあ、おらばっか聞いてても、もったいねえすけ、辺《あた》り近所の人から聞いてもらおうかな」

って言って、そしてみんな集めてさ、

「おめぇ方、まぁ爺さまの腹ん中で鳥が鳴くすけ、聞いてくんねえかい」

「ええー、腹ん中で鳥が鳴くうね」

「どうどう」

ってみんなが集まってきた。その真ん中で爺さん、腹ぺろぺーろ出して、

「この羽だで。いいかい、引っ張るで」

クツンて引っ張る。

「あやちゅうちゅう、こやちゅうちゅう、にしきさかづき、ぴぴらぴんとのむ」

「うわー本当《ほんと》だんや、こらーまぁおい珍しいこっだ」

っていうんが、だんだんだんだん、だんだん評判になってさ。あっちでも「来て見してくれ」こっちでも「見してくれ」ってさ。あっち行きこっち行きしてるうちに、とうとうそれがお城の殿様の耳に入ったてん。

「なんだと、そんな珍しいのがあって、余が知らんてほうがあるか。連れてまいれ」

っていうことになっちゃって、爺ちゃんがこっだ呼びに来た家来に連れられて、ほうして、殿様の前に行たっ

「爺《じ》さ、爺さ、お前腹ん中で鳥が鳴くては本当だか」

「はい、本当でございます」

「よし、余の前でもやってみれ」

「いやーお殿様の前ではとてもじゃねえが、恥ずかしながら汚《きたね》え腹出すってわけにはいがやあ」

「いや、苦しゅうない。さあやってみろ」

殿様が苦しゅうないて言うんだから、いいだろう、と思って、

「はい、これでございます」

「おお、本当に羽が出てるな」

「はい、出ております」

「引いてみろ」

「はい、じゃあ私が先、引いてみます」

ほうして、爺ちゃんがクツンと引っ張ったら、

「あやちゅうちゅう、こやちゅうちゅう、にしきさかづき、ぴぴらぴんとのむ」

「おおー、こら面白いな。次は余が引っ張ってもいいか」

「はあー、よろしゅうございます。どうぞ殿様引っ張ってくだせえ」

ほうして、殿様の前へむざむざと行って、お腹こう出した。

「引いてもいいか」

「ああ、引っ張ってもよろしゅうございます。引っ張ってくだせえ」

「どらどら」

殿様がクツンと引っ張ったら、

「あやちゅうちゅう、こやちゅうちゅう、にしきさかづき、ぴぴらぴんとのむ」

って言ったら、殿様喜んじゃって、

「もう一遍引っ張るぞ」

クツン。

「あやちゅうちゅう、こやちゅうちゅう、にしきさかづき、ぴぴらぴんとのむ」

「いやーこれは珍しい。余も大分色々あたり世間を渡っていろんな目にあったが、こんーなに面白いのは初めて見た。これというのも、お前が平生正直で働き者《もん》で、神様がきっとお前に授けてくれたんだろう。余は一国一城の主としてそれを知らんふりしてらんねえから、余もお前に、じゃあ褒美をとらす」

と言ってさ。なじょんかいっぺえ褒美をもらったと。

おかげで爺さんは婆さんと二人で一生安楽に暮らしましたとさ。

いきがぽんとさけた。

11-2　鳥呑み爺

（五十嵐サチ語り）


むかあし昔あるところに、仲のいいおじいさんとおばあさんがいましたですと。そしておじいさんが、

「ばさまばさま、今日俺は山へ行ってくるすけのう」

と言って、

「じゃあ、じさま、お前さん山へ行くけや、じゃ、弁当持っていかんきゃなりませんのう」て、そしておばあさんがだんご作って、うまーいだんご作って、そしておじいさんに持たせてやりましたと。

そしたらおじいさんは、一所懸命、山で仕事して、そろそろお昼んなった頃かなあと思って、お腹もすいたしと思って、そしてせんとこ腰かけて、そしてだんご食べ始めようと思ったら、そのそばの木になんか奇妙な見たこともねえ鳥が止まってるんだんが、おじいさんがだんご一つぱくっと食べようとしたら、そしたらその鳥が、

「じいじ、だんごくれ」

て言うんだ、「奇妙な鳥じゃな」と思て、だんご一つぽいっと投げて、「ほら」って言ったら、そしたら鳥がぱくっと食べてしもうて、またおじいさんが食べようとすると、

「じいじ、だんごくれ」

って言うて、「まあ、またくれてがんか」、また一つぽん、と投げてやったら、最後まで「じいじ、だんごくれ」って言うて、だんごみんなおじいさんに食わせないで食べ上げてしもうた。で、おじいさん、

「やれやれ、おまえにみんな食われてしもうたんや」

まだ木の上でもって「じいじ、だんごくれ」っていうもんだから、

「おまえにみんな食べられたんだんが、なんもへえ無えろ、ほら」

って言って、口みんな開けて見せたら、その鳥がまたどうしたことか、おじいさんの口ん中へ、パパーッとたちこんでしもうたすけ。さあー、おじいさんたまげちもうて、こりゃまあ大したことんなった、まあ下手な事んなったかと思て、仕事もそこそこにして、今度はうちに帰ってきて、

「ばあさん、ばあさんばあさん。俺、今日山でな、奇妙なことが出会って、奇妙な鳥がさ、おまえの作ってくれただんごをさ、俺ぁ食べようとすりゃあ『じいじだんごくれ』って言うんだが、一つずつくれてやったら、そしたらまあ俺が食わんうちに、みーんなだんご食うてしもうたんだが、ほしたら、しまいにゃ今度『へえ何もねえぞ』って言って俺が口開けたら、そした

ら口ん中から腹ん中へ鳥がたちこんでしもうた。こら下手な事んなったいや」

と言って。おばあさんは、

「そらまあ、じさま、大変なことんなったのう」とて、

「じゃあ俺ひとつ腹さすってやるこっつぉて」

と言うて、そしておばあさんが、じさまの腹をこう、さすってやったら、臍の所になんかぷつんと出てきたんだが、「何だろ」と思って、こうさすってたら鳥の羽みたいのがちょこんと顔を出したんだが、「そのまあ腹ん中に立ちこんだ鳥の羽だろうが」と思って、その羽をそおっと引っ張ってぽつんと抜いたら、そしたら面白いことに腹ん中から、

「麦ちゅうちゅう　粟ちゅうちゅう　いよのさかづき　くぴんちゃりん」

ていう音がした。「おお面白れえこと言う、鳥やろうか、じさまの腹ん中がいうがあろか」と思てまた一所懸命こう、じさまの腹なでてやったら、また臍んとこからちょこんと、こう芽が出たみてえに鳥の羽が出て、またそれ引っ張ってみると、

「麦ちゅうちゅう　粟ちゅうちゅう　いよのさかづき　くぴんちゃりん」

って言う。「こりゃおもしろいのう」と思って、そして隣の衆《しゅ》にも前の衆《しゅ》にも、

「おらこのじさま、これこれこういうことがあってさあ、鳥が腹ん中へ、へえ、たちこんでしもうてさあ、その鳥の羽が臍から出てきちゃあ、面白ねえだそがって、来て見ねてさってか」

って言ったら、隣の人も前の人も皆、じゃあおじいさんのこう腹撫でてみると、そうすっとま

た鳥の羽がちょこっと臍んとこへ出てくるんだが、またそれをこつっと引っ張ると、そうすっとまた、

「麦ちゅうちゅう　粟ちゅうちゅう　いよのさかづき　くぴんちゃりん」

といって音がするんだ。「こりゃあおもしれえ」って言って。そうすっと今度また村中みんな評判になって、そして村中の衆がみんなつめかけてきて、そしてみんなが「こう面白えことがあるもんだのう」てがて、みんながおじいさんの腹を撫でてたら、そしたら今度はその噂がみんなこう広まって、そこの殿様んとこまでその話がいって。

そしたら殿様が「そういう人の奇妙な話があったら俺もひとつ試してみたい」って言って、んでおじいさんを呼びに来て、おじいさんが殿様のところへ前に行って、そして殿様から腹をなでてもらったら、またやっぱり、臍んとこへちょこっと羽が出てきて、殿様がちょこんと引っ張ってみたらそしたらまた、

「麦ちゅうちゅう　粟ちゅうちゅう　いよのさかづき　くぴんちゃりん」

って言って音がしたんだ。

殿様が喜んで喜んでのう、「わあ、こういう珍しいのは生まれてはじめてだ」ってがんに、そして殿様は大喜びでもっておじいさんに「大変よく楽しませてくれてありがとう」っていうんで、じいさまに褒美をいっぱいくれて、そしておじいさんは喜んでうちへ帰ってきなすったそうです。

いきすぽーんとさけました。

（解説）

「鳥のみ爺」も、小国で最も親しまれる話の一つである。話は簡単で、山に仕事に行った爺が休んでいるところに鳥が飛んできて、爺の口の中に飛び込んでしまい、やがて臍から羽が出てきて引っ張ると鳥がさえずる。爺は喜んで婆に見せ、近所に見せ、ついには殿さまに見せて褒美をもらう。山崎さんの語りは、『榎峠』所収の田中秀吉の話とほぼ同じで、爺が正直者で働き者だったから神に授けられたのだ、とする。全国的にも新潟県内でも、悪い爺が失敗する隣の爺型がほぼ半数を占めるが、小国で聞いたのは、二話とも隣の爺がつかない話である。

　腹から出る鳥の声は、新潟県内でも様々で、小国の三人の話者が覚えていたものもそれぞれ少しずつ違う。小国のものと長岡、松代の例を列挙すると、つぎのようである。

「あやちゅうちゅう　こやちゅうちゅう　にしきさかづき　ぴぴらぴんとのむ」山崎正治、田中秀吉

「麦ちゅうちゅう　粟ちゅうちゅう　いよのさかづき　くぴんちゃりん」　五十嵐サチ

「稗ちゅうちゅう　粟ちゅうちゅう　ごびのさかづき　ぐびらぐび」　鈴木百合子

「あやちゅうちゅう　こゆちゅうちゅう　錦さばさばさば　ごよの盃　もってまいりましょう　ピピラピー」　笠原政雄（長岡）『雪の夜』二九二頁

「アヤチョウチョウ　コヤチョウチョウ　ニシキサラサラ　ゴヨノヨザカリ　ピピラピッチリ」『松代』一一六頁

「アヤチョウチョウ　コヤチョウチョウ　コガネザクザク　ゴヨノサカヅキ　ピピラピッ」『松代』

一二一頁

室町末期の成立と言われる『福富草紙』では、道祖神に祈って、「あやつつ、にしきつつ、こがねさらさら」という屁の術を得て富栄えるが、この句と関係があるのかもしれない。小国の話では、鳥の羽をひくたびに音が出ることになっていて、屁ではないが、全国的に見ると、『福富草子』のように面白い音の屁が出るようになった、とする話も多い。

五十嵐さんの話は、鳥の「団子くれ」と言う繰り返しが、リズミカルで印象深い。教訓は何もついていない。この語りは長岡の笠原政雄の語りとほぼ一致しているが、ただ、歌は違っている。この話については、話と歌が一体になって伝承されているわけではないようである。松代の話は、長いので引用は省略するが、爺は山の畑へ肥料の肥えたごを背負って粟を蒔きに行こうとしたが、粟の種、肥え笏、肥え手桶、鍬を忘れて、その度、取りに戻る。ようやく畑に着いた時には疲れはて、鍬を置いて休んだら、そこに鳥が来て停まった、と始まる（『松代』一一四頁）。これ以後の展開は、山崎さんの語りとほぼ同じである。こういう前段があると、突然、口に飛び込んだように聞こえる山崎さんの話の展開の早さもしっくりくる。

なお「だんご」は、屑米を石うすでひいて粉にしたものをこねて団子にして茹でたもので、弁当に持っていった。５「猿婿」では、爺さんの夕飯に団子汁が用意されている。焼いたものがあんぶで、あんぶは中によいし（イワシ）やあづき、味噌などが入っていたという。これは朝食にした。（２のめしぎつね参照）

12　かにかにこそこそ

（山崎正治語り）


昔ある村にね、じいちゃんとばあちゃんと住んでいたと。じいさんは毎日山に行って、新しい田んぼを作る仕事をしていたと。

「はてさて、今日も晩方になったすけ、このぐらいでもってやめておこうかな」

そう思って谷川へ降りて、泥だらけになった足を、こちゃこちゃ、こちゃこちゃ洗っていたらね、なんだか足んところで、むざむざ、むざむざっと這い上がってくるんでんがね。

「これ、なんだろね」って見たらさ、かわいいらしいカニの子どもだったて。

「ははぁ、かわいげだなぁ。どうどう、おれ、これ飼っておこうかな」

そして、谷川の淀んだところに、石をこう並べて、そこにカニっこ入れて、

「いーかや、おれ明日うめぇもん持って来て食わしてくれるすけ、キツネだの、カラスに捕られんねぇように、ちゃんとここに隠れて居れ」

そう言ってカニに言いつけてさ、そして家《うち》へ帰って来た。

さぁじいさん、今度はそれが気になってどうしようもねえ。

「おーい、ばあさん、おれ山に行って来るで」

「あれ、弁当持って行かねんだげ」

「弁当持って行くこてや。早よ、こしゃってくれやね」

いつもよりも一時間も早く山へ行って、

「あのカニ、どうなったかなぁ」と行って見たら、ちゃーんとじいちゃんに言いつけられたように、小さく端っこの方に小そうなっていたったと。

「ようした、ようした、無事にいたな。ほら食え、ほら食え」

って言って、うめぇの食わしてやった。だどもね、

「待てよ、こげんことして、ここへ置こんなら、夜のうちにキツネが出て来て食うやらわからんし、夜明《ゆうあ》けが早ぇ《はえ》カラスの野郎どもがやってきて捕るかもわからんし。なーんか良い方法はねえがなぁ。そうだなぁ、やっぱりこれは家に連れて行こうかな。あ、そうしょ」

そしてじいさんは、カニんこと家へ連れて来た。

「ばあさん、行ってきたでぇ」

「はいはい、ご苦労だったのし」

「ばあちゃん、それより、おれお客さん連れて来たんや」

「え、どっげなお客さんで」

「おお、これだこってや」

カニをこう見せたら、

「おお、旨《うま》げなカニだの。おれ食おうかな」って言ったどや。

「バカ言うんじゃねえや。冗談でねえ。ここまで持って来てばあさんに食われたんじゃ、話にならん」

「いやー、煮て食うたらうめぇと思ったんだども、お前《め》さん、おれに食わしてくんねぇげ」

「お前《め》に食わせるんでねぇ。いやーこれは、家に連れて来るんでねがった。山へ置いてきた方が良《え》がったかな」と思ったけども間に合わねえ。

そこで、「どごへ隠したら良《え》ーろかな」と思って、あっちこっち、あっちこっちと「ここへ置けばどうだかな。ここはどうだかな。ここへ置けばどうだかな」と思って、カニを隠す場所をね、あっちこっち探した。

で、結局どこへ決めたかと言うと、毎日毎日夕方上がってきて、泥だらけになった足を洗う、井戸がある。

「あ、この中へ入れてこ。よし、この中に入れておけば大丈夫だ。ばあさん、この中まで入らんねろ。よしきた」

そして、カニを井戸の中へパシャンと入れてさ、

「良えかや、カニ。おれがな、山から帰ってきたら、『かにかにこそこそ、じさ来たど。かにかにこそこそ、じさ来たど』って呼ばるすけな、そしたら上がってこいや。おれ、うんめやん

食わしてくれるすけ。良えか、ばあさんに見つかんな」

そう言って、言いつけた。それからじいさんは今度は、夕方帰って来らんが楽しみでどうしようもねえ。毎日毎日そうやって、うんめもんくれるから、こんげ小さかったカニが、どんどんこうでっかくなる。

「かにかにこそこそ、じさ来たど」

って言うと、こんげんなったでっけカニの子が、うわんと、上がってきたど。

「はー、ようした、ようした」

そして、うまいもん食わせる。しまいにはそのカニがねぇ、こんげでっけぇカニになったんだ。じいさん嬉しくて嬉しくてどうしようもねぇ。

さて、一方ばあさんだ。

「はーてなぁ、あんつら小せえカニだったども、おれ、食いたかったんだどもな。どこへじいさん隠したろうかねぇ」

じいさんが山へ行くていうと、ばあさんは縁の下を探したり、よくよくのことに天井裏まで探したども、見つからねえ。

「はーて、どこへやったろかねぇ。あんな小せえカニだったどもや、食いてぇと思ったらやっぱり食いてぇがねぇ。どこへ隠したろうかね」

そう言ってばあさんは、肝焼いていた。よーく気を付けてみたら、じいさんが、

「行ってきたで」

「はいはい、ご苦労だったのし」

って言われるが早いか、じいさんはいつも、さっさと井戸端行って、何かごにょごにょ言うてるんだんが、

「ああ、あの辺だな」そう思ってばあさんは、「今日くっさおれは見届ける」

そして、じいさんが井戸端へ行ったから、周りの方からコッソコッソコッソと行って、「じいさん、どうするかな」と思って見ていたら、

「かにかにこそこそ、じさ来たど」

「いやー、奇妙なこと言うだわや」

「かにかにこそこそ、じさ来たど」

そしたら、こないだまで、ほんのこんげ小さかったカニが、でっかくなったんが、もわーん、もわーん、もわーんと上がってくるでんがね。そして、それに、

「ほら食《こ》え、ほら食え」って言ってじいさんが。

「ありゃー、じいさん、おれよりもよっぽどうんめやん食わしてるんや。よーし来た。今度はおれが、あのカニのこと食ってくれる」

ばあさんは、今度そのカニを食うつもりになった。

そうして次の日、じいさんが山へ行ったんだんが、じいさんのまねして、井戸端行って、

「かにかにこそこそ、じさ来たど」

って言うども、何も上がって来ねぇ。

「はて、どうもおれがやり方悪《わり》ぃんだろうかね。かにかにこそこそ、じさ来たど。いや、この言い方が悪《わり》やんだろうかな。よし、じゃあ今夜帰ってきたら、じいさんの言い方よーく聞いていて覚えよう」

　そして、「行ってきたで」じいさん来た。

「はいはい、ご苦労だったのし」

　じいさんは井戸端へ行った。ばあさんは、側《がわ》からそーっと来て、じいさんがどげんことするんだが聞いていたら、

「いや、おれと話しすらんよか、めっぽう優しげな話し方してだがや。こうでなくっちゃだめだろうかね。よーしきた。覚えたど」

　そして次の日、じいさん山へ行ったんだんが、

「よし、かにかにこそこそ、じさ来たど、ばあさんじゃねぇど。かにかにこそこそ、じさ来たど」

って言ったら、本当にでっかくなったカニが、もわーん、もわーんと上がってきた。

「わぁ良かった、あぁ良かった」って、ばあさんがジャカーンと捕まえた。そして持って行って鍋ん中ガシャーンと入れた。

そうして、どんどんどんどん火炊くんだんが、カニはなんとか出ようと思うども、こんげん中入ったら出られないこってね。そのうちにだんだん煮えちゃったら、真っ赤に煮えあがった。ばあさんは、ポキンと足をもいで食て、それを割り箸かなんかですすり出して食った。うまかったと。うまくてうまくて、どうしようもなかった。

そして、夕方になった。じいさん帰ってきた。

「行ってきたで」

「はい、ご苦労だったのし」

「いやー、ばあさんおかしな声出してるや。どうしたがだろ」なんて思いながら、

「まあ、良えこてや」

そして、井戸端へ行って、

「かにかにこそこそ、じさ来たど」

普通やったら上がって来んのに、上がって来ね。

「かにかにこそこそ、じさ来たど」

上がって来ね。

「どうしたがだろ。かにかにこそこそ、じさ来たど」

上がって来ね。

「どうしたがだろ」

じいさんは、今度は悲しくなっちゃって、泣き声出した。

「かにかにこそこそ、じさ来たど」

そしたら、そん時パパーッと山の方からカラスが一羽飛んで来て、木の枝にチョンととまって、

「肉はばあさんの腹ん中、殻《がら》はみんじょの縁の下。肉はばあさんの腹ん中、殻《がら》はみんじょの縁の下。カーカーカー」って言って飛んで行ったたって。

「何だとや。肉はばあさんの腹ん中だとや。殻《がら》はみんじょの縁の下だと。さーては！」

そして、行って、台所の板をこう剥ぐったら、なんと、あんげかわいがっていたカニが、みーんな肉食われちゃって、骨（殻）ばっか残ってたって。さすがに優しくて一回も怒ったことのねぇじいさまだども、頭に来た。

「この、バカばあさん！　おれの大事なカニ食ったな」

ばあさん、今まで怒ったことのねぇじいさんだからぶったまげて、あんまり剣幕で怒ったんだんが、ばあさんたまげちゃって、

「悪かったのし、勘弁してくだしぇ」

「この、バカばばあ！」

「悪かったのし。勘弁してください」

「この、バカばばあ！」

「勘弁してください」って言うてるうちに、ばあさんの体がだんだんだんだんだん小さくなって、

このくらいのサワガニになってしもうたて。（サワガニってのはね、清水がちょろちょろと出るようなところにしかいない、まあせいぜいこのくらい）、ばあさんは、食ったおかげで罰が当たって、サワガニになってしもうたがだと。いきがぽーんとさけた。

（解説）

爺が山で見つけた蟹を持ち帰り、井戸で飼う。「カニカニコソコソ　ジサキタド」と唱えると蟹は井戸の底から姿を現す。婆は爺が蟹ばかりかわいがるのを妬み、爺の口真似をして蟹をおびき出し、食べてしまう。爺は鳥に教えられ、蟹が食われて、殻が流しの下に捨てられているのを見つける。婆は謝っているうちにだんだん小さくなって沢蟹になる。沢蟹の由来がつかず、婆が泣いて謝る、で終わるものも多い。

これも小国では、誰でも知っている昔話であった。

山崎さんは、学生たちに「カニカニコソコソ」は、覚えやすいから、皆さんも覚えて行って語ってください、と言って語ってくださった。短い話で、お気に入りだったようだ。「カニカニコソコソジサキタド」と繰り返される言葉が印象的で、最初は、カニが大きくなるのを楽しむ調子だったのが、カニが食われてしまった後では、だんだん泣き声になっていく。この唱え言葉は、「ガニガニコソコソジイコソキタニ」（『雪国の炉ばた』二〇九頁）、「カニコソコソヤジイコソキタド」（『風の神』1、一六八頁）など、ほとんどかわらず、強い伝承性を感じる。江戸末期の『嬉遊笑覧』（巻三）にも「蟹のはなし」として出ている古くから伝わる話であるが、東北地方から新潟に広く伝わるほかは、鹿児島と鳥取、島根などでわずかに記録があるだけで、全国的には珍しい話である。『通観』鹿児島巻の話は、甑島の話で、蟹を孫と呼び、爺は蟹にだけおいしいものを持ってくるとあり、婆の嫉妬がよりはっきり語られている。蟹を呼び出す言葉は、「ジージがマーゴ（孫）のツーガネは（津蟹、川ガニのこと）」である。

シンデレラ型の最古の記録と言われる『酉陽雑俎』葉限の話では、魚が援助者として登場しており、これはベトナムのシンデレラ型の話「タムとカム」でも同様で、継母はタムを使いに出した隙に、タムが魚を呼び出す時の唱え言葉をまねて魚を呼び出し、捕まえて料理してしまう。タムは鳥に教えられて骨を拾い、しまっておく。水の中の蟹を決まった言葉で呼び出して餌を与えること、婆が言葉をまねて蟹を食ってしまい、鳥が骨のありかを知らせること、などよく似ていることがわかる。この話では、蟹は、何の活躍もしないうちに殺されているが、精霊のような特別な存在だったのではないか。（15お藤とお杉解説参照）

笠原政雄の語りには、花さか爺後半の殺された犬の変身のモチーフがつく。爺がカニの殻を埋めると、ツツジが生えて、こがねの花が咲く、婆が見るとただのツツジの花なので怒って燃やす。爺がその灰を畑に播くと、周りの木に飛んでこがねの花になる。鳥が街道で播け、というので、そうすると、殿さまが通りかかって褒美をくれる。婆が播くと、殿さまの目や口に入り、棒で殴られるうちに沢蟹になった、と続く。（『雪の夜』三八七頁）新潟の花さか爺では、犬が香箱に入って流れてくる、という語り出しになっているものが多いが、その犬と同様、蟹は、水の精霊に連なるものであることを、この話も示しているのかもしれない。

13 貧乏神

（鈴木百合子語り）


昔があったんてんがの。稼ぎ手の仲のいいつぁつぁとかっかが稼ぐんだんが、なんの不自由もない、裕福に暮らしてたってんがの。ある晩、つぁつぁが夕飯食い暇《しま》に
「腹は八分目、幸せは十二分目、てんこもりや」

そう言《ゆ》ったってんがの。そしたらかっかが、

「おら、てんこもりになって、こぼれてもいいから、子どもが欲しいのう」

そう言うたと。そしたらつぁつぁが、

「そればっかしは神様が授けてくださることなんだんが、どうしようもねえわ」

そう言うたと。そしたらかっかも素直に、

「そうらやの」

そう言うて、世間話をごらごらごらごらしながら寝たってやの。

朝げ、かっかが目覚まして、

「つぁつぁ、つぁつぁ、おら夕べな、珍しい不思議な夢見たて」

「ほうか、どっげな夢見たや」

「のう、かぎんこ様から白い着物《きもん》着た人が、つるつるつるーっと降《お》ってきて、『おら、ここのうちの福の神や。お前方が二人《したる》仲良う稼いでくれるんだんが、おら、ここのうちが居心地がいい。おら幸せだ。お前方、子どもが欲しいて言うたねんか。おれがじゃあひとつ子どもを授けろうかんね』そう言うての、へんなかに赤っ子を置いて、ふうーっといったら、ぱあーっと目が覚めた。不思議な夢らろい。珍しい夢らろい。お前珍しいと思わんかい。不思議だと思わんかい。のう、つぁつぁ、何か返事したらいい。珍しいろい」

　けどもつぁつぁ一向に返事しないってんがの。

「何とか言うたらええって。珍しいろい。不思議だろい」

　ほしたらつぁつぁが、

「うーん、珍しいし不思議だけんど、おれもそれと同じ夢見て目が覚めた。お前に言うて聞かせろうと」

「不思議なこったぁねぇ。まぁまぁ夢もぞうってこともあるや」そう言うて、かっかはまた布団の中に潜って寝たと。

　ほしたらつぁつぁが、

「夢もぞらって言うたったって、へんなか行ってお前見てこいや」

「嫌《や》ーら嫌《や》ら、こっげな寒い中起きていくん嫌ら。お前行ってこいや」

「やーれそら、へんなか行って見てこい見てこい」って言うんだんが、かっか寒くて嫌らろも、そろんそろんと起きてって、へんなか見た。まあ、こればっかしゃたまげたたまげた。かわいげな男っ子がぽかーんぽかーんして、手足ぺんちゃかぺんちゃかしていたんだと。

「こればっかしゃ夢やないろうかな。つぁつぁ、つぁつぁ、早まぁ来て見てみてくださいや。赤っ子がへんなかいたって」

つぁつぁもたまげてふんどしの紐しなおしてへんなかへ。あら、赤っ子がいた。

「つぁつぁ、これは夢だろうか」

「夢だ」

つぁつぁがかっかのほっぺた捻《ひんね》くったと。

「あいたたたぁたぁたぁ、いてぇてぇてぇてぇ」

「ほらえー、夢じゃねえ」

「んだ、ほだじゃあ、おめぇおれしてみろ」

ほだかっかがつぁつぁを。

「あーいたいたいたいた」

「ほうすりゃやっぱし夢らね、あぁ、せや夢んなかの福の神さまが、おらが稼ぐて言《よ》うんだんが、おらの願いを叶わしてくったらや」

「あぁそんだやの、良《え》かったの、福の神さまが授けて下さったらんだ、福太郎ていう名前つけ

へんなか（中央：かぎんこ、手前：わたし、左：十能）
（山口庭園・郷土資料館）

ようね」

「あぁそれがいい、それがいい」

　ほうして明けても暮れても、「福太郎、福太郎」と、おかゆ煮たりお雑炊を煮たり、小千谷に魚買いに行って来て。ほしたら福太郎はうたうたとすくすくすくすくと太ったてんがの。

　だろもえぇ時てがんはいっときの時間、知らんうちに福太郎は青年になった。かっかとつぁつぁはへえ年寄りになっちまった。ほしてかっかとつぁつぁ、あいおいに死んでしもた。

　福太郎は大事に可愛がって育ててもろうたろも、仕事をするてことをえっこう習ておかんかったんだ。まんま炊くことも知らねえし、おつゆを煮ることも知らねえし。あぁ大《お》ごっだ、大《お》ごっだ。今んまでかっかとつぁつぁがみんなしてくったろも、かっかとつぁつぁがいねえなって、あぁ大《お》ごっだ大《お》ごだ。大《お》ごだとて、かっかとつぁつぁおねら。

ある日へんなかのよろぐち枕にしてごろーんと寝て、

「あぁ腹が減った、あぁ腹が減った。まんまが食いてぇ」

そう言うていた。ほしたら、へんなかのかぎんこさまがゆらーんゆらーんゆらんと揺れるてんがの。福太郎は「風も吹いてねえし、地震でもねえわ、なんだろ」じーっとてっちょを見たってんがの。ほぉしたところが、痩せて骸骨みてわのじさまが、目玉ばっかぎょろーんとして目がちかんちかんと光った。汚《きった》ねえ、しぼりゃ汁の出るような手ぬぐいずっとぼこうして、よだれ垂らして鼻水垂らして、しっかりかぎんこさまにつかまって、ずるんずるんずるんと落ってくるってんがの。

福太郎は何者《なにもん》だろうねと思って。福太郎の前《めぇ》へ来てしもうた。これはやっつけてくんなきゃならんと思って、へんなかの金火箸《かなひばし》たがえて福太郎は構えた。

「おめえ一体《いってー》何者だ」

言うてでっけえ声出したら、

「おらなんも怪しいもんでもなぁんでもない。おめぇみてぇなのめしこきは、おらだぁいすきで、ここの家《うち》は居心地が良《え》くて、幸《しあーわ》せだったて幸せだったて」

ほして、痩せこけた骨と皮ばっかのしゃっこい鼻水とよだれのくっついたような手を、福太郎の首っ玉へ巻き付けた。

「今日からお前と仲ようこの家で暮らそうざ」

そう言うたと。いや福太郎はたまげて、

「おーらやだ、貧乏神なんか大っ嫌《きれ》ぇだ」

外へ飛び出たと。そしたら今んまでなんかもやーっとしていた空気がすっかり青空になって、目をあけりゃ物がはっきり見えるてんがの。

「あぁ不思議なことがあったんだ。おれはまぁ今まで夢見っただろうか。いやまぁ、夢でもなんでもええが、これから稼ぎ手になろうや。貧乏神になんて負けねぇしょ。まぁさしあたり山行って山芋でも掘って、川行って魚捕《つか》めてきて、食うて腹ごしらえして」

ほして田っぽ行って畑行って、一所懸命に汗水たらして耕しているってんがの。

ある晩、福太郎が、夕飯おえて、そして夜なべにわらんじ作ってたんが。ほしたら、また、かぎんこ様が、ゆらーん。

「まーたあのびっぽの神が出てきた、今度《こっだ》こそやっつけてくれる」

そうして睨みつけていたと。そしたらまた、ずるーんずるーんずるーんと落ってきて、

「おらやー、おめぇがあーんまり稼ぐんだんが、ここの家にはいらんねや、居心地が悪くて。おらこれから、引っ越しするすけ、おめえ、そのわらじ、一足くれや」こう言うたと。

ほしたら福太郎、

「はあ、なじょんなじょん、一足て言わず、二足やろうざ」

貧乏の神、

「よしくった、ほんじゃ、さーいなら」

そう言うて、荷物かずいで、出てったと。破《やば》けた、わかめみたような着物《きもん》を、ずるんずるん引きずるしまに、出てったと。

「あー、いかったいかった。貧乏の神は出てった。おれは今度《こっだー》思う存分、稼ごうや、稼ぎ手になろや」そう思て、畑《はだけ》へ行ぎ、田っぽへ行ぎ、一所懸命で、稼いだってんがの。

したら、ある朝げ、まだ薄らっ暗いうちに、裏口にとんとん、とんとんと、叩く音がするて。

「おおーきな朝げ早から、だれだろうね」そう思って福太郎が、そろーんと戸を開けた。これぐっさぁ、これぐっさぁ、まあ見目のいーい娘が立ってたっだ。

「お前、どーごの人ね」って聞いた。

「おらの、隣村の、お福ってがんて。おらの、三晩続けて、くーろい着物着た神様が、お前、隣村の福太郎っていう人を訪ねて、そこ行って嫁んしてもらえや。必ず幸せになるすけ、福太郎ていう人を訪ねてって、嫁んしてもろえ。そう言うて、このわらじば履いでげって、わらんじ一足くれたと。だがらこれ履いでぎたら、ちょーうどここ来たら切れたと。そういうこたんだか、おれを、嫁にしてくんねえけ」そう言うた。

見れば、見目は良いし、稼ぎ手げらし、

「ああ、じゃあま、なじょも嫁になればいいこて」

ほして、お福はそこに入って、福太郎と夫婦になったと。ああ二人が、稼いで稼いで稼いで、稼ぎまくるんだんが、人が一反の田っぽへ米十俵さ、あがらんとこへ、福太郎と、お福は、二十俵もあげて、俵は山のように、豆も、小豆も、山のように。

ほしたら、お福が来て初めての年とりだと、正月が来た。

「こげえ、いーっぺい餅米がとれたがんに、餅ついて、村中へ配ろうにが」

「ああそうだそうだ、そうしよう」

道具をそろえて、餅つきしたて。下が福太郎、上がお福、お供えして、村中配ったてんがの。ほして、家の神棚にもあげて、福太郎が山へ行って、松の木と竹を切ってきて、玄関先に飾ったてんがの。そしてそれを見たお福が、

「ちと、寂しいやろだんが、おれが、土手行って、梅の枝採ってくる」と、梅の枝採ってきて、竹の松に梅を玄関先飾ったてやの。ほしたら、道通る人通る人が、

「ほかなー、ここの人は、松竹梅で生け花したのう。これはええこった、ええこった」

辺り近所から村中がみんな、その松竹梅になろうて、門松にして飾ったっと。隣の村も隣の村も、日本中がみんな、門松、はやったと。ほして、お福と福太郎は、幸せ福福てんこ盛り。てんこ盛りになって、いっこもこぼんないと。幸せは、こぼんない。てんこ盛りてんこ盛りで、しあーわせに暮らしたってんがの。ほして貧乏の神は、二度と来ねかったてんがの。

いきがすぽーんとさけた。

（解説）

大歳の客、大歳の神、の分類に入る話である。大歳の神は、福を授けてくれる神であるが、貧乏神はその逆で、人を貧乏にする神である。貧乏神の話も、全国に広く分布する。たとえば、貧乏な夫婦が生活が立ち行かず、どうしようもないので、旅に出ようとすると、土間あるいは押し入れで藁打ちを始める者がいる、「誰か」と聞くと、「貧乏神だ、ついて行こうと草鞋を編んでいる」と言うので、これでは出て行っても変わらない、と夫婦は旅立つのをやめ、一所懸命に働くようになったという話などがある。人々を苦しめる貧困の原因とされる神だが、逃げたり追いかけたりの関係で描かれていて、極端な例では、新潟県阿賀町津川の話のように、夫婦が稼ぎ手になったら、貧乏神が出て行こうとして、入れ替わりにやってきた福の神と鉢合わせしてけんかになる、夫婦は元からいたという理由で貧乏神の方を応援して、福の神に帰ってもらい、貧乏に逆戻りしたが、幸せに暮した、と言う話もある。（『長谷屋』一〇六頁）憎み切れない存在、としてとらえられていることがわかる。

『榎峠』60の樋口ソメの話は、「貧乏神とわがまま息子」と題されており、子どもを、わがままに育てたらだめだ、という話の意図がはっきりわかる。働くことを学ばなかった息子は両親が死ぬと、暮していけなくなる。歳とりの晩に囲炉裏のかぎんこさまを伝って汚い爺さんが下りて来て、「貧乏神だ、お前のような奴が大好きだ、仲よくしよう」と言われて、ようやく自分の過ちに気付く。最後の部分を引用すると、次の通りである。

……男は、「その晩は、どくに寝ねえで、竹の棒のうらへわらをつけて、そこら掃きはねた。家の中を掃き起こしているうちに、夜が明けはねた。ほうしたら、また貧乏神がでてきて、「きさま、俺の嫌いなこととしるな。ほうせや俺も嫌いなこととしらあ」と言うて、男に小判ガラガラと投げつけた。男は、松、竹のようにいつまでも青々として、正気になってわがままにならんようにしょうと思うて、松、竹を飾った。それが門松の始まりだと。

鈴木さんの話は、稼ぎ手になった後の頑張りぶりを、畳みかけるように語っている。鈴木さんの語りは、細部では、毎回、かなり自由に変化する話が多いが、この話では特に変化が大きく、子どもが授かる場面でも、前の年「聞いてくらっしゃい、越後の語り」で語られた時には、急に婆の腹が膨れて、子が生まれる。一方で、門松の謂れは、この時は省略された。この年は二〇一一年すなわち東日本大震災の発生した年だったので、幸せ者の福福夫婦は、殿さまからもらった南京叺いっぱいの褒美を、義援金に送った、と世間話風にしめくくられた。聴衆が元気が出るような語りで、この年の語りとしてふさわしいものであったと思うが、樋口ソメの話にあった「貧乏神」本来の面白さは、ややぼやけてしまったようだ。

14 笠地蔵

（鈴木百合子語り）

むかーしがあったてんがのー。小国の、山ーん中へ、仲のえーえじさまとばさまが、菅笠作って、暮らしてたったてんがの。

十二月も半ば頃んなって、へえ木枯らしが、ひゅーうひゅと吹く時期になったと。じさまが、「雪が降ってこんなら　大事《おーご》だすけ、笠も五蓋《かい》できたんだんが、小千谷《おぢゃ》へ持ってって、これを売って、正月買いもんしてくるっや」

そう言ってばさまに言うたと。ばさま、

「はーいはい、なっじょも、まあそうしてください」ほして、

「じゃあ、じさま、気をつけて行ってきてくださぁい」

送りだしたと。

さあ、じさま、一所懸命でとっとっとっとっとっとっと、おぢゃ峠へ、あがるころは、ちらーんちらんちらんと雪が降ってきたてんがのー。はあ、こだ、峠の中ほど行ったら、ちらんちらんが、こだ、ぼっさんぼっさんぼっさんぼっさんと降ってきた。

「こらぁ、まあ大変だ。おぢゃまで行ってくるうちに、どげえいっぺ降るやら。はあまあおごだ、はや、行がんきゃな」

と思て一所懸命で、おぢゃ峠へ上《のぼ》ったと。

のぼったどこへ、六地蔵さまが、ぼさぼさぼさ、雪に、積もりながら、さーぶげんにして、しゃっこげんして、いらしたど。さあ、じさま、

「こーらまあ気の毒ら。この笠、一《えっ》けずつかぶせもしょ」

ほう思て、えっけずつかぶせ申したども、一人の、お地蔵さんが笠が足りなかったって。さ、じさまは自分でかぶってたほうこを取って、

「じぞさまじぞさま、笠が五けしかねえんだん、おめさんまあひとつこれで我慢してくんなさい」

ほ、言《ゆ》うて、ほうこをさして、

「はーあ、えかったえかった。地蔵さまがあったかげになって。はあよかったよかった。は、ばさまが待ってるすけ、はや、うちい帰ろ。でも、あの帰りは近道して帰ろうかな」

てっぽう坂ていう近道があった。

「そこから、おっどかな」

と思て、そのてっぽう坂へ行ったら、笹の葉が二、三枚《め》、雪に、積もってあったど。じさまそこ行ったらすっとーんと雪に滑って、笹に滑って、どんげつついちもうたど。昔なんだん、蓑着てた

ん、さあその初雪の、笹に乗ったえせで、すぅーっとその、上栗《ういぐり》ていう村へ、滑り落っちもたど。

「は、こればっかしゃ、えかったえかった。こっげな時間で、ここまで来らったでか、きっと地蔵さまが背中押してくださっただろかな。あまあ、えかったえかった。はやまあ、ばさまんとこ行こや」

ほして橋渡って、

「ばさまばさま、今来たや」

「おーま、なんと早かったぃ。よがったのぅ。だーろも雪が降っておごだったのぅ。心配《しんぺ》して待ってたて。さあさ、へんなかへ、かぶつにぬかに燃やしてあったかしったすけ、さあさ入って休んでください」

ほして、じさま入った。ばさま、いつ、じさまが、正月買《が》いもん、出すろーと思てきょろきょろ見てども、じさまいっこう出さねんだ。聞くもわりぃね、聞かんでたらじさまが、

「実は、峠の上の、六地蔵さまが、雪に積もって、さーぶげにしゃっこげにしていらしたんだんが、五けの笠かぶせ申して、一人足らんがが、おいがほうこをかぶせ申して、ほして、正月買いもんなんもしらんねかったぁや」

そう言《ゆ》うてかしたと。そしたらばあさまが、

「そらあよかったよかった。ええことしてきてくださって。よがったよがった。おらなんか年寄《としょ》りだんだんが、よおづけでも雑炊でも生みそかっていくらでも年取るしられ、ええことし

たときゃ気持ちがいいやの。さあさ熱いお茶でも飲んではや寝ろうぜ。外はぼさぼさ雪が降ってるんだんがさ」

よし、ばさまとじさま布団の中へもぐったと。しばらくすると、なんか、どっちんじゃらじゃら、どっちんじゃらじゃらってよの音がする。

「じさまじさま、おめえ、あの音を聞こえねけ」

「うん。おれもさっきなから不思議だなとおもて聞いてたらども、なんだろうねえ」

「なんだろうのう。不思議だのう」

そう言うてだんだんだんだん、だんだんだんこっちへ近づいてくるってんがの。

「じさまじさま。なんかこっちのほうへ近づいてくるようらやの」

「うん。そうらね。なんだろうね」

そのうちにほんの近くへ来たと。どっちんじゃらじゃら、どっちんじゃらじゃらと錫杖《しゃくじょう》のような音がする。

「はあまあなんだろうね。このまあ夜中に」

そうしたらすうぐ、じさまとばさまのうちの近くへ来たと。

「ああ。ばさまばさま、はや出ておれが厩《まや》の戸をおさえるすけ、おめ、雁木の戸おさえれ」

さて一所懸命に戸をおさえておっかねえぶるぶるふるえしまに、そのどっちんじゃらじゃらどっちんじゃらじゃらが、じさまとばさまのうちの前まで来て、

「彦太郎兵衛のうちはどごだ。ひこたろべえのうちはどごだ。ああここだここだ。ああよかったよかった、ここだ。みんなおおごくろうだったね。さあさ荷物おろしてくれや」

なんて言うて、そのうちにがらがらどっさん、どっしん、がたーん、なんてなんだこってら知らんども、ごうぎな音がするってんがの。じさまとばさまおっかなくておっかなくて、戸をおさえしまにがたがたふるえて。そしたら、

「まあま。いかったいかった。みんなの衆《しょ》、おおごくろうらったね。さあさ、戻ろうて」

ほげな音がする。してまた、どっちんじゃらじゃらがだんだんだんだん遠ざかった。

じさまとばさま、

「なんだろうの」

てがんで戸を開けて見たら、昼間の六地蔵さまが、雪すぽーんすぽーんすぽんすぽんこざきながら帰ってく後ろ姿が見えた。

まあ、昼間の六地蔵さまがきっと御礼に来てくれさしたらいや、一体《いって》なんだろうに。まあ南京がますに俵に木の箱にいろいろいろ、みかんに塩引きに米に、まあこればっかしゃ重てってらったとに。じさまとばさま、

「地蔵さまが礼に来てくださったら。ありがてありがて」

って六地蔵さまの後ろ姿を拝んだと。

ほして夜が明けて明るんなったんだんが　村じゅうのしょに声かけて、そしてみんな、みか

んに塩引きに米に餅にみいんな分けて、村じゅうがええ正月したってんがの。ええことするとまたええことがある。じさまとばさま、あ、えかったえかった。仲よう幸せに暮らしたってんがの。

いきがすぽーんとさけた。

（解説）

大晦日の親切な行いに福が与えられる、という大歳の客の話である。雪国に、広く伝わる話である。鈴木さんは一九九七年に、突然「昔話を語ってみれ」と言われた時に心に思い浮かんで、初めて語ったのが「六地蔵さま」すなわち「笠地蔵」だった。小さい時から聞いていて、いつの間にか知っていた、という。小国にとっての一番身近な都会は小千谷だった。今はトンネルができて、車なら三〇分ちょっとで行ける距離だが、昔は峠を越えなければならず、行って帰ってくるのは一日仕事だった。「笠地蔵」の話には、笠を売りに行ったが、売れなかったので、帰り道、お地蔵様にかぶせてくる、という話も多いが、鈴木さんの語りでは、家を出るとすぐに雪が降り始め、峠に差し掛かった時に、早々と笠をお地蔵様にかぶせて、商売はあきらめている。峠越えがいかに大変だったかが、うかがえる。帰り道に近道をしようと別の道をとったら、笹に乗って一気にふもとの上栗まで滑り降りた、というのも、冬の峠越えの苦しさの実感が無ければ生まれない描写だろう。地蔵が礼の品を運んでくる「どっちんじゃらじゃら　どっちんじゃらじゃら」という音が、葬礼の音のように次第に近づいてくる。夫婦で厩の戸、雁木の戸を必死で押える様子にも実感が加わる。単純な筋だからこそ擬音語がより生き生きと耳に残る、印象深い語りである。『榎峠』の31「六人の地蔵様」では、笠ではなく縮切れを売りに行く。

15　お藤とお杉

（鈴木百合子語り）

昔があったてんがの。つぁつぁとかっかとお藤っていう娘が、三人で仲良う暮らしていたろも、かっかが急な病気で死んでしもうたと。つぁつぁが、お藤が可哀想でらてまて新しいかっかぁもろうたと。そしたら、新しいかっかに女っ子が生まれて、お杉という名前を付けたと。お藤とお杉は年が一つしか違わんだったてやの。つぁつぁがいるときは一向《えっこ》、お藤、憎がらんども、つぁつぁが一時《いっとき》いねえなると、かっかがお杉ばっか可愛がってお藤をいじめたったと。

お藤もお杉も十くらいになってでっかあなった。つぁつぁが秋になったんだが出稼ぎに出たと。ほうしたら、かっかが、

「ねらねら、山へ今日は栗ひろい行ってこいや」

そう言うてお杉にはちんけえ袋に穴の開かんがんあつけたと。お藤にはでっけえ袋で、穴が開いてるがんあつけたと。二人で山へ入って栗拾うろも、おすぎはちんけえ袋で穴が開いてねえんだんが、そんまひとっつになったと。お藤、拾うても拾うても、穴が開いてるんだんが、一向栗がたまらんかったと。ほうしたら、お杉が、

「おら、へえ、いっぺえになったすけ、うち先行ぐうや」

そう言うて、お杉は先うちへ来たと。

お藤はいっくら拾うても拾うても、袋にいっぺえにならねえんだんが、くせんくせんと泣き出したと。そのうちに､辺りがみんな暗なって晩方になったと。「うちへまたこのまんま行ぎゃあ、かっかにおめられんがに、大ごとだ」そう思うてくせんくせんと泣いていたら、白い着物《きもん》着た女の人がふわーんと出てきて、

「お藤、泣くこたぁいらねえ、おれがその袋の穴、くめてくれる」

そう言うて、お藤と一緒にでっけえ袋ん中へいっぺえ栗拾うたと。そして、

「これ持ってうちへ行けや。泣くんだねえぞ」こう言うたと。

お藤、でっけえ袋の栗を担いで、

「かっか、今きたぜ」

「なんでえ、お杉はお前よか小せいがね、さっきな来たでがね。汝《な》ぁ、でっかいくせに今やっと来たらか」

ほう言うておめたと。それから、その栗をでっけえ鍋でへんなかへかけて、ぐつぐつぐつぐつと茹でて、お杉にはええ栗いっぺえ分けてくって、お藤には虫栗と秕栗《しいな》ばっか、分けてくったと。お杉とかっかぁは、ええ栗いっぺえ食って腹いっぺえになって寝てしもうたと。お藤､虫っ食いの栗と、しいなの栗をなめずって、またくせんくせんと泣いていたら、また、白い着物《きもん》着

た女の人が出てきて、

「お藤、泣くんでねえ。ほら、汝《な》も腹いっぺえ、このええ栗食やあ」

そう言うてええ栗を、ぼってにいっぺえくったと。お藤もそれを腹いっぺ食うて寝たと。

ほしたら、次の日朝げ、かっかが、

「お藤、今日はおら芝居を観《み》い行くすけ。な、臼《いす》挽いて留守居していれや」そう言うたと。

ほして、かっかとお杉はええ着物着て、ほうして、芝居見に出かけたてんがの。お藤は暗え庭でごいごいごいごいと一人で臼挽いていたども、一向にはかどらねんだんが、また、くせんくせんと泣いているてやんの。ほしたら、また、白い着物《きもん》着た女の人が出てきて、

「お藤、お藤、泣くんでねえ。その臼はおれがあいほうしてくれるすけ。汝《な》もこれから、芝居観い行って来い」そう言うたと。

「おら、着物《きもん》も帯も下駄も何もねえがんに」と。

「おれがいっくらも、出してくれるすけ。それ着て行って来い」

そう言うて、真っ赤のええ着物《きもん》に帯しめて、ええ下駄履いて、お藤も芝居観に行ったと。ほうしたら、周り居る人が、

「まあ、どごの旦那さまのお嬢様らろう。器量はいいし、衣装はいいし」

って、みんな、じろじろじろ見るてんがの。ほうしたら、お杉とかっかも見っけて、

「なんだやら、おらこのお藤に似たような子らやねぇ。だろも、お藤があっげなええ着物《きもん》着て

くるはずがねぇ。よぉく似た子らねぇ」

と言うて、かっかとお杉は話してたって。

　お藤は、芝居が皆《いんな》終わらんうちに家《うち》にとんできて、また汚《きったね》え着物《きもん》着て、庭でごいごいごいと臼《いす》挽いてたと。そしたら、かっかとお杉が、

「今日の芝居は面白《おもし》かったいや」

と言うたと。そしたらお藤が、

「ほうかい」と。

「だあろもやぁ、今日芝居んとこへ、汝《な》にばかぁよお似たどこの旦那様の御嬢様やらがいたったえ」

「ほうかい」そう言うて臼《いす》ごいごい挽いてたったてんがの。

　そして、あちこちしているうちに、こだ、隣の村の大旦那様のあんさが、嫁選びするとて、なかなか気に入った嫁が見っからねぇ。まぁ、器量のいいがんは大勢いるども、まぁ、旦那様相当に、頭もいいねっきゃならねえが。じゃあ、歌の会を開くんだんが、十八から二十五ぐらいの娘みんなに寄ってもろうて、歌ぁ一つ聞かしてもらう、というようなことんなって、旦那様で、歌の会が開かれることになったたと。

　そしたら、お杉が、

「おら、歌なんか、詠まんねぇんだんが、おら、旦那様の嫁にしてもらわんね」

ってしょぼしょぼしてたてや。ほしたら、かっかが、

「そっげな馬鹿なこと言わんなたて、おれが歌教えるすけ。習うて、そして行って、旦那様の嫁んしてもらえ」

そう言うて、かっかは、お杉に歌を教えるてやの。

「よぉく聞いて、よぉく習《なろ》え」

「はい」

そしたらかっかが、

「夕べなこいた猫の糞、水っけらってけぇらって、今朝こいた猫の糞、息がほやほや」

そう言うてよう聞かしたと。何度言うて聞かしてもお杉は覚えらんね。かっかは肝焼いて、でっけい声で、

「夕べなこいた猫の糞、水っけらってけぇらって、今朝こいた猫の糞、息がほやほや、ほだ覚えたかや」

「はい、覚えたぜ」

そしたらその、歌選びの朝げんなったら、また、お杉は、綺麗な着物《きもん》着してもろうて、かっかと二人で歌の会行ったたと。ほたらお藤が、

「おらも、あっけな真っ赤ん着物《きもん》着て、歌の会へ行きてぇんだや」

そ言うて、またくせんくせんと泣いたてや。また白《しーろ》い着物《きもん》着た女の人が出てきて、

「お藤お藤、汝《な》にや、ふっと、いい着物《きもん》おれが用意してきたすけ、この着物着て、帯して、下駄履いて。歌はおれが言《ゆ》うて聞かせるすけ、その通り言って、詠んで来い」

その女の人がお藤に、

「富士や富士、さらさらさらと、盃を、重ねしごとし、富士の山かな」

そう言うて教えてくったと。お藤は頭がええんだんが一回《えっかい》で覚えて、して、ええ着物《きもん》着してもろうて、旦那様の歌の会に行ったと。

ほうしたら「おれも嫁んしてもらいてぇ」「おれも嫁んしてもらいてぇ」いうんが大勢《おーおぜい》いて、順番順番に歌を詠みあげていたったてんがの。そのうちに、お杉の番になったと。たら、かっかが、

「間違わんように言うや、でっかい声で言うや」

て脇で言うているってんがの。したらお杉がでっけーえ声で、

「夕べなこいた猫の糞、水っけらってけぇらって、今朝こいた猫の糞、息がほやほや」

そう言うたら旦那様の衆が、

「まぁ汚《きったね》え汚え。そっげな、ほんに、おらこのうちにいてくれんな」

そうして、追い出さっちもうたと。

それからまた、大勢《おーおぜえ》順番があって、いっちの最後に、お藤の番があったと。

「さあさ、汝《な》も歌、詠んでみれや」と言うたら、お藤が、

「富士や富士、さらさらさらと、盃を、重ねしごとし、富士の山かな」

詠んだら、旦那様の衆が喜んで、
「これがおらこの嫁だ、おらこの嫁だ。まあこっちへ来や、こっちへ来や」
その場で、お藤は、旦那様のあんさの嫁んなって、幸せに暮らしたてんがのぉ。
お杉とかっかは、一生貧乏暮らしらあったと。いきがすぽーんとさけた。

（参考）

栗ぶくろ米ぶくろ

（長谷川マサエ（阿賀野市分田）語り）

昔あったと。あっところに、栗ぶくろというかぁわいげな子ども、父《とと》さと母《かか》さと三人して暮していだったと。いいあんべぇに暮してたがに、母さ、あんべ悪て死んでしもだでが。すたすけ栗ぶくろかわいそうで、父さ、どぉしょばと思って、すたどもやっぱだめだと思て、別な母さもろたでが。すだば、やっぱまだ女の子《おなこ》生まれだば、今度は米ぶくろていう名前つけだでが。

母さ、また米ぶくろのことばっかかわいがって、「米ぶくろや、米ぶくろや」言《よ》で、だんだん大っきょなって、栗ぶくろこどまぁ怒ってばっかいだどね。ほうしてこんだ大っきょなって。

「ほら、ねら、栗ぶくろど米ぶくろ。ふたりして山へ栗拾い行ってこいぇ」

「はぁい」

言うで二人して行ったでが。母さに、

「米ぶくろは栗ぶくろの後《あど》ばっかくっついて歩くぁんだど」

言わって二人して、弁当たげて、袋たげて栗拾い行ったど。ほうして、やんべぇに拾《ひろ》で、米ぶくろまだ栗ぶくろが後ばっかくっついで歩いで一所懸命拾でいだてが。

「おぉ、おら、はぁふっとずなったさ、袋に」

「えぇ！　おら何でも拾わね」栗ぶくろ言うだでが、「ほれ、おらが袋切れでいだがの」

「ほんに、まぁだ母さ、そんげなこどして。だすけ、お前《めぇ》が後ろばっかくっついで歩げで言うだんだなぁ。お前が拾だん、みんな俺が拾だんがに。ほんに悪《わんり》ぃ母さだね。お前《め》のことばっかのぉ。そんだども何、もう昼飯《ちゅうはん》だもの。まんま食うでから家《うづ》行ごで」

「はぁい」

て言うで、川の端《はた》にまんま広げで、ほうしたば、米ぶくろのまんまは米まんまで、栗ぶくろのまんまは栗まんまで、ぼろーぼろで握りまんまだったど。

「あいーやゃ、ほぉいこれもまだ、この米のまんまお前に半分くれわの」

てで、米ぶくろ半分して栗ぶくろに渡《わた》しょどしたば、ぽとーんと川へ落《お》ってしもだど。

「あぎぇー、あったらもんだぁ」

言うで、だぼーんって栗ぶくろ、川ん中飛び込んで行ってしょもだ。

どぼどぼどぼどぼ……、川底行ったば、死んだ母さいたったでが。

「あれ、母さ」て言うだば、

「あれ、粟ぶくろだねが。んな、なんしてこご来たば」

「粟拾い来たどものう、俺が袋切れでで、何でも拾わんね。今度ほら、まんま食うだば、俺が粟まんまで、米ぶくろ米まんまで、米ぶくろ良い子だすけ、俺に半分くれるでで半分してもろうと思だば、手ぼろして落どしたすけ、拾い来たんだ」て。

「あいややや―、どうしょば。かわいそげな、ほんね。なあ」てで母さ、

「だ、ほれほら、粟拾い来たばって、何でも拾わんねすけ、このひとづの粟くれるすけ。大《お》っきな鍋に煮れば大っきな鍋ふっとづなっし、小《ちっ》せ鍋に煮れば小せ鍋もふっとづなっすけ。これたげで、はよ行け。ほれ、米ぶくろ待っていだすけなあ」

「あー、おら行がね。母さどごにいる」

「ばぁが、こごね、なぁいらんねぇんだで。こごになぁいらんね。家《うづ》帰ってな、米ぶくろと家帰って煮で食《け》え」

「おら、行がねぇ、おら、行がねぇ」って言うで泣いだども、やんーでも母さに、

「はよ、米ぶくろ待ってすけ行げ」

言わって、粟しっかりたげて、ぽこーんと川んどこ浮いたでが。

すたば、米ぶくろほんま、

「栗ぶくろー、栗ぶくろー」ってで泣いでだでが。

「あれー、お前来たげだ。はよ行ごで、家行ごで」

って、栗もろだがん、たげで二人して帰ってきたでが。

「来ったでー」言うで帰ってきた。

「おーい、拾《ひろ》できだが？」母さ言うで、

「お前なん、栗ぶくろに切れた袋預《あず》げだすけ、俺こど後ろくっついで行げで言うだんの。栗ぶくろは何でも拾わんね。俺ばっか拾できた」

「なーにやれ、俺切れだんなん預げろばやれ」って母さ怒ったど。

「ほんだがの、おらいっぺぇ拾てきた。栗ぶくろなて何でも拾わんね」

「んだことばっか言うでる」

なて言うて。そうして、拾できた栗煮て、てめえらばっか食で、栗ぶくろにくんのではぁ、よっぱら食で寝てしょもだど。

だすけ、栗ぶくろ、「小さな鍋に煮っかなぁ」と思《おも》で、小さな鍋にひとつしっかりたげて来た母さからもろた栗入れて火炊いだ。ぽこん、ぽこん、ぽこん、ぽこんといっぺなって鍋ふっとづなったでが。それよっぱら食で寝だでが。

そうしたば、今度暖《こんだあった》ごなって、観音様になったでが。

「ほら俺とな、米ぶくろ、観音様行ってくっすけ、栗干してたすけ、栗の鳥番してれや」

観音様行ったでが。

粟ぶくろ、鳥番押しつけらったでが。だすけまぁ、米ぶくろ、いい着物《きもん》着て母さにくっついて行ったでが。

粟ぶくろ、「行ってしょもだ。おらも行ぎてぇ」と思で仏様行って、「おらも行ぎてぇ、おらも行ぎてぇども」と思で、仏様お参りしてだでが。今度は母さでのぅで仏様出てこらしたでが。「あれあれ、お前こどばっか連れいでいがねなぁ。俺がいいもんくれるすけ、これはな、打ち出の小槌てゃんで、何でも言えば、出れって言えば出るすけ。いい着物出れって言えば出る、いいぽんぽん下駄《げだ》も出れって言ばえば出っし、だっけほら、みんな出して、ほうして観音様参り行げ」て仏様そう言うでくらしたど。

「おおぎにはや、ありがとうございます」

喜んで、「いいー着物出れ！」て言って振ったば、ひんーでいい着物出で、「帯も出れ！」って。「ぽんぽん下駄も出れ！」って言うだば、みんな出できれいな着物着て、仏様、「お駕籠《がご》も出れ！て言えば出る」と言わしたたし、「おがごも出れ！」て言うだば、本気におがご出だど。そら、そのおがご乗って観音様行ったでが。

ほうして観音様行ったでば、馬とんで、土産売りひんどいっぺこどいだったし、米ぶくろと母さ、なんでも米ぶくろ買《こ》うでもろわので店ん物《もん》だぁ見てたて。

「あれ、米ぶくろなんでも買うでもろわのでね。俺、まんじゅう買うでぶっつげでくれろわえ」

大っきな紙袋にまんじゅう買うで、てぇーんと投げでぶっつげで、そいがら、こんだ、おがご乗って帰ってきたでが。

「ほれ、母さ、はよ。今行ったん見でみなせや。あれなん、ひっとよぉ栗ぶくろによぉ似でらすけ、どぉでも栗ぶくろだ」

「なーに、あんげないい着物な持ってやすんめし、どご見でらんだ。よそのあれだわや、子だわや。栗ぶくろな、なんでも持だねぇがね。あんげなこどして来るはずあっか」

「あか、そうだが」

まぁ、まんじゅうたがいで母さど帰ってきたてが。

栗ぶくろはまだ栗の鳥追いして黙っていだでが。

「おーい、今来たでぇ。あのの、観音様にお前によー似だ子、今、まんじゅうぶつげで行ったで。はよ、お前ど食おうで」

栗ぶくろおがしょで切ねども我慢して、二人してまんじゅう食だでが喜んで。

ほうしてだんだん寒《さむ》なって、殿様からおふれでだでが。

「歌の上手な子、嫁もろすけ、みんな稽古せ」

おふれでだば、みんなして、てんでに稽古してだど。

「ほら、米ぶくろ寝るで。はよ、寝で稽古しょうで」

「はいぇ」

「いいが、よぉ聞いでで覚えでおがんど」

「はいぇ」

「夕べなふった猫の糞《くそ》、息たってけたって、今朝ふった猫の糞ほんがらほんがらや、わがったが?」

「はいぇ。夕べなふった猫の糞、息たってけたって、今朝ふった猫の糞ほんがらほんがらや」って歌どで、

「上手だ、一所懸命に稽古さんばねで」

「はいぇ」

毎日《めぇにち》、「夕べなふった猫の糞」言うで稽古してだでが。

そうしたば、粟ぶくろ、

「どうしょばな、ほんね。俺もなんとかして歌いてえんだども…。はぁ」

隣の爺《ずず》さどご行って、

「爺さ、教《おせ》でくらせや、歌《うだ》!」って。

「おいおい、んだがんだなー。ま、上手な方が嫁にもろわれんなぁ。はぁ、いいが。よぉ聞いで覚えて言わんだど」

「はいぇ」

「盆皿や さらきょう山に 雪積り 雪がねどして育つ松かな」

一所懸命に稽古した。米ぶくろは「夕べなふった猫の糞」、粟ぶくろは「盆皿や」言うでこっ

そり、まぁ他人《ひと》に教えらんねっけ、こそこそと稽古してたでが。

ほうして、今度その日が来たでが。上の方がら順々に娘あっとご聞いで、どれいいがみんな歌わせで来たでが。あの米ぶくろんどご来て、

「ほら、米ぶくろ」

「はいぇ」

「はよ、ほら言え」

「はいぇ。夕べなふった猫の糞いきたってけたって、今朝ふった猫の糞ほんがらほんがらほんがらや」

「やぃやゃぃややや！　そげな汚《きった》ねぇ、だめだだめだ！　聞ぎともね！　だめだだめだ！」

そう言うで行ごどしたば。

「他《はい》にねえんだがねぇ、娘」

「ねぇあんだ」母さまだ言うだど。

「おら、わがるー」てで、粟ぶくろ言うだど。

「なぁに、お前なんがわがっか？何でもわがらねあんだ、そんげなこど言わので、けっておぐなせ」すたば、

「おら、わがってばぁ」

「そういんだ、そうやんだば、はよ言うでみれ」

「はいぇ。盆皿や さらきょう山に 雪積り 雪がねどして 育つ松かな」て。

「おぉー、あっぱれあっぱれ。あぁ、これだこれだ。今までみんな聞いてきたながで、これ一番《いっちゃ》いい。これだこれだ！」

ほらはぁ、たげできたいい着物着ひらって、めっぽうきれえなって、殿様の嫁なって、おがごに乗せらって行ったでが。あれあれあれ。米ぶくろと母さ、

「あややや、お前だめだったな」

二人していっつまでも貧乏で、粟ぶくろは殿様の嫁なって行って幸せに暮らすますたど。

いつか昔ぶらーんとさがった。

（聞いてくらっしゃい越後の昔話　二〇一二年七月八日　アトリウム長岡）

（解説）

継子譚、いわゆるシンデレラ型の話。日本では「粟福米福」の名で呼ばれることが多い。シンデレラ型の最古の記録が、唐の『酉陽雑俎』に見えることは、つとに南方熊楠が「九世紀のシンダレラ譚」で紹介しているが、『酉陽雑俎』の葉限の話は、ベトナム国境に近いチワン族の話であり、ベトナムで広く知られる「タム（屑米）とカム（米糠）」という話が、シンデレラ型の話であることは、興味深い。（富田健次一九八四）ベトナムの話では、タムは正妻の娘で、カムは妾の娘である。正妻と父が亡くなった後、カムの母は、タムをこき使う。ある時、母は、娘二人に「川でエビをとってくるように、たくさんとってきた者に褒美をやる」と言う。タムはすぐにたくさんエビをとるが、普段遊ん

でいるカムはとることができないので、姉を騙して頭が汚れていると言って、川にもぐらせ、その隙に姉がとったエビを奪って帰る。タムが泣いていると仏が現れ、籠に残った一匹の魚を井戸に放すように言い、合図の言葉を教えて、食事を魚に分けてやるように言う。魚を育てていることが継母に知られ、魚は食われてしまう。仏の指示でその骨をビンに詰めベッドの脚のところに埋める。継母はタムに米と籾を分けるように言いつけて、カムを連れて王様の祭りに行く。タムは仏の援助で雀に仕事を手伝ってもらい、骨を入れたビンから服や馬、乗り物を出して祭りに行く。川で靴を落とすと王が拾い、靴合わせで、タムは王宮に迎えられる。その後、偽の花嫁モチーフが続き、カムがタムを殺して入れ替わるが、タムは変身を繰り返した後、復活し、カムは殺される。（富田健次「ベトナムにおける所謂シンデレラ譚について」『世界口承文芸研究』五号大阪外国語大学口承文芸研究会一九八四）

新潟の類話については、水沢謙一『越後のシンデレラ』（一九六四）に詳しい。鈴木さんの話のように名前が変化しているものも多い。『榎峠』には3「はなとふじ」4「ぬかとこめ」5「あわとこめ」の三話が載録されている。新潟の話は、ほとんど栗拾いで始まる。母親は継子には穴の開いた大袋、実の子には小さいよい袋を渡し、「姉の後をついて行け」と言う。妹は姉の袋から落ちた栗を拾って歩く。烏が朴の葉を袋に敷け、と教える話、栗が貯まらず、置き去りにされた継子が山姥の家に泊まるもの、夢に、死んだ母が現れるものなどがあり、打ち出の小づち、望みの物を出してくれる小箱などをもらって帰る。続く、祭りないしは芝居見物に出かけるモチーフでは、少数だが、下駄を片方落として、下駄のテストで嫁に迎えられる話もある。『榎峠』の最初の二話は栗拾いとあおもん（山菜）採りで、山姥（鬼婆）の家に泊まり、継子は山姥の手伝いをして、魔法の袋をもらう。特に小川トネの「はなとふじ」では、実子のハナの弁当の団子がうまそうなので、継子のフジが一つ換えてくれと頼むと、ハナが投げた団子が転がり、追いかけて行ったフジは、山姥の家にたどり着き、山姥の髪から蛇をとってやる、とあり、「栗が拾えずに泣いていると白い着物の人が出てくる」という鈴木さんの語りより、モチーフが整っているが、残念なことに芝居見物に行くところで、終わっている。『榎峠』のもう一話の「あわとこめ」は栗拾いモチーフと殿さまの嫁選び、歌を作るモチーフだけで、その間の魔法の宝を得るモチーフも芝居見物も無い。

教養を試す歌詠みのテストでは、実の子が歌う猫の糞の歌は、中越では、ほとんどすべての類話に出てくる。猫は鼠を捕るので、以前はほとんどすべての家で飼われていて、春になって雪が融ける頃の道は、猫の糞と雪が混ざってなんとも汚かった、という。この猫の歌には、そういう風景が結びついていると考えると、「盆皿や……」の歌より、ずっと実感がこもった歌だとわかる。これも、鈴木さんは、誰からという記憶は特にないが小さいころから聞いて、よく知っていたという。ただ継母・継子が出てくる話なので、そういう関係にある人が聞き手にいると悪いから語らないようにしていた。二〇一二年の「聞いてくらっしゃい越後の昔話」で、長谷川マサエさんが「栗ぶくろ米ぶくろ」と題して語られたのが評判がよかったので、語ってもいいのか、と考えなおして、今回語ってくださった、ということだった。

【参考の「栗ぶくろ米ぶくろ」は、長谷川さんのその時の語りをおこしたものである。小国の話ではないが、題にも米と粟がついており、特に、昼飯が粟団子と米の団子で、水に投げると姉の粟団子は浮いてばらけてしまうが、妹の米の団子は沈む。姉は落ちた団子がもったいない、と川に飛び込み、水底の世界で死んだ母に会う、という前半のモチーフがよく残っている興味深い語りだったので、参考として掲載する。慣れない阿賀野分田の言葉は、小国の言葉とも違い、聞き取りが難しかった。新発田出身の高橋咲子さんが文字起しをしてくれ、あがのお話の会代表の五十嵐絹子さんが校訂してくださった。】

16　狸の恩返し

（鈴木百合子語り）

昔があったてんがのう。仲のええじさまとばさまがいて、

「天気がいいんだんが今日は弁当持って裏山へ畑仕事に行ごうや」ほう言って、じさまとばさまは裏の山へ行ったと。

ほして昼間になったんだんが、弁当あけて、

「ばさま、昼にしようて」

ほしたら、藪から狸の子がちょろちょろっと出てきて、じさまの肩へあがったり、ばさまの膝に上がったりしているんだんが、

「なあも弁当が食いてぇかや」

そういうて弁当分けてやって。ほして、じさまとばさまは晩方になったんだんが、

「なあや、かかとつぁつぁが待ってるすけ、うち行けや」

そういうろもなかなかその狸の子は藪へ戻って行かねってんがの。ほいで、とうとうじさまとばさまのうちへついてきた。

「じゃあ、なあも一緒に夕飯食うかや」

ほして夕飯食わして、じさまに抱かって寝たり、ばさまに抱かって寝たりして、懐《なつ》いて、じさまもばさまも可愛がっていたと。ほしたら、ばさまは、

「じさまじさま、おら、こげな可愛げな女っ子が欲しかったやの」

と、そう言うて言うたと。

ほうしたら、その狸の子がくるんとひっくり返って、可愛げな女っ子になって、真っ赤な着物着て、可愛げんなって。じさまとばさまは喜んで、ほしてお染という名前付けたと。「お染やお染」と可愛がって、お祭りに行ぐたって、お宮様参りに行ぐたって、なんか見物に行ぐたって、用事に行ぐたって、いっつもお染つったえて、可愛がっていたてやの。お染もだんだんだんだんでっかなってきて。

ほしたら、そのころ村で山の古狸、あれが出てきて人をたらかしたり、化やかしたり、畑の作物みんなとったりして、困っていると。化け狸が出るという評判が村いっぱいに広がったと。ほしたら、そのお染が、

「じさまじさま、おれがええ馬にひとつ化けるが、おめぇ、旦那様へ行っておれを五百両で売ってこい」

そう言うたと。したらじさま、

「やらだやらだ、おらそっげんして人をたらかすがなんが、やらで。なあらたって、いつまで

も馬んなって、そこにいられるわけがねがね。いつかばれるがね。ほうせや旦那様は怒って来るが。おら、やらやら。ほっげな人をたらかすことなんかできねえ」そう言うたと。

「じゃあの、おめぇおれを旦那様へ売って、五百両の金もろうたら、さっさとうちへ来た、ええで。ほうして膝ったまへお汁《つゆ》のお椀をかぶして、六尺ふんどしで、ぎりぎりぎりぎりから がいて、うんうんと唸って、ほして旦那様が怒ってきたら、ばさま出て、『おらこのじさまは昨日《きんな》から膝ったまへねんぶつができて、歩《あい》ぶこともなんもならねんだ。おめさんとこ行って、おめさんをたらかすなんてことはしない』と、そう言うて言うたらいいぜって」

じさまとばさまによーくお染は言《ゆ》い聞かせて、ほしてくるんとひっくり返って、ええ馬に化けたと。けや、じさま、お染の言うとおりに馬引っ張って、旦那様へ行って、

「旦那様旦那様、ええ馬が手に入ったんだんが、ひとつ買《こ》うてくんねか」

旦那様は出てきたら、

「はあー、いい馬らの。今まで見たこともねぇいい馬ら、じゃおれが買《こ》う」

「いくら」

「五百両」

「へー五百両」

ほしてすんなりと五百両じさまに渡したと。じさまは大急ぎで懐入《ほろこぃ》って、わっさんがっさんとうちへ来たてんがの。あんまりいい馬らんだんが、旦那様さっそくに乗ってみたなって乗っ

たと。らろもなんだ、いつもの馬と違《ちご》うて、ごそごそごそごそと落ち着きがねぇてんがの。旦那様は肝焼いて、へんなかの火ばしでけつびしーとはたいたと。ほーしたら馬があたた……いたた……とぴょんぴょんぴょんぴょん……飛んで歩いて、化けの皮剥いでべろーんとへらだして、くぁくぁくぁくぁくぁと逃げて行ったと。はあー、旦那様は怒って、

「あの権蔵じさまにたらかさっちもうた。権蔵じさまから五百両取り返して来なきゃならん」

そう言うて、旦那様は勢い勇んで、権蔵じさまんとこ行って、

「権蔵じさまいるけぇ」

ほしたら、ばさまが出て、

「おらこのじさまは膝っかぶつへねんぶつができて、昨日《きんな》からうんうんと唸って寝てるがなし」

「何《なん》を言《ゆ》うてるや、たった今おれに馬を売りつけておれをたらかしたが」

「じゃあ、おめさん嘘らと思うたら、おらこの部屋へ入ってみれ」

ほして入ったら、じさまは膝ったま抱《たが》いて、「あたたうんうん」と唸ってるてんがの。旦那様は、

「じゃあや、その化け狸が出るてんが、その化け狸におら、たらかさったらいや。へぇー化け狸に五百両取らっちもうて、はぁー大事《おおごと》したーぜ」

そう言うてしょぼしょーぼと帰って行っちもうたと。

　ほうしたらお染が、

「じさま、今度はおれが茶釜へ化けるすけ、隣村の旦那様へ行って三百両で売ってきたらいい

で」

ほう言うて、またくるんとひっくり返って、きんぴかのいい茶釜に化けたと。たら、じさまはその茶釜担《かづ》いて、隣村の旦那様へ行って、

「旦那様旦那様、いい茶釜が手に入ったんだんが、これひとつ買《こ》うてくれ」

旦那様は出てきてみたらあんまりいい茶釜らんだ、

「いくられぇ」

「三百両」

「ほうか」

ほう言うてすんなりと、じさまに三百両渡したと。じさまは大急ぎで三百両懐《ほろこ》へ入《い》ってわっさんがっさんとうちへ来たってんがのう。

ほいで旦那様はその茶釜を撫ぜたり、眺めたりしてたろも、

「こっげないい茶釜でお湯沸かしてお茶飲んだら、どっげうめーかろうね。ひとつこれでお湯沸かしてお茶飲んでみろうかな」

ほう思うて、水入《い》って、へんなかのかぎんこさまへかけて、火ぼんぼん燃やしはじめたと。や、茶釜が熱《あ》っちいんだんが、あっちへぶらん、こっちへぶらん、

「なんだこの茶釜ばっかしゃ、よー動くや」

ほして見ているうちにあちあちあちあ……って茶釜が飛び上がって、そのうちに熱いお湯

がかっちゃんかっちゃんと旦那様へみんなひっかかった。旦那様は「あちあちあちあち……」。たら、その茶釜が化けの皮剥いで、へらべろーっと出して、かっかっかっかっと逃げていったと。はぁー隣村の旦那様は、

「ばっかしゃ、あの権蔵じさまにたらかさっちまった。三百両とりかえしてこなきゃならん」

ほう言うて、

「権蔵じさまいるけぇ、権蔵じさまいるけぇ」って言ったら、また、ばさまが出てきて、

「おらこのじさまは昨日《きんな》から膝っかぶへねんぶつができて、うんうんと唸ってる」

「何を言《ゆ》うてるや、たった今おんに茶釜売りつけてきたばっからがんに」

「じゃあまあ、部屋へ入ってみてみてくらせ」

たら、じさまが膝ったま抱《たが》いて、うんうんと唸ってたと。ほしたら隣村の旦那様は、

「ふーん、はぁーほうせや、おら化け狸にたらかさったらっや。三百両化け狸に取らっちもうて大事《おおごと》したーぜ」

ほして、ぽれぽーれと帰って行ったと。

たらまたお染が今度《こんだ》くるーんとひっくり返って、でっけー鯉に化けたと。

「じさまじさま、おめぇこの鯉もって料理屋行って、二百両で売ってきたらいいで」

ほう言うたんだんが、じさまは又その鯉担《かつ》いで料理屋行ったと。たら、料理屋の主人が出てきて、

「はぁー今までに見たこともねぇいい鯉や、じゃいくらら」

「二百両」

すんなりと二百両じさまに渡したと。じさまはその二百両抱《たが》いて、またかっさんかっさんとうちへ来たと。ほうしたろも、その料理屋の主人がいけすへ、その鯉を放したろも、えーっと泳がんてやの。

「あんまり肉がついて重たくて、この鯉は、よう動かんねらろかね。じゃあまあ死なんうちにあげて、鯉こくにしたり、鯉の洗いにしたりして食っちまおうや」

ほう思うて鯉をいけすからあげて、まな板の上へのしたと。鯉てや、まな板の上へあげりゃ、まな板の鯉って言うて、ひとっつもへぇー観念して動かんてがんが、この鯉はぴんちゃかぴんちゃか……動くんだんが、店の主人が肝焼いて、金槌持ってきて頭がーんとはたいたと。ほうしたら鯉はたまげて飛びおって、店のなか中ぴょんぴょん跳んで……とそのうちに化けの皮剥いで、へらべろーと出して、かっかっかっかっとまた逃げていったと。たら料理屋の主人が、

「こーりゃまた権蔵じさまにたらかさっちもうた。二百両取り返して来なきゃならん」

ほして「権蔵じさまいるけぇ」

ほしたらばさまが出てきて、

「おらこのじさまは昨日《きんな》から膝ったまにねんぶつでかってうんうんと唸って寝てるんし」

「何《なん》の嘘言《ゆ》うてるや。たった今おれに鯉売りつけて」

「じゃあまあ入ってみてくらっさい」

ほいて部屋入ってみたら、じさまが膝ったま抱《たが》いてうんうん。

「ほうせや化け狸が出るってんが、その化け狸に、おらたらかさったらいや。二百両損しちもうた」ほして、ぽれぽーれと料理屋の主人も帰って行ったと。

ほしたら、お染の狸が、じさまとばさまに、

「おら小《ちん》せえ頃からおめぇ方に可愛がって世話してもろうて、なんか礼しなきゃならね。ほしておら山に帰らんきゃならんことんなったんだんが、その馬の五百両と茶釜の三百両と鯉の二百両、合わせて千両、この千両おめぇ方んところへおれがお礼としておいていぐすけ、おめぇ方仲よー長生きしたええぜ。おら山へ行くすけに」

して狸は山へ帰って、じさまとばさまはその千両箱を抱いて幸せに暮らしたってんがのう。いきがすぽんとさけた。

（解説）

「文福茶釜」で知られる話。「文福茶釜」は、江戸時代の赤本にも見え、明治には日本昔噺シリーズ（博文館）の一冊にもなって広く普及した。狸が茶釜に化けて、火にかけられ、手足を出して逃げ出す笑話化した話として一般に知られる。この鈴木さんの語りは、笠原甚威さん母子の「狐と馬と茶がまと鯉」に基づく。笠原さんの話では、貧乏な爺と婆が金持ちの暮しをしてみたい、と考えて、山に住む

古狐を油揚げまんまで手なづけて馬、茶釜、鯉に化けさせる。鈴木さんの語りは、「狸の恩返し」と題されているように、狸の子が育ててくれた老夫婦への礼に、馬などに化けて爺を儲けさせる。報恩譚になっていて、笑話化する以前の、この話のもとの姿に回帰したような話になっている。

『通観』新潟巻では「狐の茶釜」のタイプ名で、柏崎、佐渡、新発田、長岡、六日町の話を挙げるが、いずれも狸あるいは狐が、茶釜に化けて、寺の和尚に売りつけさせ、人を儲けさせる話で、化けるのを三回繰り返す話は少ないようである。絵本など出版物の「文福茶釜」の影響だろう。

17　村の博労と狐の博労

（鈴木百合子語り）

昔があったでんがのう。村外れ、お地蔵様が立ってて、毎日《めーんち》毎日その峠を大勢の人が通るってあのう。そして、行くときは、「地蔵様、地蔵様、今日は無事に帰ってこられるように」また「商売がうまく行きますように」「金儲けができますように」って、行くときはみんながお参りして行くと。また、晩方帰りゃ、「地蔵様、地蔵様、今日は無事に帰ってこらって、ありがとうござんした」「今日は商売がうまく行って、金儲けができて、ありがとうござんした」そう言うて、毎日毎日、団子だの饅頭らの、お供え物はいっぺこと地蔵様の前に供えられるってあのう。

山の悪狐と悪狸が、毎日支度して、地蔵様の後ろへ隠れてて、地蔵様のお供え物をみんなごっつぉになってるてんがのう。ある日、狸が、

「狐どん狐どん、おら毎日毎日団子や饅頭をへー散々ごっつぉになったが、おら料理屋へ行って、うめーごっつぉが腹いっぺえ食ってみてんだが…」そう言うて狸が言うたてあのう。

ほしたら狐が、

「なんの贅沢言うてだ、と。お地蔵様のおかげで、こうしてお供え物、ごっつぉになってられ

るんだが、贅沢なんていうと罰が当たる」そう言うたと。ほしたら狸は、

「うん、そうらやの。贅沢言うちゃならねえやの」

っていうような話を狸と狐がごらごらごらごらしている時、村の博労が威勢のいい声で、鼻歌交じりでいさいさと帰ってきたってあのう。ほうして、地蔵様の前で、でっけえ声で、

「地蔵様、地蔵様、今日はありがとうござんした。おら今日は大儲けさしてもろうたて。牛がたかだーかと売れてそう。よかったて。地蔵様、ありがとうござんした。あしたもまたお願いします」

そう言うて、村の博労は地蔵様の下の方行って一休みしていたと。

ほうしたら地蔵様の後ろで、狐と狸が聞いてて、

「へえ、狸どん狸どん、聞いたかや」

「うん、聞いた聞いた」

「博労ってや、そんげ儲かるんだろうかなあ。おらもその博労と馬にひとつ化けて、大儲けしょねか。ほうせや、町の料理屋へ行って、ごっつぉいっぺ食えるがね。俺が博労に化けるっすけ、お前、馬に化けれ」

ほしたら狸は、

「さすが狐どん、頭がいいのう」

「いやいや、それほどでもねぇろもさ。じゃあまあ明日朝げ五時におれが博労に化けてお前の

とこ行くすけ、お前は支度して馬に化けて待ってれや」そう言うたと。

「よしよし、五時らぞ。まちごうな、五時らぞ！」

何度も「五時らぞ、五時らぞ」て言いながら狐と狸は別れてそれぞれのうちへ行ったど。

　下のほうで聞いでだ村の博労が、

「こればっかしゃ、ええ話聞いた。おれがその狐の博労より先駆けして、おれがひとつ大儲けしよ」

てそう思うて。村の博労、うちへ行って油揚の寿司こしょたり、魚の天ぷら揚げて、そして夜っぴて寝ぇらんで、

「早や狐が五時に行くてらんだ、おら、じゃあ四時に行く。はや四時にならんかな。はや四時にならんかな」て寝ねえで待ってたら四時になったんだんが、狸んとこ行って、

「狸どん狸どん、支度はできたかいのっし」言うんだら狸はたまげて、

「狐どん五時て言うだんだんが、おらまだ支度なんかしねぇ」て。

「あっ、ほっかほっか、でも遅いより早いほうがええかと思うでや。そして油揚の寿司と魚の天ぷら、これまあ食うてくれや」

　狸はそれを喜んで腹いっぺぇごっつぉになったと。

「さぁさぁ腹いっぺぇになったろこで、ええ馬に化けでくれや」

　そして一所懸命、狸は馬に化けたろも、なっかなか思うように化けねぇてやの。村の博労は

胆をやいて、

「もうちと耳はきょんきょんたって、しっぽはふさーふさと。ちとばっか腹がでっかすぎる。もうちと小さく。そうそう、ちと面《つら》が短すぎるすけ、もうちと長く」

「狐どん、こっけでえぇか」

「ん、もうちと長く」

「こっけらかぇけ」

「いやもうちと長く」

「じゃあ、こっげらけえかの」

「いやそれじゃちと長すぎる。もうちと縮めてくれ」

「ならこっげらか」

「んだんだ。そっけだなら上等だ」

そう言うて村の博労が狸の馬の手綱をとって町の博労の店へ行ったと。

「おはようござんす。ええ馬が手に入ったんが持ってきたすけ、一つ買うてくらせえ」

そう言うと店の旦那が、目えこするこする出てきて、

「なーんだぁ今の馬は変わった馬で、なんかちと狸っぽいねか」

村の博労は、ばれねば良えがと思うてびくびくしてたてんがのう。

「いやいや、今はこういう馬がはやってきただて、これが流行がんで、これが新型の馬だすけ、

これは値打ちもんだすけ買うておかっしゃい」言うて、

「じゃあまあいくらで」

「三百両」

「おっきなぁ三百両もする、たけやのなんて、おら買《こ》うわんね」

博労もなんとかまからねぇけった。

「そらのぉ、じゃあまぁ二百両にまけろっか」

店の旦那が狸の馬を背中なでたりケツなでたり面《つら》なでたり。

「博労どん、博労どん。この馬はたてがみがねえらんね」

村の博労あささあと思うたろも、へえ間に合わね。

「ああ今はの、たてがみなんてねぇほうが良いてがんて。たてがみのねぇ馬がはやってきたがと」

「へー」、店の旦那はしぶしぶ二百両、村の博労に渡したと。

村の博労は大急ぎで二百両懐《ほろこ》のなか入って、狸の馬を厩のなか入れて、ほうしてぐわっさんぐわっさんと二百両しっかり押さえで、帰ってきて、お地蔵様んとこ行って、

「地蔵様、地蔵様ありがとうござんした。今日くっさ大儲けさせてもろたで。元《もと》いらずでそ、二百両もうけさしてもろたで。ありがとうござんした」

て深々と頭を下げて、ほして二百両たがいてうちへ行ったと。

ほしたら五時になったんだんが、狐が博労に化けて狸のうちへ、

「狸どん狸どん、支度はできたかいのっし」言うて行ったども、留守らてがのう。狐は、

「狸はいつでもまぬけだんだんが、時間まちごうたろっかね。まぁうちへ行って俺が寝ていりゃあ、まあ来っだがろう」と思うて狐はうちへ行ってまた寝てたと。

片一方、こっだ狸の馬は厩へいたったまんま狐が迎えに来るってが、狐はなかなか迎えに来ねえ。

「狐どんはあっげにむがえに来るて言うたがんに、まだむがえに来ね。おら待ってらんね」

化けの皮はいでこっそり逃げ出て、狐のうちへ来て、

「狐どん、狐どん。お前迎えに来るて言うろも、いっこ迎えに来ねんだが、俺来たで。どうしたことらて」ほう言うたど。

狐はたまげて出て来て、

「どういったがだや、どういったがだや。お前ぇくっさ俺が五時になったんだんが、迎えに行ったども、どうしたったねかや」

「いやあ、お前迎《めえ》えに来たんだ、おら、あのお前《めえ》につれになって、町の博労んとこ行って、お前《めえ》、二百両貰ったがや」

「おら、その二百両なんか貰わねえ」

「いやあ、貰た」

「いやあ、貰わねえ」

「お前《めえ》、あのその二百両、独り占めしてるんだか」

「いやあ、おら、貰《もろ》わんだが貰わん」

「いやあ貰《もろ》た」

「いや、貰《もろ》わねえ」

取っ組み合いの喧嘩になっちまったと。ほしたら狐が、

「いやいや狸どん。ちっと待ってくれや。ちっと話がおかしいねかや」

「ああ、きっと昨日《きんな》村の博労が、おらの話を聞いてたら。聞いて、おらの先駆け、町の博労んどこ行って、お前を売り飛ばしたら」

「そうだ、そうだ。おらが化かさったらや。いや、何としてもその二百両、その村の博労んとこ行って、取り返さんきゃならん。俺が店の旦那に化けるすけ、お前、番頭に化けれ」

そう言うて、店の旦那と番頭んなって、村の博労んとこ行って、

「博労どん、博労どん。おら、お前に一杯食わせられたや。たらかさったや。化けの皮が馬屋へ剥がれてたて。また化かさっちもうたが、まあ、ともかくその二百両、すんなりと、何も言わんで返してくれや。巡査にも言わんし、警察も言わんし、代官所にも言わんすけ、すんなり返してくれ」そう言うたと。

ほしたら、村の博労、

「ああ、申し訳ねえかった、申し訳ねえかった。俺が悪かっただ、まあ勘弁してくださいー」

そう言うて、二百両を狸と狐に渡したと。

狸と狐は大喜びで、町の料理屋へ一目散で行ったてんがのう。

ほうして、村の博労、「ああ、悪いことはしちゃならんがんだ」、そう思ってしょぼしょぼしていたてんがの。

今度は本物の店の旦那と番頭が、

「博労どん、博労どん。おら、お前にたらかさったや。馬屋へ化けの皮剥いだ狸の毛だらけだ。お前にたらかさっちもうたが、まあまあ、お前が何も言わんで、すんなりと二百両返してくれりゃ、警察にも言わんし、巡査にも言わんし、代官所にも言わねが、返してくれや」そう言うたと。

ほしたら、村の博労がたまげて、

「おら、たった今、お前さん方に、二百両返したがね」

「またまたお前《めえ》そう言うて、嘘言う。すんなり、まあ、返したほうが、お前《めえ》のためになるぜ」

「いや、おら、無えのは返さんね。確かにお前《めえ》さん方に、たった今、たった今、返したが」

ほう言うた。ほしたら、村の博労が、

「ああ、ほうかほうか。狐と狸に、俺が化やかさがったけ。そういや、町の料理屋行って、ご馳走いっぺえ食いてえ、なんて言うたったてがや。その二百両持って、町の料理屋へきっと行ったがたや。旦那さま、申し訳ねえろも、おら、二百両無えなんだがや。今、返さんね、申し訳ねえ」そう言うて謝ったと。

　ほしたら、店の旦那が、「いやいや。そういう話がわかったけや。お前も正直にそうあれしたんだがや、二百両、じゃあ俺が肩代わるこうてや。目えくめるこてや」そう言うて、博労の旦那は帰ってったと。

　その後で、村の博労はお地蔵様の前へ参って、

「地蔵さま、地蔵さま。どうか勘弁して下さい。俺が悪い。俺が悪心《わるごころ》出しちもうて、本当に勘弁して下さい。二度と大きな悪心起こさんすけ、勘弁してください」

と謝ったと。そしたら、地蔵様が、

「お前がそうして改心すりゃあ、勘弁してやる。二度と悪心起こすな。そして真っ当に働いて、真面目に働いて、綺麗な金を二百両、町の博労の旦那へ返せや」そう言うたと。

　そしたら、村の博労、

「いっこ、そうしますんで、どうか勘弁して下さい」

　そう言うて頭、べとへつけて謝ったと。名奉行ならず、名地蔵様のお裁き。これで一件落着。めでたしめでたし。いきがすぽーんとさけた。


（解説）

「狐と博労」「博労と狐」の名で、知られる話である。『榎峠』には高橋篤太郎の話が載録されている。

鈴木さんの語りでは、博労が狐たちを騙す本題に入る前に、まず峠の地蔵様という場所の紹介、よそで金儲けして来た博労の自慢話、それを聞いて博労と馬に化けることを思いつく狐と狸、それをまた盗み聞きする博労、という舞台設定がきちんと話される。博労と狐の騙し合いの本題の後は、狐、町の旦那、と逆に解決していき、地蔵様の前で博労が謝って終わる。きっちりした構成の中で、本題の化かしあいの部分では、博労が狸の馬に「顔をもうちっと長く」「腹は引っ込めて」など、注文をつける部分でまず笑わせ、いざ町の旦那に売りに行ったら鬣が無かったなど、笑いのうちにテンポよく話が展開し、鈴木さんの語りの中でも出色の面白さである。

博労は、いろいろな話に出てくるが、「古屋の漏り」では馬を狙う泥棒がしばしば博労であったり、村人に、胡散臭く見られる存在でもあったことがうかがわれる。

狐が人を化かす話は、全国各地に広く分布する。小国でもたくさん語られていたようで、『榎峠』にはほかに、侍に化けて柏崎まで馬に乗って行った狐が、二度目は馬方に見破られて鞍に縛り付けられ、狐汁にされる37「狐と馬方」、街に行った帰りに峠で狐に化かされて堆肥の山に登って夜通し「人を化かすな」とわめいていたという17「狐とあんさ」（二話とも五十嵐石二）、法印（山伏）が、気持ちよさそうに眠っている狐をほら貝で脅したら、急に夜になって幽霊が出て、慌てて逃げて崖下の田に落ちたら、まだ昼間だった、という18「狐の仕返し」（粕川エツ）もある。

博労の思い出

―博労は昔、たくさんいたのですか？

五十嵐　いましたよ。（私たちも牛を飼っていましたから）牛や馬を売り買いしてましたからね。

仲買人でしょうか。小国にも何人もいました。

鈴　木　おらたちの近所にもいましたもんね。

―常に自分のところに、何頭か馬や牛がいるんですか？

鈴　木　いっぺいたったのう。

高　橋　馬より牛が多かったかもしれない。

五十嵐　牛は農耕に使ったんですよねえ。でもたまに飼育して売らった人もいましたよね。それから乳牛が入ってきましたよねえ。一時でしたが。

鈴　木　おらも飼うとった。

五十嵐　私らが娘の頃でしたねえ。大勢が飼うと値も下がるし、なかなか儲からなかった。

高　橋　牛乳絞った記憶ありますか？

五十嵐　はい、冬になるでしょ、男衆は出稼ぎに。おらたちは、めったに出稼ぎに行ったことはなかったんですわ。でもその年だけは、主人はどうしても出稼ぎに行かないといけなくなって。その時はどうしても私が残らないといけないから、乳搾ってましたて。搾った乳は、農協があったんで寄せて。その日のうちに持って行ったんですて。牛乳缶に入れて、二缶ずつ橇に載せて塚山まで持っていくんですが、それが大変でした。雪道でしたしね。道が馬の背みたいになって、すぐ滑って。

―家でも飲むんですか？

五十嵐　家でも少しは飲ませてもらえるんですけども、けちけちしてあんまり飲ませてもらえませんでしたね。
高　橋　鶏の卵だって、飼育しても全部出荷用でしたからね。
鈴　木　当時は卵なんて病気になったり風邪でもひかんきゃ食わんねかった。
―牛は何年ぐらい乳が出るものなんですか？
五十嵐　二年ぐらいねろうか。人工授精して子供ができると、また乳が出るんですて。でも何か月か経つと、だんだん細くなってくる。発情が来て種付けして、人工授精が上手くいかないと、採算が取れないから、また博労に出して、また新しい牛を導入するんですて。博労てのは、そういうことをやってましたの。小国の博労には、原の人、横沢にもひとり。
鈴　木　武石は総代さんのうちがいらったのを覚えてます。
高　橋　博労は商売だけじゃなくて、田んぼしながらでしょう。
五十嵐・鈴木　まあ、そう。（原、横沢、武石は小国の集落名。巻頭地図参照。）

お金の話

―昔話に出てくる一両は、現在のいくらですか？
高　橋　よく米の値段で換算するね。
五十嵐　その時代時代によって、米の値段も違ってきますもんね。昔の一両っていうのはものすごい大金だったの。
高　橋　よく千両箱とか言って時代劇に出てきたりするけど。小判を想像するかな。
五十嵐　あこの家は千両箱がある、とか……。

鈴　木　おらが五つ六つの頃、観音様のお祭りなんかで、店が出ると、一銭もらえれば十分だったの。

五十嵐　私が一番覚えてるのはさ、お正月のお小遣いで一〇銭もあれば、当時は何でも買えたこと。

鈴　木　一〇銭もあれば。小学校四年生のときかな、遠足で初めて小千谷行った。その時うちから一〇銭もろて行ったて。

高　橋　今一〇銭て言ったてわからんと思う。

五十嵐　グリコのキャラメルあったねっかて。あれほしかったの。五銭だったか？　一〇銭もらうと大騒ぎだった。全部使って帰ったら叱られた。

五十嵐　昔は一厘が一〇あると一銭だったんだの。一厘銭て、うちにはあったけど、使えなかった。私らが小学の時は、国中が戦争だったでしょう。だから貯蓄貯蓄、と言って、子どもにも言いましたんだ。小学二、三年の頃、正月に五〇銭もらったのが、全然使わんで、そして貯金積んで。それで二〇、三人くらいのクラスだったんですけどもね。五〇銭積んだのが一番高額でしたて。覚えてます。母親に聞いたら、木綿ものなら、反物一反買えるろう、と言われました。

鈴　木　昭和一二年、兵隊への餞別に包んだのが二〇銭から三〇銭。多い人が五〇銭でした。

18　和尚とイタチ

（五十嵐サチ語り）

昔ってもそれほど昔でねんですけど三、四代くらい前の、桐沢《きりざ》の和尚さんがね、仏の事でもって在家へ行ってご馳走になって、夕方遅くなって、帰ってきなすったんがですと。（で、昔話調じゃなくて、今の言葉で言いますけども）、あの、そのころね、あの、桐沢の木下橋っていう、下《しも》の方から来ると一番最初の、土橋があったんですて。ちっちゃい川ですども、そこの木下橋のとこに、昔からその、すっごくその、こをふいた古ギツネでなくてあのイタチが住んでいて、村の人に悪さして困るという、その評判でもって、それでもって、悪さされた人も大勢いたそうですどもね。

また和尚さんも、「やぁ、今日はへぇ夕方になったんすけ、またあの、古イタチが出て悪さぁするじゃねえかなあ」と思って、木の下橋まで来たら、案の定、そのイタチが出て、

「和尚和尚、今帰ったか」って言うんだんが、

「ああ」って言ったら、

「和尚、これ、おっかねえろ」

って言うて、そして、一つ目小僧だか三つ目小僧に化けて、べろーっと舌出したら、三〇センチもあるような一尺もあるような舌をべろーっと出したら。和尚さんが、

「そんっつらがんなんか、何おっかなかろうに」って言うたら。

そしたら、「そうか」って言うて、また、今度は柳の木の上行って、つるつるっと上がって、中途中《なか》へ行ってって、

「こっでもか」って言うて。また、それよりまた二倍も長えような赤い舌をべろーっと出したん。したら和尚さんが、

「おめえのそっげのなんてな、俺ぁおっかねえのたまげらなんて、してりゃあ和尚、務まらねえよ、馬鹿」って言ったら。

そしたら、イタチが、

「よーし、じゃあ、こっでもか」ってもって、柳の木のいっちばんてっぺんまで上がったら、柳の木がしなっこいんだんが、ゆらゆらゆれて、そして、あの、イタチがいっちばん上まで上がったもんですから、柳の木がずーっとしだれて、イタチは川ん中へぽちゃーんと落ってしまったんですと。

そしたら今度ぁイタチの方から、

「和尚、助けてくれー、助けてくれー」て言う。だんが、和尚さんが、

「馬鹿。自分の身程も知らんで、そういうことするすけ、そういがん」そう言ったら。そして

和尚さんが「でもまあ、可愛げだすけどうしようか」て思ていたら
「な、どうでも助けてくれ、助けてくれ」て言うんだん、

「おまえじゃあ、俺の条件をじゃあ、のめば、助けてやるし、言うこと聞かんきゃ助けてくんね、おまえ、渋海川《しぶみがわ》まで流れて行って死んだ方がいい」って言うたら。

「どっげの条件でものむすけに、助けてくれ」て言うんだんが、

「あのな、今度、あの、村の人や、ここを通る人に、絶対悪さをしないて言うて約束すれば、助けてやる」て言うたら、

「約束するすけ助けてくれ、助けてくれ」

てイタチが言うんだんが、和尚仕方なしに、傘の柄差し伸べてイタチ助けてやったんですと。そしたら、そのイタチが、でも和尚との約束したことを守ってそれから今度ぁ古イタチは村の人にも、通ってゆく人にも全然、悪さしなくなりましたですて。それでおわりです。

狐の嫁どり

高　橋　木下橋ってのはちょうど、横田医院っていうのがあるけどその先に小さい橋がありますがそこです。
鈴　木　つきだし山てがんの、木下橋と離れてねえろも、つきだし山ってがんは、おら子ども

のころはおっかなかったて。つきだし山に夜さるになると、狐の嫁どりがあるなんて。
五十嵐　私の母はあんまり言わんかったんど、よく祖母なんか、ここから見てると狐の嫁どりがよく見えたもんだども。
鈴　木　横沢のほうからは丸見え。
高　橋　それか今のあれかな、上越工業の下あたりの山かな。
五十嵐　そうそう、それです。だけどいつの間にか狐の嫁どりが見えなくなったんがなと言ってましたのう。
鈴　木　昔はおっかねえどこあった。
高　橋　よく、うちの父親も爺さんに連れられて塚山まで行く途中にやっぱり狐の嫁入りの火がこう出て、これは狐が悪さしてるすけ、煙草を吸ったらさっと消えたって。それもきっとその辺の話だと思う。
五十嵐　横沢のほうから私の実家から見てるとね、パッパッパッパとついたり消えたり、ついたり消えたり。ぼやーっとした明りのようなものがずーっと帯になって見えたんですと。
鈴　木　おらは、そげなん見たこともねえろも、見たって言う人が何人もある。
五十嵐　私ん家がちょうど真ん前になるんだんが、なんだんが、みんなはいても今日はまた狐の嫁どおりが見られるなって言や、本当に出るんですと。
鈴　木　武石で祝言があって、ごっつぉういっぺもろって、そのつきだし山んところへ来たら、なんか背中が軽うなって、なんとまあ、背中が軽うなったろうねっと思うて、うちへ来てみたら、そのごっつぉがなんもなかった。そっけな話が本当だかうそんだか。
高　橋　キツネにとられちゃったね。

19　俵ころがし

（五十嵐サチ語り）

（武石の）押切の向こう（旧千谷沢村《ちゃあざ》）の鹿島《かしま》という神社に、道が通ってますけどね、裏側に山がありましてね、その下のところに田んぼが広がる、そのちょっと小高いところにね、鹿島さまという神社があったんですよ。石の祠が建っているだけですけれどもさ。そこんとこへねえ、昔、俵ころがしというおばけが出たんですと。そのおばけがさあ、奇妙なことに夜になるとね、俵がねえ、五六《ごろっ》ちょずつこう、立っている俵が五六ちょずつが、がさがさがさ、がさがさがさとこう揺れてさあ、そのうちに、どこから出るのかわかりませんけれども、「ほいっ、ほいっ」ていう声が聞こえるんですと。そんで村の人は、どうも気持ちが悪くて嫌だすけって言って、その鹿島へは夕方になると誰も近付かんかったんがするどもね。

すごく豪傑の、度胸のいい男の人がいてね、「よし俺はもう、正体を確かめてみんきゃねえ」っていうんで、その鹿島の祠の裏側へ隠れてね、俵ころがしが出るのを待ってたら、やっぱり夜になったらその俵ころがしが出てきて、そして俵が五、六俵ずつが、こう縦になってるのが、がさがさがさ、がさがさがさと音がして揺れるんですと。そしたらその間に「ほいっ、ほいっ」っていう声が聞こえるんだんが、「まあなんだこれはまあ、狐か何かの仕業だろう」と思って、その人も、神社の祠の後ろ側でもってちゃあんと座って一晩中見てたら、そしたらさんざんそのまんまでもって、がさがさいうてましたけれど、ちょっと夜が白みかけて周りの木々の間が、こうちょっと見えるようになってきたら、その俵が一俵ずつ、すっすっと知らんこまにどっか隠れていぐんですと。

そんで、へー夜が明けるなと思ってて、夜が白々と明けてこう周りが少し見えるようになったら、最後の一俵まですーっとどこかへ逃げてしまいましたと。

「んーまたきっとこれはあの銀狐の仕業に違いねえ」と思って、その豪傑の男の人がねえ、その俵が、がさがさ言ったところへ行って調べてみたら、そしたら銀色の狐の毛が落ちてましたって。

その銀色の狐ってのが、その鹿島のその、深え山ですだんがね、そこへ昔からね、銀狐っていってね、すっごくこをふいた狐が住んでてね、それがよく悪さするって村人の話でしたので、やっぱりその狐の仕業だったらしいですって。

（解説）

イタチや狐に化かされる話であるが、どちらも伝説として語られた。狐、狸、ムジナに次いで、獺やイタチも人を化かすと信じられていた。五十嵐さんの語りは、淡々としていて、説明的な描写はほとんど無いが、例えばイタチと和尚の対話の繰り返しの言葉を聞くだけで、情景が生き生きと浮かぶ。目の前で熱心に耳を傾ける聞き手と対話しているような、聞き手の存在が強く意識される語り方である。

狐にまつわる思い出

五十嵐　子どもの頃、みんな秋始末が終わってしまい込むと、雪降り前になると秋おととか大業《たいぎょ》とかっていう名前でもってね、みんな手伝いしてもらった人らとかさ、そこの孫らとかなんてがみんな呼んでもらってそこのうち、順番にみんな「秋ごと」すると、呼んでもらってそこでもってね、いとこも七、八人もみんな寄って、そしてそこに並んで怪談を聞くんですけどさ。それまた上手におじさんが話してくれてのー。だけどその銀狐がいたっていうのはね、それは確かにそこにいたのだかなんだかね。私が塚山に通う頃、あそこらへんに確かにね、雪の上に狐の足あとがありましたって。そしたらさあ、私が遅ーくなって帰ってくるとさ、塚山から川西《かわにし》（渋海川の西側地域）通って来ると、二里の道がね、半分すぎが山ん中通んらんきゃなんねえんですて。で女の子一人でもって来るがんが嫌《や》でやでやでやでどうしようもなかったんですて。そしたら今度はいっつもそうしてね、学校行くとき懐中電灯持ってってたんですて。そしたらね、塚山の駐在さんがさ、「遠くから通ってるん横沢からとか通ってる人あんたですか」って言うだん。「はあそうですけど」言うたらそしたら、「あんた狐に化かされたとか狐見たとかっていう話がありますけど本当ですか」ってしって。「私は狐の足あとは見ましたけども、狐には化かされませんでしたて」言ったら「あっ、そうじゃあ良かったねえ」なんて言われましたたって。

20　化け猫のはなし（二話）

（山崎正治語り）

1

（昔小千谷の商人がね）、晩方遅くなっちゃって、峠こして家へ帰ろうと思って、とんとんとんとん歩いて行ったら七社権現という所があるんね。お宮さんがあってねぇ、ずーっと森になってる。そこまで来たら、がやがやがやがや、がやがやがやとなんかこう、おおぜい集まってるこう話しする声がするてんがねぇ。

「いやー、今頃まぁなんだろう」

と思ってさ、そろーりそろーりそろーりそろーりと行ってみたら、がやがやがやがや集まってるのがさ、なーんとみんな猫だったんでがねぇ。猫の、三毛猫もいりゃあ、ぶちのもいりゃあ、黒い猫もいりゃあ、それから茶色したようなのもいりゃあ、いろんな猫が集まって、がやがやがやがや、がやがやがやと、ちょうど人間がそこへ集まっているようにして話してたと。

「わぁ、こりゃとんでもないとこ来たでぇ。だーろもな珍しいもの見た。あれきっと小国中の猫が、きっと皆ここへ集まったでねえろかねぇ」

そう思ってた。そしたら一匹の猫が、

「おい、法坂の上の山は来たけぇ」

「いや、まだこねえや」

「へー、どうしたろうねぇ、まあ」

「まあ、上の山が音頭とってくんねえっけや、どーも踊りになんなんでがね」

そげえこと言ってるんだがねぇ。そしたら薬屋は、

「いやー、上の山いうたら、おら知っているがね、そげな猫はいるがだろか」

なんて思ったらね、そのうち、

「よー、遅くなって悪かったのう」

と言ってさ、ぶち猫が一匹、新しい手ぬぐい首い引っ掛けて、こう、来たってんがね。

「おーう、上の山来たかい」

「あーぁ、遅うなって悪かったのう。今日はさあ、家《うち》のが山から上がってくるので夕飯が遅うなっちまったや。そーして熱っつい あつげ食《か》せらって、おら、へら焼いちもうたや。だすけ、あんま今夜、声がでねえっけ」

「いやー、おまいの声や、おまえ、ちっとくれ出た、出な、なったて、おらとてもじゃねえが束になってもかなんねえな、さ、さっそく歌ってくれや」

「よしきた」

ほして上の山がなるほど歌いだしたらねえ、ばっか、声がいいしさ。上手なんだと。でそれにあわせて猫がさあ、
〽あーーああーやー、ありゃさーあ、あー盆立てがーねー
なんて言って、人間と同し、歌を歌う。
〽茄子の皮の雑炊らいよー
なんて言って。
「うわぁーこう猫ばっかし、あだや、人間と同いことや」
と思って、まあ薬屋はそれ、じーと見ていたと。そのうちに猫どもが、
「おい、だいぶ遅うなったすけ、みなあ行こうねんか」
「おう、行こ行こ」
そしてぞろぞろって、いつのまにか猫がいねーなったんでんがのう。

ほっで薬屋は次の日、上の山寄って、

「おまえさんろこは、ぶち猫はいるけい」

「ああ、いるぜい」

「ほうか、新しい手ぬぐいをした猫が昨日《きんな》、音頭とっていたったが」

「いやーそればっかしはおらこの猫だて。おれがどうも下ろしたばっかの手ぬぐいが、いっく

ら探してもねえと思ったが、じゃあ猫がもっていったんだろが」

「あーそうらかい、じゃあ猫はいるかい。お前さんとこの猫はじゃあだいぶ、こをふいた猫じゃのう」

「あーおらねー、いつ頃からいるかどうか知らねえ。むかーしからおらこで飼うてる猫だと、そういう話や」

「そうか」

そして夕さるんなって、また薬屋、そこへ泊めてもろうた。そのうちの衆《しょ》が、

「おらもこれから寝るんだんや、おめえさん悪いけども、そのまま、よろ口のほうで寝てください」

「あーここでたくさんだすけ、まあまあ座布団貸してもろうてそれ枕にして寝るすけ」

いやそこでまあ薬屋寝てたって。そすとそのうちにその猫がの、ひょこひょこと戻ってきた。薬屋は、

「あー、あの猫、戻ってきたんや」

でしばらく経ったら、そこの家のかかさがねえ、起きてきて、そしてこんげえでっけえ鍋をね、囲炉裏に掛けて、水汲んできちゃあ、どぼどぼお。水汲んできちゃあ、どぼどぼお。水汲んできちゃあ、がばがばぁ、とあけていて、

「いやーいま頃こんげえでっけえ鍋ん中へ水汲んで、なにしてんがだろ。ここのかかさばっか

しは」

　そう思ってたら、うしろの方でもっての、

「助けてくれー、助けてくれー」

ていう女の声がしる。ほーしたんだら家の人が、

「ほらだっかが助けてくれだが、ねえら、起きてみれ起きてみれ」

て起きたら、そこの家の本当のかかさがさあ、連れて行かれて、うしろの竹やぶの竹にしっかんかんと結いつけられて、ほうしてこだそこへ鍋の下へこう、水汲んで、火焚きつけてるそのかかさとほんに同しだったんでがねえ。で、それが化け猫だということが分かって、ああ家中の人が、

「ほら化け猫ら、化け猫ら」

ていうたら、猫が、ひゃぁ、と本当の猫の姿になって、ちゃがちゃがと、いなくなったてんがのう。

　いきがぽーんとさけた。

2

〈やっぱり薬屋の話なんだが、やっぱり泊まりつけの家っていうのが決まってるんだよ。こう歩いて、どこどこ行くというってえと、どこのうちに泊めてもらおうと、朝げのうちに今夜ここで一晩世話にならんねどっかなと思って、「ああなじょんか待ってるすけ、どうぞ来てください」いらん道具はみん

な、そこのうちおいて、ほして薬屋だけがこうまわるし（瞽女さんだて、同じこったて）、荷物はみんな宿に置かしてもろて、ほしてこう、村の中をまわる）

で、そこのうちも薬屋らったんなんだが、あちこちきっとまわったんでしょう。ほして、

「お前さんも、寝床しかんで悪いろも、そこに寝てください」

ってていうんだが、

「あー、一向、ここでたくさんだすけ」

と言って、薬屋このいろりの所で寝てたがね。そしたら、そこのうちの人が、

「お前さんよ、いいおかず持ってきてれもやー、おらこで塩ます焼いたんだが、これひとつおかずにして食ってってください」

と言って、塩ます切って、

「これまあ、じゃあおかずにして食ってください。おら、じゃあ昼休みにするすけ」

「はいはい、ごちそうさんでござんす」

と言うたども、やあせっかく昼宿とらせてもらったってやに、おれもちゃんと弁当のおかず持ってきてるがに。この人が、たんともねぇ塩ます焼いてくれたのを、これみな食ったら申し訳ないんだが、てめぇのおかずを食っておくかいな。そう思って食わんどいた。ほしたら、

「いやーいやお前さん。これ塩ます食ってくれたらいいがんに」

って　昼休みあけに言うて、

「いやいやごちそうさまです。おれもおかず持ってきたんだんに」

「ほうかい」

そう言うて、そこのうちの人が塩ますを棚の戸を開けて、そこにとんとんとあげた。それを猫がどこで見てたやら、ちゃんと見ててさ、この夕さるみんな寝静まった頃、こそんこそんこそんこそんと、「あーこれは猫だえ、猫が家に来たで」と思ったらその猫が、塩ますをかけた重棚の下へ行って、こう立ち上がって。だども届かね。「やぁ猫は塩ますを食いにきたでや。どうしてるろー」と思ったら、猫は届かねんでやめてさ、ほしてまた戻っていった。「あー猫諦めたげらで」そう思ってたら、なんと猫は人間の寝るときの枕、あの枕をひとつくわえて持ってきてさ、それ重棚の下へ枕をたてにたてた。これを台にして、重棚の戸を開けて中のますこと食ってしまった。一つはてめぇで持って行ってしまった。あーら薬屋は「これは豪儀な猫だでー」と思ったども、「待てよ、これはまぁうちの人に言っていかんきゃならねー」後になってから、「おら、あんなせっかく塩ます焼いてこれ食ってくださいって言ってやった時は食わんどって、おらいねなったら、昼休みにあの薬屋ばっかしゃこの塩ます食ってしまったがや。なしたら根性の悪い薬屋だ」なんて言われちゃ困るすけ。こりゃ正直に話ししておいた方がいい。そう思って昼休みに起きたんだが、

「お前さんのとこにいるごうをふいた猫がの」

「あー、猫、ごうをふいたべー。おらいつ頃からいるんだか知らんども、なんだあの、ずーっ

と前からおらんとこいるんがだの」

「そうかい。まぁこれこれこういう訳で、枕持ってきて台にして、ほして重棚開けて、ます食ったで」

「ほうか。じゃあ、ます、お前さんが食うたんじゃなくて、おらこの猫が食ったんかね」

「あー、その通りだでた」

「へー、おらお前さんが食ったとばっか思った。まぁ悪いこと思ったたんや勘弁してください」

「なんたってそれんこと分かってもらえばいいがな」

それをの、猫はちゃんとどこで聞いていたやら、聞いていてさ、その日からコツーンどこ行ったやら、猫は帰ってこなかったたって。

いきがぽーんとさけた。


（解説）

猫が集まって踊りを踊る話（『通観』三六〇「猫の秘密」）は、全国に分布しており、秘密はしゃべるな、というタブーを犯した人は猫に殺される。小国では、年取って化け物じみた猫のことを「こ（ごう）をふいた猫」といい、これは狐などについても使う。（18「和尚とイタチ」参照）「小国のことば」には、「ごうら猫　年へて狂暴な猫」とあり、『とんとむかし』五集（小国の俗信）、禁忌の項には「猫に代継ぎをさせてはいけない」とある。古猫が恐れられていたことがわかる。

山崎さんのこの時の語りには、いくつか混乱が見られる。まず1の話は、「小千谷の商人が」で、語り始められたが、猫たちが集まって踊りを踊るのを見かけたところから、「薬屋」に変わっている。一九九五年の「語りつくし越後の昔話」で語られた時は、「薬屋と化け猫」の題になっていた。小国に定期的に通って来る人には、小千谷縮の原料になる苧績み糸を買い付ける商人も、富山の薬屋もいた。それで小千谷の商人、で話し始めてしまったのだろう。猫が歌うことを告げ口したため、この後、かかさに化けた猫に殺されそうになる話が続くが、この部分九五年の語りでは、これは鱒を盗み食いする話の後につながっている。この時は第二話が、塩鱒を遠慮して残す話であるが、時間が昼休みになったり夜になったり、混乱している。九五年の語りでは、「……猫が盗み食いしたことをその家の人に告げ口すると、その晩、猫がその家のかっかに化けて水を汲んでくる、囲炉裏の大釜で湯を沸かし始めるので、自分を煮殺すつもりかと、逃げようとするが体が動かない、釜の方に吸い寄せられそうになり、叫びたくても声も出ない。心の中で必死に神仏に祈ったら、竹藪から女の叫び声がして、家の者が駆けつけると、その家のかかが裸にされて竹藪に縛られていた。猫が便所に立ったかかを襲って、着物を奪って化けていた。その猫は、そのまいなくなった……。余計なことをしゃべったのが悪い、口は禍の元」、でしめている。この部分、九五年の語りの方が、だいぶ詳細である。

なお、法坂は小国の地名、山崎さんの住所である。上の山は屋号。村での交際は、現在も屋号で行われている。猫が歌うのは、「盆だてがんに　ナスの皮の雑炊や、あんまり盛り付けられて　鼻のテンコ焼いたてや」という小千谷甚句の一節である。

21　三枚の札

（山崎正治語り）

とんと昔があったって。ある山の奥のお寺に和尚さんと小僧さんと住んでいましたと。

「小僧、小僧。じっき彼岸だすけ、汝《な》ぁ、山行って仏様へあげる花とってこいや」

ほうして和尚さんが小僧さんに言いつけたと。

「はいはい」

「おうおう、ちょっと待ってくれや。山の方行こうなら、どっけがんが出てお前を苦しめるかわからんなんがや、ここへ札が三枚あるすけ、これはありがてえ札だすけ、これ持って行って、もしやん時があったら、この札に頼め。ほうせばこの札が、お前のこと助けてくれるすけな。大事にしてけ」

「はーい」

ほうしてまぁ小僧さんは花とりに出かけた。ところがちょうど今の平成の、この気候みてぇなんですら寒いような日が続くんだんが、あっちこっちあっちこっち探すろも花げの花がね、見つからなかったと。あっち行ったりこっち行ったりしてるうちに、だんだん辺りが薄暗くなっちゃって、「あぁ、これはおおごとら。どうしようか」と思っているうちにだんだん薄暗くなっちまった。「どうしたらいいか」と思ってね、あっちこっち見たらね、向こうの方にちかん、ちかんと明りが見える。「あぁそこに家があるげだ。あそこ行ってひとつ泊めてもらおうかな」

ほうしてその明りを目がけて小僧さんが藪こざいて行って、

「こんばんは」って言ったら、

「はいはい」

「おらぁ道に迷うてどうしょもねぇがだども、今夜一晩泊めてもらわんねぇろか」

「あぁ、なっじょも、なっじょも」

って言って出てきたのはね、年寄りのばぁちゃんだったって。

「さあ、あがれあがれ。小僧、おらとこはな、なぁんも食《か》せるものねぇぞ」

「やぁ、おれ食うがなんていらね」

「そうだねぇ、腹が減ってるがだろ。だどもおれんとこ食うがんがねぇ。布団も一枚しかねぇすけ、なあ、今夜おれに抱かって寝れや」

嫌だなぁ、思ったども、

「はい」

ほうして布団の中で婆さに抱かって寝たと。なぁんせ、一日中山ん中さわいでいるんなんが、よくよくくたびれたこってね。まぁ、小僧すぐ寝ったらしい。ほうすっとその婆さがね、ザランザランする手でもって、顔なでたりほっぺたなでたりしながらさ、「うまぁげだな」言ってるんだと。でも小僧寝ってるなんが知らね。

そのうちに夜中にザァーッと雨が降ってきた。して雨が止むと、婆さの家あんまりいい家でないから雨漏りがした。ポテンー、ポテンーと雨が漏ってきた。

そのしずくが、

「小僧、小僧。小僧、小僧。婆さんのつら見れぃ」

ポテンー「婆さのつら見れ」

小僧も気がついて、「え、おれ、婆さに抱かれて寝ったんだんが、この婆さのつら見れって言うだんが」と思って薄明りでもって婆さのつら見たとこ、よぉっぽど優しげの婆さだと思ったてんが、眠っちゃったらね、頭はもさもさしてて、目がつりあがってて、口が耳のどこまで裂けててごうぎな鬼婆さだったたって。いやぁ、小僧ぶったまげちゃって、「こりゃぁ、こっけんどこにおら一緒に寝てようなら、今にこの婆さにおれは食われちまう。まぁ今のうちに早く逃げんばな。どうして逃げたらいいろうかな」なぁんたって婆さにしっかり抱かれているからね、どうしようもない。

「ばぁさ、ばぁさ」

「なんじゃい」

「ばぁさ、おれあっぱでたなったや。こかしてやってくれねぇか」

「そこへこけ」

「いやぁ、こげんとこ、こかんね」

「じゃぁ、おが手の中こけ」

「しかももったいねぇ」

「あー、たれそげだ、たれそげだ。たれそげだすけ、はやくやってくんなせ」

「せいたせい小僧だな。じゃあじゃあ逃げねぇようにおれな縄いいつけておく」

ほうして小僧の腰んとこに縄いいつけて、

「ほら行ってこい」

まぁ小僧はそっから便所行った。（まぁ雪隠《せっちん》だ。）ほうしてそこへ入って、札一枚出して、

「どうかせっちんの神様《かみさん》、助けてくんなせ。おれこれから逃げるすけ、お前さん、婆さが呼んだら、おれの代わりに返事してくんなせ」

そう言っていった。婆さが時々クツンと縄引っ張って、

「小僧、小僧、いぃかや」

「まぁだ。びっちびちの盛りだ」

「しかも長ぐそのまぁ小僧やね」

しばらくするとまた縄ことクツンと引っ張って、

「小僧、小僧、いぃかや」

「まぁだ。びっちびちの盛りだ」

「そんげ長ぐその小僧、あるんじゃねぇよ」と言ってね、グツーンという風に縄引っ張ったらせっちんの柱がおっぽしょれちゃって、がらがらーと崩れたがんが飛んできて、婆さの頭にコキンと当たって、

「あたたたた。さぁては小僧の野郎、おれんことだまくらかして逃げたな。よぉし、つかめてくれるけな」

ほうしてどんどんどんどん、あと追っかけたって。小僧はとにかく逃げんくちゃなんない。ところがその婆さのまた走りの速いこと。どんどんどんどん走っていって、もうちっとでもう小僧捕まりそうげになった。あぁ、小僧は「おごった、おごったおごったぁ」と思いながら札一枚ポーンと投げて、

「大川になれー」

ほうしたら婆さの前に川がごぉうごぉうと流れている。その間に小僧は一所懸命に逃げた。

「婆さ、どうしっか」と思って見たら、そのごんごんごん流れている川に、口くっつけてごくんごくんごくんごくんとその川の水、みんな飲んじゃった。ほうしてまた、

「小僧待てー」って追っかけて来た。

小僧に「こらま大変だ大変だ」と思いながら、また一枚のやつをグーンと投げて、

「大火事になれー」って言ったら、辺りがブーンと火事になった。

火事燃えてるうちに早く逃げようと思って、またどんどんと逃げた。ところが婆さ後からきて、そのさっき飲んだいっぱいの水をぶー、ぶー、ぶーっとかけて、火事みんな消しちゃった。そうしてるうちにやっと小僧はお寺へたどりついた。

「和尚さん、和尚さん、開けてくれてー。鬼婆さが追っかけてきたすけ、開けてくれてー」

ごんごんごんと叩くども、和尚さんはまだ寝ぼけてんだって、

「待て待て。今これから着物《きもん》きて」

「早く開けてくださいて、和尚さん」

「んーよしよし、待った待った。ふんどしするがん忘れたいや。いっとき待て」

なんて言ってなっかなか出てきてくんねえ。そのうちにもう、どんどんどんどん婆さ後ろから追っかけてくる。

「早く開けてくんなせて」

「よしよし」

ほんで和尚はとにかく戸開けて、小僧のことつれてって、

「じゃあまぁここ隠れてれ」

本尊様の後ろに隠した。ほうして和尚さんは知らんふりして本尊様の前行ってお経読んでたと。

そこへ婆さが飛んできた。

「和尚さん、和尚さん。ここへ小僧とんで来たろい」

「来ねえ」

「いや、来たはずだ」

「来ねえて」

「いや、来たはずだ」

「じゃあ探してみればいいねが」

「おし、家《や》探ししてもいいかい」

「あぁ、いい。寺のあいだ探して見てこい」

ほうして鬼婆さ、あっちこっちあっちこっち、がたごとがたごとと探して。でもいない。本尊様《ほんぞんさん》がきっと守ってくれたんだこって。

「やっ、ここにも。あ、これ井戸らな。こん中隠したんでねか」

「見てみりゃいいこてや」

「よっしゃ」

婆さ、その井戸の上からぐーっとのぞいたらね、深ーい井戸の中に自分の顔が映ってる。ところが火事になったときに、婆さ頭っ毛みんな燃えっちゃって、坊主なったってんがに気ぃつかんかったんだね。中ずーっとのぞいてみたら、下に坊主がいるってんがね。

「小僧そこいたなー」

どぼーんと井戸のなか飛び込んだ。それっきり婆さ上がってこらんなかったと。
いきがぽーんとさけた。

〈解説〉

新潟県の昔話の中で、最も記録された話数が多い話で、全国的に見ても新潟の話数がきわだって多い。「山に行き、誤って山姥の住処に泊まった小僧が寺に逃げ戻る」話で、剣持も述べるように、諸外国の昔話では、長い話の中に出てくる逃走モチーフの部分だけが独立したような話である。〈剣持弘子「三枚のお札の成立」『口承文芸研究』一九号、一九九六〉小国でもよく知られる話の一つ。山崎さんの語りでは、山姥に抱かれて寝ることになった小僧に、雨だれが「婆の面見れ！」と教える。便所に逃げだした小僧が札を出して、雪隠の神様に加護を祈ると、「小僧、いいかや」と山姥が縄をひくたび、「びっちびちの盛り」と返事してくれる。このセリフは、特に印象深く、覚えているという人が多いようだ。小僧は残りの二枚の札で、大川と火事を出し、何とか寺の山門にたどり着くが、和尚の着替えは遅い。ようやく戸を開けると、和尚は小僧を本尊の後ろに隠す。追ってきた山姥は井戸をのぞき込み、火で髪を焼かれて坊主になった自分の姿を小僧と見間違えて飛び込んで死ぬ。『榎峠』の高橋篤太郎「小僧と鬼婆」では、三枚の札で、「びっちびっちのさかり」の返事と大川と大山を出して逃げ帰り、雪隠の神様は登場しない。雪隠の神に頼む時に札を使わず、三枚で山と川と火事を出す話や、和尚ではなく雪隠の神から三枚の札をもらう話もある。結末は、山姥が死ぬ話が多いが、あきらめて山に帰るもの、小僧はつぐらに隠れるが、和尚が経文を書き忘れたため、耳だけ食われてしまう話もある。山崎さんは、語り始める前、「どうもね、この話、あんまり得意じゃないんだよね」

とおっしゃっていたが、雨だれの忠告、雪隠の神様の返事など、伝統的な語りの要素を踏襲する見事な語りだった。

22-1　松吉とやまんば

（山崎正治語り）


昔、松吉っていう男がね、ひとりもんで暮らしていたと。

「ようし、今日は天気がいいんだんが、山へ大根獲り行ってこうかなあ」

ほして馬をつれて、とことことこ、とことことこと、自分の畑、山んとこずうっと上のほうなん行って、大根獲りやった。その年は大根のできが良くてさ、良い大根がいっぱい獲れたと。

「いっぱい獲ったったってこれ以上獲っても、馬が積まんねすけの、このへんでやめとくわい」

ほして馬にその獲った大根を、荷物にして結《い》っ付けて、ほして、

「さあ行こじゃ」

ほい、とっことっことことこと馬引いて、帰り道にかかった。

ほうすると、遠くの方で、

「おーい、松吉」ってこう呼ぶような声がするってんがね。

「ん、誰か俺を呼ばってるよ。待てよ、今頃この晩方になって、しかも山の奥でさあ、なんか

聞いてるてっと女の声みてえだ。はあ、ともすっとこれはやまんば、やまんばっていうが、やまんばじゃねえかな。そんげんのに捕《つか》めらんだらおごっだすけ、早く行かなくっちゃなんね」ほして馬こと急かせて、とことことことこ、とことこと、聞こえないふりして峠道下ってきたと。ところがその呼ぶ声がね、

「おーい、松吉ー」

だんだん近うなってきた。

「松吉、待てやー」

松吉は「ほっげんらんに捕めらっどんなら、おおごっだすけ」と思って一所懸命歩かしたども、馬は大根積んでるもんね、松吉が自分でいっくら歩こうとしたってそうはいかねえ。とうとうやまんばに追いつかれた。やまんばっていうあんはね、けっこうその、ぐーっと空飛んで歩くんだって。早いこってね。

ほして松吉と、馬の前に、どさーんとやまんばが降りた。はっと見たら、いや、こりゃ頭ん毛は真っ白で、目はつり上がって、口が耳んとこまで裂けた豪儀な婆さだったて。

「松吉、うまげの大根だねえ。一本くれ」

「はいはい」すぽんと抜いて、

「はいと」

「おおごっつぉだねえ」くしゃくしゃくしゃくしゃと、

「もう一本くれ」くしゃくしゃ、

「もう一本くれ」

いやあ、こらあこんげんの構ってやんなら、そのうちに俺が食われんけならん。ああ、こりゃまあなんとかしよ。

馬に積んでた大根をみんな降ろして、

「これいんなやろうぜ」って。

「おう、ごっつぉだねえ、ありがとありがと」って言って座り込んで、くしゃくしゃくしゃくしゃくしゃくしゃと、大根片っ端から食いはじめたて。

「よおし、今のうちに逃げっかい」ほうしてこんど馬の背中にぽーんと乗って、とんとことっとこ、とっとことっとことっとこ逃げたって。

ところがそのやまんば、あの山のように馬から下ろした大根、みぃんな食いあげちゃった。ほうしてまた、

「おーい、松吉、までやーい」また追っかけてきた。

いや松吉はまあ、とんでもねえことになっちまったと思ったげ、馬に乗ってさあ、とっとことっとこ走らした。ところがやまんばの方が速い。また追いつかれちゃって、馬と松吉の前にどさーんとまた降りて、

「松吉、今ごっつぉだったねえ、うまかったじゃ。松吉、その馬うまげだねえ」

冗談じゃねえって。

「やあ、んまげだなあ、おらそれ食いとうなったっや」

やあ松吉は、やだって思ったがどうなっか分からねんだんが、まあ可愛げらで可愛げらでどうしようもねえども、

「はいとー」

といって馬の手綱を、ばさに渡したと。ほうして後ろも見ねえで、とっとっとっとっ、とっとっとっとっと逃げたと。

後に残ったやまんばはねえ、ぺろーんぺろんと真っ赤なへら出して、馬のけつ舐めたりあっち舐めたりしった。

「んー、よだれが出そうげだ。頭から先食おうかな、けつから先食おうかなあ」

なんてって言うてるうちに、どうも馬食い始めたらしいんだね。

松吉はとにかくまあ逃げんきゃならんと思って、どんどんどんどん逃げているうちに、どごでどう道間違ったんだやら、いっくら走っても村へつかねえって。はて、もうこうなりゃどうしよう、と思って走ってるうちに森の近くんところに、一軒、うちがあったって。

「ああ、これ行って、ひとつ、かくもうてもらおう」

ほうしてこのうちへ行って、ごんごん、

「こんにちは、こんばんは、こんにちは」

誰《だ》っでも出てこねえと。ごんごんごんごん。

「ああ留守げやなあ、まあいいやいいや、まあ帰ってきたらまあ謝るだにが、とにかく中へ入ろう」

ほして戸を開けて中へ入って、「どっけ隠れるところねえろっかねぇ」と思ってみたら、階段がついて、上、二階になってるてね。

「あ、こら二階があるすけ、じゃあ、あこへ上がって隠れよう」

そしてとんとんとんとんと階段上がってって、「どっかへ隠れるとこねえかなあ」と見たら押入れがあった。

「ああ、こん中なら」どん、と押入れ開けて、その荷物のてっちょへ、こーんげんして開けて潜り込んで、内側からこう戸閉めて、「はあ、良かったんだか悪かったんだか知らんども、こらまあ酷い目におうたなあって、大根いんな食われて、馬《ま》まで取られて、馬《ま》ぁどうしったが」なんと思うてるうちに、ぱったすったぱったすったぱったすったと、こう誰か歩いてくる音がするってんがね。

「はあ、ここのうちの人が帰ってきたげだいや。謝らんけやなんねえ」

ほして、出ようと思ったら、がらがらっと戸開いて、ぱたん、ぱたんと中へ入ってくる音が

した。ほーして下の方で、

「あーあ、今日のようないいことはなかったあ。大根はさっざ食ったし、馬も食ったし、うまかったのー。だども、あの松吉逃がして、もったいねえことしたっや」

「あちゃー、俺はやまんばのうちへ入っちもうた、こらーまあ大変だ。気がつかれようんなら、こっだ俺が食われる」

下じゃ、やまんばが、

「どーらどーらひとつ、腹いっぺんなったら眠ってえなんが、ひとつ寝ようかなあ。どごで寝ようかなあ、二階がいいかな」

冗談じゃねえよ、おい、こんなん上がってこられたら、今度はおれつかめられちまうねっかな。「どーか鎮守様、神様、仏様、おれこと助けてくらっしゃい」とまあ押入れのなかにおいて一所懸命お祈りしたと。ほしたら、

「あーあ、二階上がらんもめんどくせえや。はぁて、どごへ寝ようかなあ、ああ、この釜んなかへ入って寝よ」

こっだごとん、ごつん、とこうなんか、蓋開けるような音がして、ことん、と蓋したげな音が上へ聞こえてきた。と思うが早いか、ぐうー、ぐうー、とものすごいいびきが聞こえてきた。

「あ、こらまあよかったや。やまんば寝ったげだ。どうして逃げようかな。まあとにかく逃げんきゃねえ、二階いたんじゃどうしょもねえ」

ほして、そろーっと押入れの戸をあけて、外へ出て、階段を一足降りたとき、みしって音がした。ほして今までごうごうごうごうといびきかいてたいびきがぴたっと止まった。

「あ、こらあ気がついたかなー」と思ってじっとしてると、またぐうー、ぐうーと。

「ああよかった」また一足降りて、みしっと音がするてえと、いびきがぴたっと止まっちゃう。

「あ、こっだ気がつかれたかあ、どーか神様助けてくらっしゃい、仏様助けてくらっしゃい」

何回もそんげな目してやっとこさ下まで降りた。ほして、そろーっと戸を開けて、外へ出た。

「いやー、こっだ逃げよ」と思ってみたろも、「まてよ、このまんま、おれ逃げたたったら、また、このあと、いつやまんばに襲われるかわからね。考えてみりゃあ、ばかばかしかったなあ。一年中かかって獲《と》った大根いんな食われて。かわいくてかわいくてどーしょもねぇ馬まで食われて。このまんま帰っていいんだがや」自分で自分に言い聞かした。

「いや、帰っちゃならん。オレこれは仇しんきゃねえ」そう松吉は考えた。

「どうしてくっどかなあ。とにかく、釜の中入って寝てるんだんなが、これまあひとつ、蓋を上げらんねえように、てっちょへでっかい石でもひとつ上げてくっどうかな」

ほいでこう庭こう見たら庭石のまた、ばかでっかい良《い》いがんがあったて。

「ようしきた、こっだ」

松吉は力もちだからね。その石こと、「いよーどっこいしょどっこいしょー」と、持って、よしょこい、よしょこいと声出さないで頑張りながら行って、ほして、やまんばの寝てる釜の蓋のてっちょへ、「せーの、よっこいしょ」と上へ上げた。ほうして、釜の下からどんどんどんどん焚きもんを拾ってきて火つけた。ばちんばちんばちんばちんと燃えだした。

中じゃやまんばが、

「あーあ、雨が降るやら、いい気持ちだあねえ」なんてって寝言いうてる。

「なーにこいてけつかる、今に見れ」そのうちに火がついてきたんなんが、こんだでっかい薪をどんどん加えて燃やした。中じゃ、こんだ、いよいよやまんばがいい気持ちどころじゃねえ、

「あちっ、あちっ、あちゃあちゃあちゃあちゃ、あちゃあちゃ、あちゃあちゃあちゃあちゃ、こっじゃならん、こっじゃならん、あちゃあちゃ、あちゃあちゃあ」

言うてるうちに、中でもって、どーやらこーやら、焼け死んだてやね。

おかげで松吉は、

「あーあ、まあこっで仇はうったろも、いずれにしたってかわいげなんな馬だったなあ」

だどもそれまで、時々やまんばが出て、村んしょが大ごとがってたんだけども、松吉がそれ退治してくれたから、その後、全然あちこちの村で噂になっていた、やまんばてや、出ねなったてんがね。

いきがぽーんとさけた。

22-2　鬼婆と魚売り

（五十嵐サチ語り）


むかあしむかし、あったてんがの。

八石山《はちこくさん》ていう山がありまして、そこへ婆石《ばばいし》ていうおおーきい石がありましての。そこへその鬼婆が住んでたんですと。それで、その八石山の道を通る人を、みんなちょいちょいいたずらしたりいじめたりしてね、その通る人が困ってたんですと。

そしてね、あの浜（八石山を越えた柏崎の海岸）のそれこそ魚売りの衆《しょう》がね、あの、小国に魚売り行こうと思ってもね、その鬼婆に見つけられるとね、魚をみーんな取り上げられてね、食べられてしまうし、おっかないですだがね。そして鬼婆に見つけられると、みんな魚を置いて逃げて帰ってきたもんなんですと。

で、「こーんまいつもいつもまあ邪魔されるが、あのまあ鬼婆を、ひとつまあなんとか退治しんきゃあならん」と思て、その魚売りがさんざん考えて、「よーしこんだばっかしゃ、あのまあ鬼婆をこらしめてやらなきゃあならない」と思って、そしてまた魚を持って担《かつ》いで、そして八石山に来たら、そしたらその、やっぱりその婆石のとこまで来たら、鬼婆がちゃんと待っ

てて、

「おい、魚売り。その魚置いてけや」てな。

　またお前がまあ出やがってまあ。だろもおっかないですだがね、その魚をみんなすぽーんと投げて、「じゃあみんなくれてやる」と言《ゆ》て魚投げて。そして、でも魚売りはなーんかこう、心になんか計画したことがありましたんだがねえ、それで今度はその鬼婆に魚投げて自分でさっさと行《い》き過ぎてしまいまして、それで鬼婆はその魚を食べて、もぞもぞしてらすあいだに、こんだ魚売りはその鬼婆の家《うち》へ入り込んでしまって、そらへ、その魚売りは上がって隠れてましたって、(「そら」わかんなさるかしら。天井裏のこと)。

　そしたらしばらくたったら鬼婆が帰ってきて、

「おおーさぶさぶさぶさぶ。火いでもたいてあたらんっきゃなん」て言《い》って、そして、へんなかへ、この囲炉裏のへんなかへ、ぼよいっぱいくべて、そしてどんどんどんどんと火たいて、そしてあたってたらも、鬼婆も、

「さて、甘酒でもわかして飲もうかな」と言《ゆ》て、そして鍋んなかへ甘酒を持ってきて、かぎんこさまにかけて、そしてまた火どんどんどんとたいて、あたってたの。

　だろ、どうしたことやら鬼婆が、こくーこくっとこう居眠りはじめましたと。これはいぇあんばいだと思って。そのうちに鬼婆によーく眠ってしまて、ぐっ……ぐーて、いびきかいて眠ってしまいましたと。なん、魚売りは「こらま、しめたもんだ」と思って、「あのまあ甘酒をひ

とつおれが飲んでやらんきゃな」と思て、「あの、なにかいいもんはなぇろか」と思って、こうまわりを見回したらの、葦《よし》の、あの束が一束あったんで、その葦の束から一本こうして持ち出して、そしてその、あの、自在鉤にかけてある鍋んとこまでそおーっとおろして、そして甘酒をつーっと吸ってみたら、またいいぐあいに、つーっと甘酒が上まで上がりましたと。「こらあうめえもんだ」と思って、そして、一所懸命で、その魚売りはあの鬼婆の甘酒をみんな飲みあげましたと。

そしたろも、まあだ鬼婆は眠ってて、「んんーまあ、くそばばよく寝てたんだ」と思て、考えてたらやっと目さまして、「あれま、おれがまあ居眠りしてるあいだに、甘酒がみなひっからびてしもたんや。こっちゃあ、どーしょもね。じゃ餅でも焼いて食べよかな」と思って、んでこんだあ、渡しに、今度は餅に、甘酒の鍋おろして、ほしてそのへんなかへ渡しを出して、ほしてそこへ餅をこう並べて焼いてましたと。

そしたら、また鬼婆が焼きながらまた、こすりこくりと寝てしまって、そしていびきかいて寝てるんだんが。あの餅もまあ、いーいぐあいに焼けてるげらが、「まあ、あれもまあ、おれが食べんきゃな」と思て、考えて、こんだその葦の棒の先っちょとんがらせて、そして、そらからずーっとこう餅の上《え》にもってきて、すっと刺したら餅がいーいぐあいに焼けてましたんだがの。それ、すっと刺されて、して上まですーっと持って上がりましたと。

「こらいいあんばいだ」と思って、食べてみたら、ばっかーいい餅でうまかったんですんだが、またその次も焼けたがんをまたしちゃ、ぷすっと刺してあのそらへ持って上がり、ぷすっと刺してあも、そらへ持って上がりして、その焼いた餅みーんな食べてしまいましたと。

　そしたら、しばーらくたって、また鬼婆が目えさまして、

「あれ。おれとしたことがまあ、今日はまあ眠ってばっかいるんだんが、荒神さまがおれ餅みんな上がらしてしもた。こらま、どーしよもねんが。へえ、あだ、昼寝でもするか」て言《い》て、ほして鬼婆が、

「石《いす》の唐櫃《からと》で寝よっか、木の唐櫃で寝よっか」て言《ゆ》うたん。

　魚売りはそらで聞いていて、

「石の唐櫃で寝るとおれはどうも困ってしもうがんの」と思って、そして、声色《こわいろ》をかえて、

「木の唐櫃がいい」って言《ゆ》て、そらでもて言《ゆ》うたら、そしたら鬼婆が、

「そらの神様《かんさま》が木の唐櫃で寝れと言《い》わしたが、じゃあま、木の唐櫃で寝るか」と言《い》て、そして木の唐櫃へ鬼婆は入って寝てしまいましたと。

　ほうした魚売りは「こら、しめしめ」と思て、こんだそらから下りてきて、でっけ茶釜て、（「茶釜」わかんなさる？あの、おおーきい鍋みてえのでもって、こう、鉄瓶みてえになってるの）、それを火にかけて、そして火どんどんどんとたいてお湯わかして、そのあいだに魚売りは、錐《きれ》もんでもって、あの鬼婆のその木の唐櫃のとこの入口、きりっきりきりっきりときりもんでもっ

て穴開けて。

　そしたら鬼婆が半寝入りみてえにしてて、寝ぼけたようなかっこでもって、

「きりきりいうのはなんじゃいな」て言《い》た。魚売りはまた声音《こわね》かえて、

「きりきり虫のなく声」て言《ゆ》うたて。

「それもそうらか」て、また鬼婆眠ってしまいましたと。

　さ、この拍子らと思って、魚売りはこんだその沸騰した煮立った煮え湯を持ってって、その木の唐櫃に穴開けたその穴の口から、熱湯をとっと、とっととみんな鬼婆のその木の唐櫃へ注ぎ込んでしまいましたと。そしたら鬼婆、

「あつあつあつあつあつ、こらまなんてっこた、あつあつあつあつあ」

て言《ゆ》うてましたら、魚売りはだまーあってそのあの茶釜のお湯をみんーな注ぎ込んだと。

　そしたらそのうちに、声もだんだんしなくなったんだが、「こらあ、おかしいな。どうかしたかな」と思て。で、しばーらくたってから、そろーっとその木の唐櫃の戸を開けてなかへ入ってみたら、鬼婆はやけどして、熱湯かけられて死んでましたと。そしたんだが、魚売りが、

「鬼婆、わりことしたようらろも、気の毒なことしたろも、お前さっざおれいじめたんが、しかたがないことや」

と言うて、そしてまあ魚売りはそれでまあ帰っていって、こんだそれからはこんだ鬼婆にいじめられなんだんが、いっぺ魚かづいできて小国にきて商売しましたですと。

それで、いきすぽーんとさけましたて。

（解説）

全国的には「牛方山姥」「馬方山姥」と呼ばれる逃竄譚で、新潟では「三枚の札」に次いでよく知られる話である。小国では、馬や牛を使わず、荷を担いで歩いて来る行商人も多く、荷は主に魚で、「魚売り」特に「鯖売りと山姥」と呼ばれることも多い。山崎さんの「松吉と山姥」のように積み荷が大根という話は、新潟では四〇話近く見た類話中、長岡の池田チセ「馬方とおにばさ」（『おばの昔ばなし』）一話だけだったが、他地域には類話が見える。逃竄譚として、「三枚の札」が山姥から逃げるだけの話であるのに対して、こちらは山姥退治の話である。山姥は登場直後は強気で、鯖も大根も馬も食べつくす恐ろしい存在であるが、自分の家に帰ってきた後は、居眠りをし、食べ物を横取りされ、いちいちお伺いを立てなければ自分の行動も決められない情けない存在に堕す。一方、被害者だった行商人（農民）の方は、逆に積極的に山姥退治に向かい、山姥の愚かさが笑話化している。山姥の家で山姥を殺す話は、AT三二七、すなわちグリムの「ヘンゼルとグレーテル」、エーバーハルト『中国昔話タイプ』では二〇〇A「獣の洞穴の中で眠る子どもたち」に対応する。飢饉で子を捨てるという導入部は異なるが、例えば中国江蘇の話では、虎の夫婦が「まるベッドで寝るか長ベッドで寝るか」と相談してまるベッドすなわち竈の鍋に入って寝る。子どもたちは石を運んできて鍋蓋の重しにして、竈に薪をくべて焼き殺す。虎は最初、虱が跳んでいる、と騒いでいるが、焼かれて苦しくなり、東と西の戸の下に金銀の瓶が埋めてある、と言いながら死ぬ。（『中国』2、二四八頁）部屋の隅から山んばが隠した宝を掘り出すモチーフも新潟の類話と共通する。

逃竄譚の世界共通タイプに、「天道さん金の綱」がある。母親を食った山姥が母に変装して留守番の子どもたちを訪ねてくる、子どもたちはやり取りの末、山姥を家にいれてしまう、山姥だと気付いた子どもたちは木の上などに逃げ、天から綱を下ろしてもらって、日と月になり、山姥は腐り綱が切れて落ちて死ぬ。この話は、『中国昔話タイプ』では十一「虎のおばあさん」、韓国では崔一〇〇「日と月の起源」とよばれ、特に「虎のおばあさん」は中国で最もよく知られる話の一つである。韓国の話の結末は、題が示すように、日本の話と同じく天に逃げるが、中国の話では、一部の少数民族の話を除いて神話的要素は失われ、代わりに、子どもたちが家から逃げ出す部分は、「三枚の札」の便所に行く部分と共通し、さらに山姥を退治する部分では、この「牛方山姥」タイプの後半と同様、子どもたちは樹上に逃げて、山姥を愚弄して殺す。モチーフには、「三枚の札」「牛方山姥」と共通するものが多い。

「天道さん金の綱」は、小国では残念ながら聞けなかったが、渋海川上流の松代では、「天道さま金ん綱」として、次のような話が記録されている。「幼い二人兄弟が留守番していると母を食った山姥が母に化けてやってきて、兄弟は一度目は断るが二度目には入れてしまう。兄は、夜中にポリポリかじる音を聞き、たくあんかと思って分けてもらうと弟の小指だったので、小便が出ると言って逃げ出す、庭の高い木に金の綱が下がっていたので、それに捕まって天に逃げる。山姥が綱に捕まると途中で切れてソバ畑に落ちて、山姥は死ぬ。ソバの茎は赤くなった」（『松代』一五六頁）梗概を述べたような短い語りだが、重要なモチーフはそろっている。中国の「虎婆さん」と驚くほど一致していて興味深く、伝播の経路を知りたくなる話である。『松代』には、もう一つ「オモと山姥」という話も並べて載録されている。父親は留守中、小さな娘を二階の破風の櫃に隠していくが、娘の櫛が床に落ちていたため、山姥はその櫛に聞いて、娘を見つけ出し食ってしまう。父親は帰ってきて怒り、山姥の住まいに行って、山姥を殺す。この部分は鯖売りなどの後半と同じである。この話でもオモを食ってしまうまでは、恐ろしい山姥の力が存分に発揮されている。櫛が返事をしてしまうなど、古い信仰の名残をとどめた話になっている。

山崎さんの話に出てくるのは、魚売りの行商人ではなく農民で、松吉という名前が与えられている。松吉は山の中で突然名前を呼ばれるが、これは、魔物が人を襲うときの常套手段で、返事をするとつかまってしまう。松吉は返事をしないが、結局つかまってしまい、収穫したての大根も馬も食われてしまう。山崎さんの語りでは、後半、山姥の家で餅や甘酒を盗み食いするモチーフは無く、二階に隠れていた松吉は、山姥が寝込むと、そっと下りて来て逃げ出す。しかし、山姥を退治しなければ被害は繰り返される、と戻って来て、山姥を焼き殺すのは、やはり、このタイプが本来山姥退治であったことの反映だろう。

山に囲まれた小国では、昔は田畑が足りなくて、各家の田んぼは一か所にまとまってあるわけではなく、山中のあちこちに小さい田畑が散在していることも珍しくなかった。肥料をやるには、肥えたごを担いで、遠い山道を登らねばならないし、収穫物を担いで来るのも大変な労働だった。(これも松代の話だが「鳥のみ爺さ」(『松代』一一四頁)で、道具を忘れて一つずつ繰り返し取りに戻る話も、そういう状況を反映した語りだろう)。そういう苦労の末の収穫を奪われたと知れば、松吉の悔しさも身にしみる。「へっぴり嫁」には、安住さま(尼)が、嫁の屁の力で、畑を往復して大根を収穫させられてしまう話(『宮内』三二八頁など)があり、大根の収穫が重労働であったことがうかがわれる。収穫した大根は、冬の間、におに藁に包んで立てて、雨雪に当てた。春になって、日が射すようになると大根干しをしたそうである。

23　八石山の弥三郎婆さま

（山崎正治語り）

（あのね、みなさんここにおいでになるとき、こっちの方に山がずーっとつながっていくんだけど、ちょうどまだこっから出かけて行った所に、「八石山《はちこくやま》」っていう山があるんですよ。）その八石山に弥三郎婆さんっていう豪儀な婆さんが住んでいたと。特にこれから、まぁ今はまぁ夏だけれども、これから秋口にかけて、ものすごい嵐になってくるというと「いや、おめら、いい子になってねぇと、弥三郎婆さんが来てさらわれてくぞ」って子どものときに親に言われる、親や祖父たちに言われる。

「弥三郎婆さんにおら連れてかれるんなら、八石山の土地の中にでっけぇ穴があって、そん中へ連れて行かれて、家へ帰ってこられねぇだぞ。それどころじゃねぇ、婆さんが、ねらみてぇの、ちょうど、まぁ三つか四つぐれぇの子どもだけはいっち、えんだども、だいすきで頭から塩つけてかりーんかりんと食うがだってや」なんて言うんだもの、おっかねぇことやれ。

「ほら、弥三郎婆さんがくるぞ」と言われるとね、私たちは子どもの頃、ほんっとにおっかなかったんですよ。特にあの、ぶわぁーっという大嵐になってきたり、吹雪になってきて、ちべーっ、

ちべーっ、戸の隙間から雪の粉雪がぶぁーっと入ってくる。まぁ、昔の、うちっていうのはお粗末だったからねぇ、吹雪になるっていうと、家の中が真っ白になっちゃうの。隙間からいっぱい入ってね。

その弥三郎婆さんが本当にいたんだろうかと、その話してっと長くなるけども、柏崎の方へ、久木太《くきぶと》（八石山の柏崎側のふもと、柏崎市善根、巻頭地図参照）というところがあってね、そこに弥三郎というあの百姓がいた。その弥三郎の舅婆さんが赤ちゃんが生まれたのを、「あー、いい子だ、いい子だ、かわいいなぁ、いい子だ、いい子だ、かわいいなぁ」って言ってるうちにのぉ、なでてるうちに、この子はうんと食うたらどんげうまかろうと思ったでの。ほうしてその赤ちゃんことガッチーンと食うたんだよね。食うた。赤ちゃんなん、イテーッというかわりにギャーギャーと泣いたんでしょ。ちょうどそこへ弥三郎が帰ってきた。「この婆さ、とんでもねぇことするーっ」といって弥三郎が鎌んこと振りあげたらね、途端にその婆さんが、神通力っていうかなんていうかねぇ、どばーっとうちのあの煙出し《けむだ》のところを破って、ぶぅーっと風に乗って小国へ飛んできたの。ほして、八石山のあっこへ穴めっけてその穴ん中へさ住んだんだね。ほんで、そのそれが弥三郎ってうちの婆さんだから、弥三郎婆さんと、こう言っていたらしいんだ。だからねぇ、子どもの頃「弥三郎婆さんが来るぞ」って言われるとおっかねぇんだが、いい子になってねきゃっこってげ。「ほら、いい子になってねぇと弥三郎婆様に連れてかれるぞ」なんて言われると、ほんっとうにその、子どもたちは自分で弥三郎っ

八石山（小国森林公園より眺める）

てのはどんげな顔しとるかって自分たちで思い浮かべてるんだろうけども、まぁおっかなかったねぇ。わたしなんかはほんとにおっかなかったわねぇ。で、そのうちに弥三郎婆さんていうのはまぁまぁ昔話だっていうのはだんだん分かってきましたけどね。その弥三郎婆さんが、まぁこれはまた色々話になるんだけど、えー、こげんとこへ、この村ん中へ、その、人こと食うような婆さんはおかんねぇというようなことんなって。まぁ後からの話なんだろうけど、村中の人から追い出されたんだよね。ほして、この小国へいらんなくなって、だーっとどこへ行ったかと言うと、弥彦行ったと言うんだ。弥彦と言うとこあるわねぇ、新潟の近くにね。まぁまぁ今は競輪場になったりなんかして有名になってるけども、そこへ飛んでった。行ってからまた、人間の肉が恋しくなっちゃって、あっち行っちゃ子ども取って食い、こっちへ来ちゃ子どもを取って食いして、特に五歳になった子一番うめぇだと。それを捕まえちゃまたした食ってたらしいんだ。ほして、その子どもが五歳の子どもが着ていた着物を、弥彦神社の後ろの方にみんな着物をぶら下げて、ま、こ

りゃあまぁ今度は弥彦の人達はとんでもねぇがんが来てしもうた。それで偉い和尚さんにね、

「なんかいい方法はねぇろうか」と言ったら、

「そうらなぁ、とにかくこういったのは悪い人間だという風に、おめえたちがみんな決めてしもうから駄目なんで、かえって神様に祀り上げたらどうだ」っていうことになって、

「どういう神様がいいだろう」、ほしたら和尚さんが言うには、

「妙多羅天女《みょうたらてんにょ》っていう名前にしなさい」ミョウタラテンニョ、まぁ漢字で書きゃあ良いんだけど、まぁ妙多羅天女。なるほど、妙多羅天女にして神様に祀ってからというものは、全然その、子どもをさらって食べるなんていうことで無しに、かえって子どもがえらいめにあうと助けてくれるようないいおばあちゃんに生まれ変わったそうです。いきがぽんとさけた。


（解説）

小国と柏崎の間にそびえる八石山の名前の由来については、豆にまつわる次のような話が伝わる。「姑婆が嫁には煎った豆、娘には生の種豆を畑に播かせたら、種豆は芽を出さず、煎った豆一粒だけが大木になり、八石も豆がとれたので、八石山と名がつき、その婆は報いで婆石になった」（竹部一郎『民話の手帖』四六頁）。「この豆の木が、ある時に風で飛ばされて、小国に三桶《みおけ》という場所があるが、桶に三杯の豆がとれた。それから八俵《はっちょ》（楢沢）という地名があるが、その豆が八俵とれた。で豆の木は、今度は柏崎市の北条《きたじょう》の専称寺というお寺の門になった」（高橋実談）。山姥伝説の方は、この八石山の中腹、小国側に婆石がある。「そこの洞窟に弥三郎婆が潜んでいて、昼間は石の扉をぴったり閉めて

いるので、退治もできない。夜になると風に乗って麓の村に来て、子どもをさらって食べてしまう」（山崎正治『とんとむかし』二号、一二頁）とか、婆石に座って悪い子がいないか見張っていると言われて、小国の子どもたちに恐れられていた。鈴木さんは、昔話をもっともっととせがむと「八石山から弥三郎婆さが、さらいに来るすけ早く寝ろうぜ」と言われた、という。（鈴木百合子『青鬼灯』三、七頁）。「大吹雪になると、八石の弥三郎婆さと、弥彦の弥三郎爺さがいったりきたりして、大風を起こしている」（竹部一郎『へんなか』六号、二〇頁）「ほら弥三郎婆さんが弥彦へ年始に行ったんだ」（高橋実談）などと言う。

本文にもあるように、小国では婆が、孫可愛さのあまり、赤ん坊を食べてしまう話が広く知られている。中越に限っても、他に魚沼の権現岳、南魚沼の麓の腰かけ岩なども弥三郎婆の住処として知られる。旧入広瀬村の佐藤ミヨキの話では、「夫の弥三郎、息子の弥三郎と二代続けて山に猟に行ったまま行方不明になり、嫁も病死して、赤子と取り残された弥三郎婆は、村を回って乳もらいして孫を育てていたが、孫可愛さに、頬ずりしているところを齧っていると村人に噂を流され、乳をもらえなくなり、赤子も死ぬ。狂気の人となった婆の乱暴を、旅回りの僧が教え諭して妙多羅天とした」（『ミヨキ』二八三頁）、となっていて、あまりにみじょげだから長く語らなかった、と述べられている。

弥三郎婆の伝説にはまた、実は古狼が化けていたもので、弥三郎が切りおとした腕を持って帰ると、寝込んでいた婆がそれをひったくって狼（あるいは山猫）になって去る、という「鍛冶屋の婆」の話が、九州四国も含めて広く各地に伝わる。小国では、狼が食い殺した茶屋の婆になり済ましていたという10「榎峠のおおかみ退治」（『榎峠』）が、狼の群れは出てこないが、「鍛冶屋の婆」型の話である。

新潟県の弥三郎婆の伝説については、浜口一夫による「弥三郎婆さん」（『日本伝説大系』3南奥羽・越後編（一九八二））に詳しい。

笑話

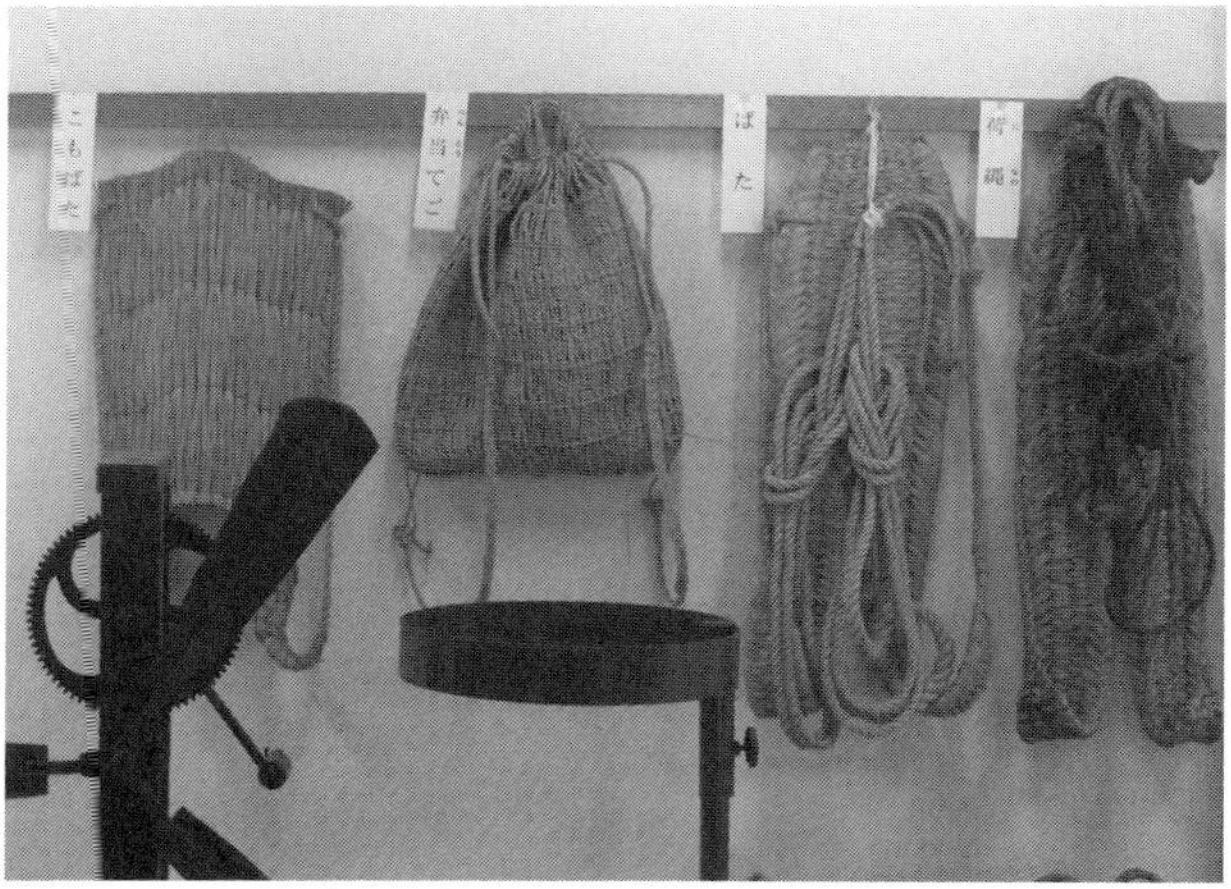

山仕事に使うばた（背中あて）とてご（籠）
（山口庭園・郷土資料館）

24　臆病どっつぁとぽんたろう

（鈴木百合子語り）

あるどこい、なじょんかあ臆病で臆病で、ようさる便所しとって起きらんないで、かっかぁから連れに起きてもらう臆病どっつぁがいたったと。かっかぁはまた慌てもんで、ぽんたろうっていう息子は名前の通りぽんただった。だろも三人が仲よう暮らしていたったてんがのう。

ある日かっかぁが、

「へえ、盆も近付いたんだんが、家《うち》の辺りの草取りしたり、そこらの土手もきれいに薙《な》いで盆様迎えろうねか」

という話になって、臆病どっつぁ、つぁつぁは、その表の土手をなぐ、ぽんたろうとかっかぁは後ろの方から表の草を取る。ほてまあ、しばらく草取りと土手ないでたと。

そのうちにつぁつぁが、

「ああーや、おおごだやおごだや。おれが手に大蛇がからまかった。おおごたやおごたやおごたや」

ってなるってんがのう。まあ臆病どっつぁらんだんが、たびーたび、そっげな目に遭うんだが、かっかぁはあんまりたまげねかったろも、あんーまり「大蛇が手にからまかった、おおごった、おおごった」ってなるんだが、かっかぁが行ってみたと。

「つぁつぁつぁつぁ、どこに大蛇がいるい？」

「おれが手にいるがんね、見てくれやれや」

見たら、くされた縄っきれが手にのってたんだて。

「なんだい。つぁつぁ、こりゃ大蛇らねぇ。縄っきれらがの」

「あー、ほんだねぇ。縄っきれらったね。おら大蛇だと思って、たまげったたいやー、わるかったね」

はや、かっかぁと戻ってまた草取って、つぁつぁ一所懸命でまた土手ないでたったてんがの。

またしばらくめると、

「ああー、おおごたやおごたや、幽霊が出たや。はよ来てくれ、助けてくれ。幽霊が出た、幽霊が出た」

かっかぁが、

「こんげな真っ昼間に幽霊が出る訳がねぇねかって」

なろもあんまり「幽霊が出ておっかねぇ、おっかねぇ、おっかねぇ」って言うんだ。

かっかぁはまた行ってみたと。ほしたらそよ風が吹いてて、隣のしょが干しもん干した六尺ふんどしが風に乗って飛んできて、臆病どっつぁの頭にふわーんとかかったらと。

「ああー、幽霊が出たてがて」

つぁつぁ大騒ぎ。かっかぁ、

「どごい幽霊なんか出たい」

「おれが面《つら》へ体へみんなばってるがね」

「なんだい、それはの、隣のしょの干しもんで、六尺ふんどしが飛んできたら」

「ええーぃ、ふんで幽霊っておっかねぇだと思ったんろも、なんもしねかったや」

六尺ふんどしにたまげたらったと。

　ほして六尺ふんどしはそこに置いて、また三人が一所懸命、つぁつぁは土手ないでる、かっかぁとぽんたろうは草取って、まあたしばらくすると、

「まあー、おごたやおごたやおごたや。おれが足から血ぃが出たいや。血ぃがいんなだくんだくんと流れておおごった。いんな来てくれいや、来てくれや」

と言ったども、へえ、かっかぁ、はやたまげない。まあ毎度のことらがね、行がんでたと。

　ああー、つぁつぁは、

「おおごたや、足切ったすけ来てくれや。血が出ておごた」

てなるだけども、誰っでも行がねぇ。隣のしょの干した六尺ふんどしがそこへ風で飛んできたがさ、それで足をぎりぎりぎり、ぎりぎりからまる。

「ああろも、まあ痛くて痛くておごた。なんだやら血がいんなどんどどんどどんど流れる。

あまあ、おおごったや、かっかぁ来てくれや」

と言うろも、かっかぁ、来ねぇ。

あ、ま、どうせやろ。てめえのふんどしもえんな取ってぎりぎりからがい、

「おごったすけ、来てくれいや、来てくれいや」

てあんまり「足から血が出ておおごた来てくれ来てくれ」ってやかましいんだんが、かっかぁ、
また行ってみた。ほーしたら足、六尺ふんどしの二本もからがいて、ほっけげなでっけえ足して、

「血がいんなだくんだくんと流れるや。おおごたやおごたや。医者どん、はや呼ばっちくれや」

「医者どん、はや呼ばっちくれたって、こっげな土手じゃどうしょもね。じゃ、ぽんたろう、つぁ
つぁを部屋へ連ってってってくれや」

また、そのぽんたろうがうすらもねえ力持ちらったと。馬鹿力があったと。指にひっかけて
つぁつぁを部屋へ行って寝したてんがね。

「医者どん呼ばってくれや、医者どん呼ばってくれや」

て言うんだんが、かっかぁが、

「じゃ、ぽんたろう、おらこんつぁつぁ、足あやまちして血が出ておおごったんだんが、来て
診てくらさい、って医者どん呼ばれっちくれや」

「あい、医者どんてや、ごげな格好してるん」

「医者どんてや白いきもん着てるすけ、行って頼んでくれや。ずーっと行って突き当ったら曲

がってもう一つ突き当ったろこが、医者どんらすけ、頼んじくれや」

「あい」

ぽんたろう、いさいさいさいさと行ったと。白いきもん着た人がそこへいたんだ。

「医者どん医者どん、おらこんつぁつぁ、足あやまちして血が出て止まらんすけ、来て診てくらさい」

ほう言うたら、

「こっこっこっこっこっこっこっ」

そこのん行っちまった。

「いや、おれ馬鹿にして。違《ちご》う医者どん頼もや」

ほしてとんとんとんと行ったら、突き当って曲がったら、こだ、ひげの生えた、ちとでっけえ白い医者どんがいた。

「あ、この人らな。いかったいかった。医者どん医者どん、おらこのつぁつぁ、あやまちして血が出て血が出ておおごたが、来てひとつ見てくらさい」

ふんともぐうとも返事しねてんらの、その医者どんが。耳の側行って、

「医者ーどん、おらこのつぁつぁが、あやまちして血が出て止まらんすけ、来て診てくらさーい」

て耳の側行って、なったと。ほしたらその医者どんは、

「めぇーめぇー」ってあっちへ行ってしもた。

「いや、この医者どんも、人、馬鹿にしやがって。どこってへぇ医者どんげんがんもいねがんね、うちへ行ってみろい」

　ほしてうちへ来て、

「かっかぁ、えんなのぉ医者どんいねかったぜ」

って言うたと。ほしたらかっかぁが、

「ぽんたろう、ぽんたろう、医者へぇごといらねえや。おれが一所懸命につぁつぁの足なぜたり背中なぜてたら、死んでしもうたや。つぁつぁへぇ死んでしもたんだんが、ほだ、お寺行って方丈さま頼んでこなきゃならん。汝《な》あまた行って、方丈さま頼んでくれや」

「あい、方丈さまってや、どっげな風してる」

「黒いきもん着ていさっしゃるざ」

「あい」

　ほーし、ぽんたろう、いさいさいさいさお寺行ったと。お寺の屋根の上を黒い人がいたんだ。

「方丈さまー、おらこのつぁつぁ死んでしもたすけ、お経読み来てくらさーい」

てなったと。ほしたらその黒いきもん着た人が、

「かぁーかぁー」って向こう行っちまう。

「いんなおれ馬鹿にして―

　ほで、またうち来て、

「かっかぁ、方丈さまのう、かぁーかぁーって向こう行っちもうたて」

「ばか、そりゃなあカラスてんど。じゃあ今度おれが方丈さま頼み行ってくるすけ、この鍋ん中へいもごっこの煮物《にもん》をへんなかへかけて行ぐすけ、火炊いて、いいかげんなったら、蓋とって刺してみて煮ぃたら食ってみて火止めってくれや」

そう言うて、言《ゆ》いつけたと。ほいで、ぽんたろう、

「あい」

かっかぁこっだお寺へ方丈さま頼んで、ほし来たと。

「ぽんたろうや、煮もんは煮えたかや」

「ああ煮えたぁぜ」

「へぇ、どっげなあんべいに煮えたぁや」

蓋取ってみたら、なべ空らてんがの。

「ぽんたろう、煮もんはどこ行ったれ」

「おめえだって、煮えたらいんな食ってみれ、そう言うたんだ。おれいんな食うた」

「あや、こればっかしゃ、方丈さまのごっつぉに煮もん煮たてがんね。いんな食うたてや。どーいうこって。へぇ方丈さま、へぇ出かかっていたぞ。じゃあまあどうしょもねぇすけ、おれが馬屋《まや》のそぐらへ甘酒かいておいたんだが、その甘酒の甕を降ろすすけ、なあ下で、しっかりとケツ押さえてくれや」

そう言うたと。

「あい、しっかりケツ押さえてるぜ」

かっかぁ二階に上がって、甘酒の甕をそーっそーっそーと降ろして、

「ほらぽんたろういいかや、そんまぁへえ下まで行くぞ、ケツしっかりたがえてくれや」

「はい、しっかりたがえたぜ」

「本当らかや、いいかや、いか。ほだ、へえあっだろ、そんまあ下へつくぞ、しっかり押さえっ
てくれや」

「はい、しっかり押さえたぁぜ」

って。んだがかっかぁが綱放したら甘酒の甕がガッチャーン！　と下へ落ってこぼれたと。

「ばぁかが、あのくれえしっかりケツ押さえていれ、押さえていれてがんに。まあなんで押さ
えていたれ」

「おめえケツしっかり押さえれ押さえれて言うんだ、おらしっかりとケツ押さえったべ」

「ばか！　そらてめえのケツだねえか！　甕のケツ押さえれてがに、てめえのケツ押さえて。

てま、どこまでぽんだやら。はあ、またどーすやええろ。方丈さまははぁ来ても、煮もんは
ねえし甘酒はねえし、どーすやええろ」

ほだ、かっかぁは、

「あの方丈さまは据《せ》え風呂が好きーな人らんだ。一日に四回でも五回でもせえ風呂へ入ってい

る人なんだ。そら、じゃ、せえ風呂沸かして待っててりゃいい」

ほしてかっかぁは焚き物いっぺえせえ風呂のろこへ置いて、

「ぽんたろう、じゃあせえ風呂へ水つぎ込んで、ほしてあのせえ風呂立って待っててくれよ。方丈さま、へえそんま来るすけ。おら葬礼の支度しねっきゃなんねえ、忙しいすけ」

ほしてかっかぁは座敷の方へ行く。ぽんたろうは一所懸命でせえ風呂へ水入れて、ほでどんどんどんどん、どんどんどんどんどん火燃やしたと。

ほしたら方丈さまが、

「んー、つぁつぁがたいやったてが、おごたねえ」

そう言って入ってきたってがの。ほしたらぽんたろう、

「あの、方丈さま、せえ風呂が大好きだって言うんだんが、せえ風呂沸かして待ってたすけ、入ってください」

「あ、そらまあ、ありがてーこっだ、いい塩梅だ。じゃあせえ風呂ひとつごっつおんなろうか」

そう言うて、せえ風呂の蓋取って手入ってみたと。

こらぁあちちあちち、地獄のようにむらむら煮えたってたど。

「ぽんたろう、せっかくらろもあっちくてあっちくて入らんねえが、うめてくれや」

「はい」

またぽんたろう、井戸からドボーンとつるべで上げちゃ、どうどうー、どうどうどうー

とあれした。お湯はあふれてみんなじょんじょん、じょんじょんこぼれた。

方丈さまは手入ってみた。

「お、ぽんたろう、こだちょうどいいや、ああこっでいいや」

そして入って、

「ほお、ちょうどいいちょうどいい、ちょうどいいお湯だ。ちょうどいどりもね、いいお湯だ、いいお湯だ」

って入ってた。

ほしたらぽんたろう、またひとつ汲んで、

「はい、方丈さまおまけだ」

どどどどどーとまた水入れたと。

「あやー、ぽんたろう、またぬるなっちもうたいや。もうちっとばっか燃やしてくれや」

「あい」

ほして言ったども、焚き物へえいんな燃やしちもうて、何でもねえかった。

「かっかぁ、方丈さまがせえ風呂がぬるいって言うが、焚き物はどこへやっどうの、ぼよはどこやっどうの、ころはどこだい」

「おらやあ、葬礼の支度しねっきゃなんねえ忙しくて、ぼよもころも持ってこらんねえが、なんそこらこう、いんなよーく見て、何でもあるがんその燃やせや」そう言うたと。

ぽんたろうはそこらをこーう見っどもなあんもねえ。がんぎ行って見たら方丈さまが新しい下駄脱いだと。

「いや、こげないいがんがあるがや」

その方丈さまの下駄持ってきて燃やして、まだ足んねえで、そこら見たら方丈さま脱いだふんどしから衣があったて。それいんな燃やしたど。

ほしたら方丈さま、

「ああぽんたろう、こだ、いいお湯んなったや、ちょうどいいや、よしくったよしくった、ああいいお湯らった」

ほして上がってきて、ふんどしもしようと思ったどもねえし、衣着ろうと思ったどもねえ。

「ぽんたろう、おれがここへ脱いだあの着物いんなどこいっていや」

「はあ、いんなあのほら、かっかぁそこらへあるが、いんなあの燃やせて言うんだんが燃やしたへ」

「こりゃあっかしゃまあ、よくよくのぽんたろうだね。おら、ほうせやふるまらがんらに、どうすることもねぇ」

ほらまぁ、方丈さまはちょんちょこに手をあててお寺までとんで行って、また衣着替え直して、ほうしてお経の本持って、ぽんたろうの家へ来たと。

ほうして、つぁつぁの部屋へ行ったと。かっかあ、へえ一所懸命にお花供えるやら、線香にろうそく、いーんな揃えていたったと。

「ああ、方丈さま、よし来《こ》んなさった。じゃあひとつお経読んで下さい」

して方丈さま、

「いったい、つぁつぁは何で死んだがて?」

「あののう、土手ないでいたら、足、鎌で切ったやらなんだやら血が出て、いてえや、いてえや、血がいんなだくんだくんと流れる。いてえや、おごたや言う、医者どんが間に合わねえんだんが、俺が一所懸命で背中なでたり足なぜたりしてるうちに、目くめて死んでしもうた」

「へえ、まあ極楽往生だこてや」

ほして、方丈さまはまあお経読み始めたてんがのう。ほうしたらなんか、つぁつぁの布団がもくんとしたみていだども、方丈さまは「俺が年とったせいで目のせいやろうかね」と思って、一所懸命にまたお経続けて読んでたと。そのうちにもっくーんと布団から、つぁつぁが飛び起きて、

「方丈さま、方丈さま、お前さん何のしてさっしゃる」

「なあんのしてさっしゃるってや、おらまあ俺の方が聞きてえようだ。おめい死んだていうんだんが、俺が一所懸命にお経読んでた。ああ、どういうこったや。おめえ、ほら、足切って血がいっぺい出て死んだらっていうんなん」

「ああそうだて。ほんで足痛くて痛くて血がどくんどくん流れたがて。はや、ほんにまた痛《いて》え

やいてえやいてえや」

　急にまた足がいてえなって、

「いてえいてえいてえ」

　方丈さまは、

「どうじゃ、俺がひとつまあ見届けてくれる」

「ああ方丈さまなんかダメだ。医者どんだねきゃダメだ」

「いやいや医者どんでないたって俺でもいっこいいすけ」

　ああろも、つぁつぁが暴れるんなんが、

「ぽんたろう、しっかりつぁつぁおさえといてくれや」

「あい」

　ほうし力持ちのぽんたろうがしっかりつぁつぁ押さえとったと。

「やあれ、俺がひとつまあ見届けてくれる」

　ほうし六尺ふんどし、隣の六尺ふんどしからつぁつぁの六尺ふんどしをぎーりぎりぎりいんなほどいてみたと。はい、よく見たらノタゼの葉っぱの真っ赤んがんがぺたーんとくっついたったてや。方丈さま、

「ほんに、まあ臆病どっつあと言うたもんだ。そら血じゃねえ。ノタゼの葉っぱだ」

　ほうしたら、つぁつぁ、

「どうりでおらあ、痛あねかったや」そう言うたと。
方丈さまはあきれ返ってしもうたと。
臆病どっつあとぽんたろう、いきがすぽーんとさけた。

（解説）

語り始めは臆病者の笑話。『榎峠』には7「おくびょうとゆうごう」がある。夜、便所にも行けない夫の臆病を改めさせようと、かっかが夕顔を投げつけて脅かした後で「化け物なんて夕顔だ」と言うと、「おつゆの実にすればいい」と、夫は納得する。山で一つ目に出会うが、「汁の実にしてやる」と風呂敷に包んで担いで来るとだんだん重くなる。家に着いたら金になっていて臆病も治った、という宝化け物型の話になっている。

この話の中心は、愚か者の笑話である。『榎峠』には、20「秋山のブツ」と題して、法事の使いの話、すなわち「父子暮しのブツという息子が、母の命日に方丈様を呼びに行って、烏を方丈様と間違え、まんまが炊けるのを番していたら「ブツブツ、ブツブツ」と言うので、返事をしたが、相手にしてくれないと怒って釜に灰を投げ込み、甘酒を下ろすから瓶のケツを押さえろと言われて自分のケツを押える」話がある。「愚か村」話は世界中に分布する話群であるが、長野県との県境の秋山郷が、小国、松代、魚沼あたりでは、より山奥の地として、「愚か村」とされてきた。『榎峠』には、ほかにぼた餅を怖がる21「おっかっか」、粟の種を買いに行き、途中で名前を忘れる22「おっかっかのたね」、「茶栗柿麩」の名で知られる23「ぽんたろうの物売り」、嫁の実家での失敗譚24「ふしあなと馬のにっこ」25「聟のあいさつ」26「からかさと瓶と石」と七十四話中七話も「秋山話」が入っており、好まれた話であったことがわかる。話の内容は、全国ほとんど共通で、物知らず、名前知らずを笑う。

鈴木さんは、おっかながりの父に慌て者の母と愚か息子の一家の話として、「法事の使い」を軸に、それぞれ独立して語られることも多い愚か者話をつなげて、お盆前の草取りの時のこととして、語っている。面白い話はみんなつなげて語りましょう、という聞き手へのサービス精神いっぱいの再構成がとてもうまいと思う。まず臆病どっつぁが、縄を大蛇に、二回目はふんどしを幽霊だと見間違えて空騒ぎを起こす。三回目は足を怪我したという流血騒ぎで、かっかが来てくれないので、つぁつぁは飛んできた隣の洗濯ものと自分のものと二本のふんどしで足をぐるぐるまきにする。慌て者のかっかは事実を確認しないまま、息子に医者を呼びに行かせる。ここからは息子の愚か者話で、白い着物と聞いて、鶏、ヤギを医者と間違う間に、慌て者のかっかは、つぁつぁが死んだと思いこみ、「法事の使い」のモチーフが続く。方丈様も通りを素っ裸で走らせられるが、最後は方丈様の指示で、足に巻いたふんどしが取られ、真っ赤な野蓼の葉が現れて、終わる。紅葉を血と見間違うモチーフは、羽鳥徹哉「はんぜんじのあいまち」（『へんなか』六号、一二頁）にも、鎌で足を切ったと、はんぜん爺が大騒ぎするが、股引をはいで見たら、真っ赤に紅葉したのりで（ぬるで）の葉が一枚張り付いていたという話が記されている。小国では、よく知られた話だったのだろう。鈴木さんによれば、ノタゼは、小さい葉が密集していて、特にまっ赤に紅葉すると言う。

25　ぴんとこしょ

（山崎正治語り）

昔、気のええあんにゃがいたったけや。これが気がええんだし、しるんだけども、何しろ気が良すぎるっていうかね。ところが、気がええところへはお嫁さんが来てがあるとみえてねえ。ばか素晴らしいお嫁さんが来たてや。ほしてある日、お嫁さんの家《うち》で「あんにゃさんことお呼びするすけ、おらこへ呼ばれてきてください」っていうんだが、あんにゃ喜んでさ。ほしてお嫁さんの実家、山ん中にある。とんとんとんとんとん、とんとんとんとんと、

「あい、こんちはー」って言って、

「あー来たかい、来たかい。さあさあ入ってくらっしゃい」

って言って、まあお嫁さんの家では大事に大事にしてごちそういっぱい食わして。

ところがの、このあんにゃはね、

「こりゃいったい何てもんだろ、もう旨くて旨くてどうしようもねえ」

「あ、これかね。こりゃそんなに旨いかの―

「あー旨《うめ》えうめえばかうめえ。これ何ていうもんだ」

「あんた、これ何ていうもんだか知らねえかね」

「知らねえ。知らねえから聞いてんだ。何ていうもんだね」

「これは団子っていうもんだね」

「団子、うーん、初めて聞くなあ。旨いもんだな。おい、もう一個くれ」「もう一個くれ」って言ってるうちに、山ほどあった団子、みんな食ったてやね。

ほしたらお嫁さんのうちのおっかさんがね、

「お前さんのお嫁さんになった娘にも、この団子の作り方ちゃーんと俺は教えてあるすけ、家へ帰って、またいっぱいこさえてもらってこれ食べりゃいいことや」

って言ったら、

「はい。まあとにかく、もうまあ忘れねえようにしなきゃならんぜ。なんだったかいな、だん……何だったかいがね。だんご……ああ団子やったな。よし、忘んねえようにしなきゃならんぞ。じゃあごめんなさい、あい、ごちそうさまでした」

「団子団子、団子団子団子、団子団子、団子団子団子」

って言いながら忘れねえようにしようと思てさ、山から自分の家《うち》に向かってとんとんとんとんとん、とんとんとんとんと歩きながら、

「団子団子、団子団子団子、団子団子、団子団子団子」

って忘れねえようにしようと思って一所懸命になって「団子」言いながらやって来た。原っぱ

の真ん中へね、ずーっと小さい小川がこう一本流れてる。「団子団子、団子団子団子」と来たろも、そこを飛び越さんきゃね。

「ああ、ぴんとこしょ」

と言ってその小川を飛び越した途端に、団子忘れちゃった。

「あっぴんとこしょ、ぴんとこしょ、ぴんとこしょ」、ぴんとこしょにこれ変わっちゃった。ほして家まで、

「あ、ぴんとこしょ、ぴんとこしょ、ぴんとこしょ、ぴんとこしょ、ぴんとこしょ、ぴんとこしょ」

って家来て、「ただいまー」って帰って来た。

ほしたらお嫁さんが、

「ああー、遅かったのう。さあさあお帰りなさい。さあさあご苦労様でした。家でもごちそうしてくれたか」

「ああ、ごちそうしてもらった。そのごちそう食ったら、おめえさん、ほら、俺はもうそれを食いたくてしょうがねえんだから作ってくれや」って、

「そのごちそうの名前何だね」

「何だったけなあ。ああ分かった、思い出した。ぴんとこしょ」

「何だね。ぴんとこしょ」

「ぴんとこしょね。ぴんとこしょって。早くぴんとこしょこさえて」

お嫁さんはなーに言われてんだかさっぱり分からん。片一方はもうへえ団子がぴんとこしょになっちゃってんだから、「ぴんとこしょをこしらえこしらえ」って。お嫁さんは困っちゃって、

「あんたそんなこと言ったってぴんとこしょなんて、わたし見たことも聞いたこともねえわ」

「ぴんとこしょやて。お前んとこでもって食べてきたんだぞ。早く作れて」

っていうけど、お嫁さん、

「困ったなあ。お前さん、まあどんなの作ったらいいんだろう」

って言ったら、そのうちにもう肝焼いちゃってさ。あんにゃ火吹き竹持って、「ばかやろー」って言って、お嫁さんのここんところ（額を）かちーんって叩いた。ほしたらそこへぽーんとこぶができて、

「お前さーん、見てくらさい。こんなにひどいことして。わたし団子のようなこぶができたで」

「あ、その団子らいやー」

とやっと思い出したと。いきがぽんとさけた。

（解説）

愚か婿話。嫁の実家でごちそうされた団子の名を忘れないように、帰途、「団子団子」と唱えて行くが、小川を渡った拍子に「ぴんとこしょ」に代わる。「物の名忘れ」の笑話。これも愚か村「秋山話」として語られることも多い話で、夫の愚かさ加減に腹を立て、嫁は家に帰ってしまう、という話（『村

松』二五五頁「どっこいしょ」）もあるが、山崎さんの語りでは、「気のいいあんさには、いい嫁が来る」という語り始めから、終始暖かい。「どっこいしょ」に対してぴんとこしょ、といういかにも軽い掛け声も印象的で、語りの調子よさが際立っている。なお団子については、11「鳥のみ爺」解説参照。

相手がわからなかった見合いの話

五十嵐　終戦から十年くらいたったころの私らがね、結婚する頃の面白い話をしましょうか。私らがね、まだね、お嫁に来るころはさ、旦那さんになる人はさ、まともに見ていなかったん。見合いちょこんとしただけでさ、恥ずかしいから、下ばっかり見て、これが自分の旦那かなってがんわからんかったん。そして私がさ、その隣村から横沢《よこさ》の所からこっちへ嫁に来るとき、私が一番兄弟の末っ子だったからさ、兄嫁が、兄夫婦がね、親代わりについてきてくれたの。そしたらあの兄嫁がね、「サチコさん、ほらあんたの旦那がさ、あそこへちゃんと迎えに出てる」て言ったんだが、私も恥ずかしいからちょこっと見たらさ、そしたら確かにこう旦那みてえのがいたんだん。あれが私の旦那だろうかと思って。そしてまああそこにそうこうしているうちに、うちへ入ってみたらさ、また一人いるだんがね。あれ、また一人ここにいたがんね、どっちが俺の旦那だろうと思って。そしていたらうちの中にいた方が私の旦那になった人でさ。そしたらその外へ行って迎えに出てくださった人はいとこの人でさ。同じ年でもって背の格好も何もみんな同じような人だったんだから間違えたんですて。

その話を私が前のうちの豆腐屋さんとこのお母さん（おかみさん）に「おれそ、嫁に来るときよ、おらこの父ちゃん間違えてよ、嫁に来たんがて」て言ったら、「お前さんでもまだ、うちん中入っ

てわかったがん、まだ良いがだぜ」言ったから「どうしてか」言ったら、
　その上の方の糀屋《こうじや》（屋号）って所ののう、お母さんはのう、法末《ほっせ》へ嫁に行ったろも、親が決めた縁談でもって相手が全然わからんところへ行ったらさ、そしたらそこはの、あんさとおっさとおさと三人同じような男の人がぞろぞろぉっと並んでてさ、そして「おれの旦那はどれだろう」と思って考えて見っども、さっぱり兄弟なんだん、同じようなんでわからなかったんと。でも、夜になると昔はほら、農家なんてのは、自分の部屋には電気なんかなかったものですからさ、嫁は一番最後に火の始末みんなして、朝の準備しなきゃぁ布団の中になんて入るもんじゃねぇなんて昔は言うてましたんだがね。そして一番最後に自分の部屋に行くとさ、旦那はへぇ、ちゃんと布団の中で待っているの。真っ暗くて一向顔はわからんくて。そしてまぁ、朝になっとまた、嫁はいっち早く起きなきゃなんねぇだ、暗えうちに起きんきゃなと思って。そして暗いうちに起きて、そしてあんさの顔も一向に見えねえだんがそのまま部屋から出て、で、ごはんの準備すると、またぞろぞろぉっと三人並ぶんの。こらまあ、どれがおれの旦那んだろうって、一向わからんって。そして男衆はみんな畑や田んぼに出てしまうんだが、女の方はうちに残って洗濯やごはんして、そしてまた三人ぞろぞろぉっとお昼になると帰って来るの。どう言や良いかわけわかんねえ。そしてまあ何とかかんとかしているうちにまあ、やっと自分の旦那がわかったですけどもさ、だけど、昔の嫁さんってのはそっげな人がいっぺえあったがいのう。

26　へっこきあねさ

（鈴木百合子語り）

昔があったてんがのう。ちょっとだんなんしょんどこへ、おっかさんとあんさが二人で暮していたってんがのう。したら、隣村へなじょんか器量はいいし、気立てはいいし、働きもんの、非の打ち所のねぇ娘さんがいたったと。まぁ、みんな、隣村、その次の隣村、みんな目に付けて、嫁貰い、毎日毎日行列のように嫁もろい行くども、何としてもその娘さんが、「うん」と、首を縦に振らんてやのう。まぁ、二年も三年もそげんして嫁もろいがぞろぞろ行くろも、いっこう返事しねんだが、みんながあきれ返って、ちと静かになったと。

したらその、おっかさんが、あんさに、

「あんにゃあんにゃ、だいぶ静かになったげやが、おめぇひとつ、どこに因縁があるかわからねが。その嫁もろい行ってみねか」

そう言うたと。したらあんさが、

「おら、あっけぇ大勢嫁もろい行っても、うんって言うわんとこへ、おら、とても行かんねがの」と言うた。

「男らがんに、うんって言わんたて、首っ玉に縄付けて、引きずってでも来るがんが男ら」そう言って、おっかさんがいせつけたと。したらあんさが、まぁ、恐る恐る、娘さんの家へ行ったと。

「どう言うて嫁に来てくれて言えばいいろ、どう言えばいいろ」まあ、さんざ、そこで首かしげて考えていたら、ひらひらひらと洗濯物が風で落ちてきたと。「ほかな」と思って拾ったら、手拭いらった。「あ、この手拭いを持ってけば口実になるな」と思って、その手拭いを拾って、「ごめんください」って入っていったら、娘さんが「はーい」って出てきた。

「あの、洗濯物の手拭いが落ちていましたで、持ってきましたが」って言ったら、娘さんが「ありがとうございました」って、端の方から引く。あんさはこっちの端と。あんさは離さんで、あねさも離さんで、二人《したり》で引っ張りっこしてた。

あんさ「や、こういうことんだら、これ引きずっていこうや」と思って、引きずった。その娘さんも一向手拭い離さね。ずるずるずるずるずるずる引きずって、うちまで来たと。

「おっかさん、ただいま」

「おお、来たか来たか」見たら娘さんが手拭いの端つく。

「おお、来てくれたか来てくれたか。おめえがおらこの嫁んなってくれるか、あねさになってくれるか。ああ、ようしてくった、ようしてくった。さあさあ、入って入って」

そうすと、そのまた娘さんが洗濯、掃除、お勝手、何でもできて、おっかさんの肩は揉む、腰は揉む、あんさのもてなしも、だれもならんほろ、よく仕えたと。

したら、一週間ぐらいそうしてるうちにあんさが、

「こっで大丈夫ら。おれは今日山へ仕事に行ってくるすけ、弁当こしょうてくれや」

ほう言うたら、あねさが、おっかさんのこしょう弁当とはちごうて、彩《いろどり》もよく、味もよく、形もよく、ええ弁当こしょて、あんさに持たせたってやのう。あんさはその弁当持って山へ行ぐ。

したらおっかさんが、

「あね、あね。やっと二人《したり》になったすけ、したりで楽々お茶でも飲もうねか」

そう言うて、さつまいもの川越に、ほかほかほかほかするさつまいもを茶菓子に出して、

「さあさあ、したりで楽々お茶飲もうざ」

そう言うと、あねさの顔色がさーっと白うなったと。おっかさんは「はてな」と思って見てるうちに、だんだん青なって、だんだんだんだん紫色んなったと、あねさの顔が。さあ、まあ、おおごったぜ。

「あね、あね。どこが、具合が悪いけ。どこが難儀や。町の医者どん呼ばってこうかな」

「はあ、おっかさん、おら病気でもなんでもねえ。どこも具合が悪ねえども、屁が出たくて、我慢して我慢して、へえ我慢がならんて」

「まあ、何のまあ言うてるや。屁ぐらい楽々こけやれ」そう言うたと。

「だどもおれが屁は一通りゃ二通りゃじゃないんらんが」

「じゃあ、あの向うへ土手があるんだんが、あの陰行って、じゃ、こいてこいやれ」

そう言うたと。ほしたら、

「じゃあ、おっかさん、悪いろも、常用柱へしっかりつかまっててくんなさい」そう言うたと。

ほうしたろも、おっかさん、「まーさかいっくら屁こくとて、常用柱になんかつかまっていねたってえかろうが」そう思って、へんなかのよろぶちにつかまってたと。ほしたら、

「おっかさん、ええかい」て言うんだんが、

「ああ、いいぞ」

「ええかい」

「ああ、ええやええや」

そのうちに、プッ、プッ、プッ、プッ、ドッカーンと、屁破裂したと。ほうしたら、そこら辺り近所にバケツやぼってがあるがんが、みんな宙に舞うて飛んで、おっかさんはよろぶちにつかまったまんま表へふっ飛ばさって、表の松の木の枝に引っかかったと。したら、あねさが飛んできて、

「おっかさん、申し訳ねえ、勘弁してください。おっかさん、申し訳ねえ、勘弁してください」って額っ面を地べたへくっつけて、謝ってると。そこへあんさが山から上がってきて、

「まあまあ、おめえがた、なんてこったや」

「まあ、実は、これこれこういうこういう訳で、おれが屁こいたら、おっかさんが飛ばさって、

松の枝に引っかけらってしもうた」あんさは、

「こらまあ、おおごとのこったね」ってがって、三間梯子かけて、よろぶちとおっかさんを下ろしたと。ほしたらあねさが、

「おら、まあ、とてもここへ世話んなっていらんねすけ。おら家へ、実家へ帰らしてもろう」

したら、おっかさん、

「えやえや、おらこの大事な大事な嫁だすけ、実家になんて帰さんね。ほだ、屁が出たなったら、おれが常用柱へつかまってるすけ。おれがおめえの言うこと聞かんで、常用柱につかまらんで、よろぶちつかまってたがんが間違いらったら。こんだ、常用柱につかまっているすけに、実家になんか行かんでくれ」そう言うろも、あねさも、

「いやいや、おら、とてもここへ置いてもらわんね」あんさも、

「たびたびこっけなことで、おっかさんに怪我でもさせられたとなると、おおごったすけ、まあまあ、じゃあひとまず実家へ帰ってくれ」ということで、あんさがちと荷物を担いで、あねさとあんさと、実家へ向こうたと。

　村はずれへ来たら、屈強の衆が、わやわやわやわやと、鶴嘴《つるっぱし》たがいてる人に、畚《もっこ》たがいてる人にいるんだんが、

「おめさん方、何ごとがあるだえ」て聞いたら、

「だーすけそう、この隣村へ行くに、山をぐるっと回っていくと一日かかるんだて。なんだん

が、この山へトンネル開けて、ほうせや隣の村へ行くに、一時間もかかりゃ行がれるんだんが。えんなしてトンネル掘ろうということで、総工費が三百両で、三年計画で、今日から始めたろこら」そう言うたと。

ほしたら、あねさがじーっと聞いてて、

「じゃあそのトンネル、おれに掘らしてくんねか」と。

なんのまあ。このあねさ、頭が狂ってるぐらいや。屈強の衆が三年もかかって、終《お》やそうかてがんに、トンネル掘ってくれるなんて、どういがだろうねって、えんなで不思議がって、顔を見てたと。

「まああ、そう言わんで、おれにひとつ掘らせてくれ。えんなが、飛ばさんねように、地べたへぺったり吸い付いてください。ええかい、ええかい。これから掘るろえ。ええかい」

「ああ、ええぜ」

したらまた、プッ、プッ、プッ、ドカーンて破裂さしたと。ほしたら、まあ村中の衆もたまげる。向うの方へ、隣村が見えてた。まあみんな村の衆はたまげるやら喜ぶやら。村長様が、

「あねさ、ようしてくった、ようしてくった。総工費三百両だども、これ百両、おめえに礼にやるすけ、これ受け取ってくれ」

「いやいや、おら、そげな礼なんていらない。屁こかしてもろうただけでもありがてえんらんが、礼なんていらない」そう言うたと。だども、

「そうはいかね。さあさ、これ百両とってくれ」

ほして、あんさがその百両もろて懐《ほろこ》へ入れて、

「は、ありがとうござんした」どっちも、

「トンネル掘ってもろてありがとうござんした」

「屁こかしてもろてありがとうござんした」って。

別れて、今度《こっだ》あんさとあねさが、上り坂上がって、

「まあ、百両ももろてよかったやの」と坂上がって行ったら、今度は屈強の男衆がふたりして、石投げたり、棒切れ投げたりして、わーわーわー言うてるてんがのう。

「まあまあ、おめさん方、何のしてたい」と聞いたら、

「おら博労で、これから商いに行くらろも、ここまで来たら喉が渇いて喉が渇いてどうしようもねえんだ。ここに梨がなってるんだ。ひとつもいで食おうと思って、石投げたり、棒切れ投げるども、いったい梨に当たらんで、もがんねで、ほしてわーわー言うてたんが」

「ほうか、おれがじゃあもいでやろうか」

「おらがもがんねえがんに、おめえみてようなあねさが何で、もがんろがっと」

「じゃあまあ、ともかく見てください。おれに、まあ、もがしてくれ。そのかわりおめさん方、地べたにぺったり吸い付いててくださいの。ええかい。ええかい、梨もぐぜ。ええかい」

そう言うて、また、プッ、プッ、プッ、プッ、ドカーンと破裂したら、梨がばらばらばらば

らといっぺえ落ったと。博労は、いーんな喉が渇いて命からがらなんだんが、喜んで両手でたがいて、

「あねさ、ようしてくださった、ようしてくださった。おら、命拾いした。だろも、これから博労の商いに行くらんが、おら一銭も銭たがいてねんだんが、礼してみようがね。まあ、ここへ馬が二頭いるんだんが、この馬一頭で勘弁してくんないか。この馬一頭礼にしてくれ」

「は、礼なんていらね。おら屁こかしてもろたらんだ、おれのほうが礼しなきゃね」

「や、まあ、そう言わんで、この馬一頭持ってってくれ」

「じゃ、せっかくだがんに、じゃ、まあ、もろうてく」

ほして、あんさとあねさは、その馬に乗って、今度はだんだんだんだん下り坂で下ってったと。

ほして、川の傍んとこ来たら、また村中のだれかれが、わやわやと大勢人がいるってんがのう。

「おめさん方、何ごとだい」聞いたら、

「だあすけそう、米二十俵、船に積んで、明日新潟へ、この渋海川を行ぐらろも、夕べのうちに積んでたが、夕べ大風が吹いて、岸へ押し上げらっちもうて、それを川の真ん中に出そうってがろも、いってずらんで、二十俵積んであるがんを、十俵下して、ほして村中で大騒ぎしていっとも、なんも動かんで、困ってたと」

「じゃあ、おれにその船、動かさしてくれ」

おーら、村中がほっげ出て動かんがに、このあねさ、ちっとばか頭が変のらねえろかね。

「まあともかく、えんなが地べたに吸い付いて、おれにひとつ、この船動かさしてくれ」

「ほうか、じゃあまあ、動かされるもんなら、動かしてみてくれ」って言ったら、またあねさが、プッ、プッ、プッ、ドカーン破裂さしたら、船がずるずるずるずる―っと川の真ん中へ行ったと。は、えんながたまげるやら喜ぶやら。

「あねさ、ようしてくださった、ようしてくださった。じゃあ、まあ、礼に十俵、この川の岸下したこの米、礼にひとつ取ってくれ」

「おら、礼なんていらない。屁こかしてもらったがんが何よりだ。礼なんていらない」

「や、そうはいがね。まあ、この米十俵でまあ勘弁して」

「じゃあ、せっかくらんだんが、もろうてこか」

そういうことで、馬に十俵、米俵付けて、ほして、あんさとあねさは実家まで行かんで、またおっかさんのろこへ戻って来たと。

「おっかさん、今来たて」

「おおか、来たか来たか。よう来たよう来た」

出てみたら、馬に米俵十俵も。あんさがほろっこから、

「おら、これこれ、こういうこういうわけで、百両の礼もろてきたて」

おっかさんはたまげて。百両の現金に、馬一頭に、米十俵もろて、ほして帰って来たと。

「あねあね、今度屁が出とうなったときは、特別に屁っこき部屋っていうんでも、その百両で

作るかや」

そう言うてたら、あねさ、一生分の屁がえんな出ちもうて、そんで、は、屁が出ねなって、あんさとあねさとおっかさんと馬と、四人で仲良う、裕福に暮らしたってんがのう。

いきがすぽーんとさけた。

（解説）

全国で語られる誇張譚。屁のにおいや音に関しては、屁こき爺の話が、本格昔話にあるが、屁の威力を述べるのは笑話で、中国や韓国の話もほとんどが嫁の話である。窮屈な嫁の立場の反映だろう。

鈴木さんは、屁こき嫁は小さい時からよく聞いていたという。「上品な話でないから」と躊躇されるのを、無理に語っていただいた。ほとんどの話が、嫁入り後、だんだん嫁の顔色が悪くなった、で始まるが、鈴木さんの語りは、まず嫁探しの話、非の打ちどころがないと評判なのに、なぜか縁談をすべて断っていた娘が、母とまあまあ安楽に暮らす男のもとに嫁入りすることになった、というところから始まる。屁をこいて、姑を吹き飛ばしてしまい、夫に送られて里に帰っていく道中では、トンネル掘り、梨もぎ、風で岸に押し上げられた船を水に戻す、という三つの難題を屁の力で解決し、金と馬と米を謝礼にもらって、夫の家に戻り、屁をこく「屁」屋を作ろうとしたら、一生分の屁をこいたので、屁は出なくなった、で終わる。屁の力で梨や柿をもぐ話、船を動かす話はよく出てくるモチーフだが、トンネルを掘る話には、峠越えに苦労した小国の人々の願いが反映されているかもしれない。ほかに姑が吹き飛ばされて髪が無くなって坊主になった、屁をひったりすぼめたりで、尼さんに一本ずつ畑の大根を全部抜かせた、という話（『宮内』三一八頁）もある。

27　くさかった

（山崎正治語り）

とんと昔があったてんがね。あるとこへ、爺さんと婆さんと仲よく暮らしていたって。爺さまは朝起きると、お弁当を持って、山へ柴刈りに行った。婆さんはあいかわらず、川へ洗濯に行った。

婆さんが川でこちゃこちゃ、こちゃこちゃと洗濯をしていると、川上の方から、どんぶらこっこ、すっこっこ、どんぶらこっこ、すっこっことあるものが流れてきた。大きな大きなさつまいもだって。

「わー、よっかたー」

おんで、お婆さんは洗濯やめちゃって、そのさつまいもを、

「よっこいしょのしょ」っとたらいの中にいれて、

「よいしゃこい、よいしゃこい、よいっしゃこい、よいっしゃこい」とうちへ持って帰った。

そうして、大きな大きなまな板の上に、でっかいおいもをどさんと置いて、これも特別な包丁持ってきて、ずばーん、ずばーんと切って、細かくなったのを今度は、小さい包丁でもって、

こんこーん、こんこんと切って、それを大きな大きなお鍋ん中入れて、かぎんこさまにさげて、下からどんどん、どんどん、どんどん、どんどん火炊いたって。だんだん、ぐつぐつ、がっざん、ぐつぐつ、ぐつぐつと煮立ってくるというと、あー、そのおいもの煮立ついいにおいがしてきたって。婆さん、

「こら、まあいいの拾ってきたで」

ほうして煮上がるのを待って、鍋の中からそのおいもをすくって、一口食べてみた。

「うめえ、こら、うめえ。こら、うめえ」って言いながら婆さん、あの大きな大きなおいもを、またしっちゃ食べ、またしっちゃ食べしているうちに、大方食べちゃったてんがねえ。ま、おいしかったんだろうねえ。

ところが、おいもを食べてしばらくすると、ぶつっ、ぶつっ、とおなかにガスが溜まってきたらしいんだけど、ぶっつぶつ、ぶつぶつして、

「わー、こらまあ、おおごとだでえ」って思って、我慢しったけど、ぶすっと一発出たら、もう我慢しきれない。ぶすっと出たその次は、ぶっぶっぶっぶっぱぶーって、大きな大きなおならがでたってさあ。

山じゃ、じいちゃんが一所懸命でもって、柴刈りしてたんだけど、下の方から、ぷうーんと変ないおいがしてくる。

「あじゃ、こらここに居らんねえでやあ。別んとこ行こ」

場所を移動して、そこでまた草刈ってるというと、ぷーん。

「わっ、くっせえなあ、こら、くっせえくっせえ。こっげんとこ居らんねえ。うちへ帰《けえ》ろ」

そう思って、「おーい、今来たぞー」って帰ったら、ばあさんが、

「いやー、帰ったかい。ごくろうさんでした。じいさん、柴いっぱい刈れたかい」

「柴は刈んなかったろも、くさかっとー」

いきがぽーんとさけた。


（解説）

「草刈った」と「臭かった」の掛け言葉で笑わせる。このタイプの笑話として、高橋実さんが最初に収集した中には、「はなしの話」（村山ヨシ『榎峠』74）がある。「語れ、語れ」と話を求められたとき、話を終わりにするときに語られた話だそうである。参考までに載せる。

「とんと昔があったげろ。若い衆宿へ村の青年衆が遊びに行っていたと。ほうしたら、灯《あか》しがぽかんとけえて、空からどかんとでっけえ櫃が落っこって来たと。おっかなびっくり蓋をあけてみたら、中に砂糖ぼた餅がどうろ入っていたんだんが、喜んで食ったと。次の日、前の日行がんかった青年衆が、おらもぼた餅もろうと思うて、若い衆宿へ行っていたら、またどかんと音がして、でっけえ櫃が落って来たと。「そら、ぼた餅が落ってきた」というて、蓋を開けてみたら、一人の婆さまが入っていて、「俺がよっべな送ったぼた餅の銭もらいに来たじゃ」というて、アハハとでっけえ口を開けて笑うたら、歯がなんもなかったと。はなしだと。いきがすぽーんときれた」

28　ぬか火八反くらすま九反

（鈴木百合子語り）

昔があったてんがの。婆さまとあんさとあねさと三人で暮らしていたってんがの。

だあろもあねさが稼ぎ手で力持ちで何をさせても仕事は早いし、重てがんは何でも運ぶし、辺《あた》りの衆《しょ》が皆《いん》な、

「いいあねさだ。稼ぎ手でいいあねさだ。力持ちでいいあねさだ」

って、あねさばっかほめて。婆さままあ、やきもちやいて、あねさをにっくくてにっくくて意地悪ばっかしてたと。

で、あねさが田打《たぶ》ちのさなかで手にみんな豆ができている頃を見計らって、

「あねあね、今夜、山着物《やまぎもん》でもひとつ縫うてくれや」そう言うたと。あねさもたいていらけや「はい」と言うて縫うんだども、両方の手が豆だらけで針たばかんねえだ。

「申し訳ねぇろも、もう二、三日すりゃあ、田ぶちも終わるんなんが、手の豆がなおったら縫うんだんが、今晩、勘弁してくれや」謝ったと。

そしたら婆さま、あたり近所に行って、

「おらこの嫁は能無しこきで山着物でも縫うこと知らね」そう言うてげっつらけに喘《あ》いたと。

だどもあねさはじーっと、

「おれも煮た豆やない、申し訳ねぇ、申し訳ねぇって謝ってりゃあ、いつか芽が出る」そう思ってじーっと我慢してたと。

あんまりあねさが稼ぎ手らんだんが、その頃はみんな小作で地主から田んぼを借りて小作してるらんだんが、いっくら難儀して米十俵あげたたて八俵も地主様にやらんきゃならんようの時代らんだんが、生活も楽じゃなかったと。だろもそこのうちはあねさが稼ぎ手で、人の二倍も三倍も仕事するんだんが、あんさは、そのてま、旅だちへ出た。だから他よりは、暮らしも楽だったと。

あんさも旅からお金取ってくるし、あねさは一人で小作の田っぼみんな賄って、そして俵みんな米にして、俵に詰めて。ほして、婆さまが、

「あねあね、今日は地主様に五俵、年貢米を納める日らが、これ五俵納めて来てくれや」

そう言うたと。婆さま、

「どう、いっくら力持ちでも、三俵なんて担いでいがんねぇろうが。どういう風にして担いでいくか、ひとつみてくれや」

そう思って、知らぬーっけな面して見てたと。

あねさ「はい、じゃーおれが行ってきます」といって、特製のでーっけいばた（二四六頁写真）と蓑がでどうして担ぐかと思って見てたら、三俵楽々と背中へ、普通の人が一俵しかかつがんねぇ。ま、よっぽどあの人は強力《ごうりき》だというたたても二俵しか担がんねぇ。三俵楽々と背中に担いで。「おっかなー、人がいんな褒めるだけあって、三俵担いだ。あとの二俵どうする」と、先に三俵納めて来て、きっとまた二俵取りにくるろう、そう思うて婆さま見てたと。

ほうしたら三俵担いで両手に一俵ずつたがいて、五俵一度に持って出た。ばっさまたまげて、いっくら憎いとか何とかて言うたたって家の嫁だなんが「転んであやまちでもせや、おごった」そう思って内心、心配しながら見てた。

あねさ平気でいさいさ、いさいさと出て行った。

そして地主様の家に来て、

「地主様、年貢米持ってきましたが」

地主さん、中へ居て、

「そりゃまぁおお御苦労だね。いんな来る人、来る人が、口元へばっか置いていくんだんが、なかなか片づけらんねぇで、へー人足まだ頼まねぇんなんが、口元がいっぺぇ混んでておごっただんが、なるったけ中の方へ入ってくんねぇか」

そう言うたと。そうしたらあねさ、

「中へ入れるったってどこへやりゃぁいいだろ」

そしたら地主が出てきて、
三俵担いで一俵ずつ抱《たが》えてるんなんが、こりゃぁまたたまげて、

「え、お前さん力持ちだのう。もしできたら奥の倉庫へ三千俵《たら》から並ぶらが、そこに投げ込んでくれねえか」

「投げこみゃそれでいいらかいの、積むかいの」

「えー、投げこむだけでもええと思ったども、積んでくれるなら、ありがたいこった。じゃまぁ積んでくれ」

二俵たがいていたが、ぐーんぐん、三俵おろしてそれもぐーんぐん、奥に並べたと、五俵。

「これもいんなまたっきや、おれが積もうかい」

「そりゃお前これが積まれるがんなら、おら、人足頼んで積むあてだったども、おめえが積まったら積んでくれ」

「そりゃぁ、じょうさねえに」

そしてこっちの手、こっちの手で口元に山のようになってた三千俵《たわら》も全部倉庫の奥に積んだと。

地主様はたまーげるやら喜ぶやら、

「おら、近々三十人も人足頼んで、ほしてこの俵みんな片づけるつもりでいたがだども、お前がいんなこれ積んでくれたけや、その人足代お前にみんな払うすけ。はあよしくった。御苦労

であったね」

そう言ってその頃は千両箱ていうて、村にも千両箱ある人は一軒か二軒しかないぐらいの時代であったろも、どうら、百両札五枚くったと。五百両くったと。あねさは生まれてからはじめて百両札なんて見たことないがん見て、たまげちまって五百両もらって、「地主様ありがとうござんした、もうしわけねえろ」ってにじょっぎ言うて、家《うち》行って、

「婆さま、婆さま、見てください。五百両の金もろうて来た」

「なんだや、嘘ばっか言うて」

「じゃあ嘘だと思うたら見てください」

百両札五枚並べた。婆さまもたまげて、

「こりゃあ一体どうした」

「実はこれこれこうでこうでこうでこうこうこうしたら地主様が五百両下さった」

婆さまもほんに喜んで、

「そりゃまぁいかったね。じゃ、升ん中入って恵比寿様《おーべっ》、神様に上げてお灯明上げて参ろうや」

そして二人で参ったと。

だども婆さま、まあ五百両も金もらってきてくったんなんが、そりゃまぁいいども、もしもこのまんま近所の人が「いい嫁だ、稼ぎ手だ」て褒めるし、五百両も金もらってきて鼻高くしておれ馬鹿にしようなんらおおごった。ここらでちっと嫁の頭を押さえんねきゃ。どうしてくっ

かな。

そう思って婆さまは悪知恵働かして、ある晩、へんなかへ、かぶついっぺえでっけえがん入れて、ぬかいっぺえくべて、もろもろといっぺえ燃やして、

「あねあね、今夜おれとお前と二人でこの糠火《のか》で苧績みしようねか」

そう言うたと。どうせあっけな能無しの嫁なんが、のてつらんなんが、苧なんて績めれないと思うて婆さまは。そしたらあねさは、

「はい、俺も苧績みのしるども、まだ山着物のほころびたがんや、ももひきのほころびたがんのも縫わんきゃなんない。それが終えたら苧績みするんだ、おれはあの部屋に入ってするて」

そうして苧績み桶を持って部屋に入ったと。婆さま、

「そら見れ。苧なんて績めれねぇなんが、部屋に持って入った。よーし俺、ひとつ嫁の頭おさえて」

婆さまペラペラペラと一所懸命苧を績むてんがんだのお。

あねさ、「まあおれもそういって意地張って、部屋へ入ってみたろも暗い。いっくらおれが力持ちだなんだったって暗いてところで苧績みはできん。どうしょもねぇ。謝って出て、婆さまと一緒にぬか火で績もうかな」と思うているうちにお月さまが出て来たてんがのう。あぁ、これは「天道、人殺さず」ああ、ありがてえ、ありがてえ。ほうして窓のそばに行って、あねさもペラペラペラペラと一所懸命績むてんがのう。たまたま戸の隙間から、ばあさま見りゃ、

ばあさまもぺらぺらぺらぺらと。二時三時になって、はあ、もう止めたかと思ってまた見りゃ、まだ婆さまもぺらぺら。あねさも負けらんねぇ、一所懸命ペラペラペラペラと績んだと。

　夜が明けてきて、一番鶏がコケッコッコーと鳴いたと。ほしたら婆さまが、どすんどすんと歩いてきて、

「ぬかび八反」そう言って苧績み桶をどさんと横座へおろしたと。

　はあ、あねさも負けねえでがらっと戸あけて、

「くらすま九反」

と言うて、苧績み桶を婆さまの苧績み桶のそばへおろしたと。ちょうどそこへまた苧買《おーこ》いがきた。

　そして婆さまから先にはかって、

「ここの婆さまは、てぎわがよくて、ええ苧れ、平らのいい苧ら。じゃ、いくらいくら目方があるんだんが、じゃ、婆さまのは五文」

「じゃ、あねさのは」と言うたら婆さまは、「どうせのてつらんだんが、いっこ節くれだって太いどこあって細いどこあって売りもんにならんのよ」と思って睨みつけて見てたと。

　そしたら、苧買《おーこ》いが、

「ああ、婆さまも腕がええども、婆さまに負けないほどの平らのいい苧ら。おまけに量が一杯、目方が一杯、いやーいい苧ら」

　そう言うて、婆さまは五文、あねさは七文もろた。婆さまは嫁に勝とうなんと思ったがんが、

おれが大間違い。そこであねさに、

「今まで意地悪して悪かった。これから仲良うして、身上つくろうざ」

そう言ってるどこ、あんさが出稼ぎから金どさんっともってきて、「金がたくさん入ってよかったよかった」と言って、

「これからもう意地悪しないすけ、仲良う暮らそうざ」

とそう言って三人で一所懸命稼いだんなんが、蔵が三つも四つも建って、身上がよくなって楽な暮らししたってんがの。

「ぬかび八反くらすま九反」いきがすぽーんとさけた。


（解説）

中越地方の諺に基づく話。糠火とは、囲炉裏の鉤んこさまに籾糠を入れた籠をかけ、結わえた縄をひいて揺さぶって、糠を落とすとぽっと燃える、その明りを言い、この明りを頼りに苧を績む。一方、その明りさえない暗す間で、もっとたくさん苧績みをしたと誇る。『通観』新潟巻には、姑と嫁の苧績みくらべ「ヌカ火で八反タレのかげで九反」として柏崎の一例（『黒姫』）だけ載せる。その後の資料としては、『松代』にも見える。この二例とも後半は「タレ（簾）のかげで九反」となっている。昔の家は、部屋の入り口に戸は無く、ムシロが掛けてあるだけだったので、その隙間から光が入る、その光で苧績みをした、という。鈴木さんの語りでは、月光が射した、と語る。情景としては美しいが、昔の家の構造を考えれば、月光が十分に射しこむほどの窓は無く、やはりムシロの隙間の

光、の方が実情に合うだろう。松代と黒姫の話では、織り上げた縮の量で争っているが、小国では普通、苧績み糸を売り、機織りはしなかったので、この話も苧績み糸買い付けの話になっている。苧績みは、麻の繊維を割いて口で湿らせて繋いでいく作業で、細いほど上等で高く買ってもらえた。山崎さんの「婆っ皮着た娘」では、糸買いのおじいさんが、小千谷から小国へ苧を買い集めに回ってくる途中、蛙を呑もうとしている蛇にでくわし、「猫の踊り」では、猫が手ぬぐいかぶって踊るのにでくわした話が語られる。昔、現金収入がほとんど無かった農家では、苧績みは貴重な現金収入になった。「修学旅行の小遣いを作ってやろう、と言っておばあさんが苧績みをしてくれた」（永見恒太『民話の手帖』一四八頁）、高橋実さんのお宅では、おばあさんが苧績みをして、正月魚の鮭を買ってくれた、という。苧績み作業の間にも昔話が語られたが、「歯を使って繊維を裂くんで、どうしても話が途切れるでしょ、だから「やめろやめろ」ってわがままを言っちゃ、おばあさんを困らせました……」とも山崎さんは書いている。（『民話の手帖』一四八頁）

　これは、姑の嫁いびりの話である。『松代』では「かなうみ」（すなわち苧を績んで麻の糸玉・縢をとること）という題で、働き者の嫁だが、夜になるとさっさと寝てしまうので、婆さは嫁いびりもできず、一人で糠火で苧を績んでいた。年貢に三反以上納めなければならないのに、嫁はどうするつもりだろうと思っていた。苧を集めに来たので「糠火で八反」と姑が出したら、嫁が「簀のかげで九反」と九反の縮を出し、さすがの婆さも感心した、となっている。鈴木さんは「正月の十七日泊り」（『青鬼灯』三号、七頁）で「（母の実家の）婆は、石童丸、巡礼お鶴、のかび八反くらすま九反の昔話を語ってくれた」と書いているが、この話は、そのおばあさんから聞いた話で、小国ではよく知られた話だったという。『榎峠』69には、北原勲のノートからとして、「仲の悪い嫁と姑がいた。雪の降る晩、姑は嫁に「早よ寝れ」と言って、自分は糠火を頼りに績み、翌朝、嫁に「のか火八反」と自慢すると、嫁が「暗っつ間九反」と言って、姑の前に糸を出し、それから二人は仲良くして身上を作った」と松代の話とそっくりの話の梗概を載せる。鈴木さんは、糠火とタレの陰の明りで嫁と姑が競うというなんともいじましい話の前段に、一俵六〇キロの米俵を五俵も担ぐ特別に豪快な力嫁の話を語る。おばあさんから聞いた話というが、対照が際立っていて、印象深い話になっている。

29　姥捨て山

（鈴木百合子語り）

昔あったてんがの。身上《しんしょ》のええ国と貧乏《びーんぼ》の国があったと。貧乏の国の殿様、食いもんが足らんで、着るもんも足らんで、今日はあっちの子どもが死んだてや、今日はこっちの子どもが死んだてや、なんていうんが殿様の耳に入ったと。殿様も、こっじゃま大事《おおごっ》だ。そして家来をみんな集めて、「まっ、こけー貧乏の国で、あっちにもこっちにも子どもが死んだなんて大事《おおごと》だがに、どうしればいいろね」と、相談かけたら、家来のある一人が、

「まあ、食いもんが足らんだーけや。六十になったら年寄りをみんな姥捨て山へべちゃってこや、いいこってや」と。

そういう話がまとまっちもうて、そして、まあ仕方がねえ、村中の人は皆《みんーな》、年寄りを姥捨て山へ連《つ》ってってって、置いてきたと。

だろも、親孝行のあんさがいて、

「おら、とても婆《ばあ》さまを姥捨て山へなんかべちゃってこらんね。おら死んでも婆《ば》さま守らんきゃならん」そう言うたらばあさまは、

「馬鹿言うんだね、殿様のいいつけは守らんきゃならね。おら、一向《えっこ》へー年寄《とっしょ》りだすけ、姥捨て山へ連《つ》ってってくれ」

まあこの殿様のいいつけを守らんと、親子ともども島流しにすると。ほし家来がそうせ村中まわって「年寄りはいねえか、年寄りはいねえか」って探して歩いたと。んだが、親孝行のあんさは仕方がねえ、婆《ば》さまぶて、姥捨て山へ行ったと。そして「婆《ば》さま婆《ば》さま、ここがいっち、あのほら、お前が寝てるにらくうえだ。ここに木の枝いっぺ木の葉っぱ敷くし、木の葉っぱかけてやるすけ、食いもんは俺がいつでも運んでくるすけ。お前、じゃ我慢してくんねかの」と、言うて婆《ばあ》さま、山へ置いてきたと。

ほしたら、へえ十二月らったんだんが、雪がちらーんちらんと降ってきたてんが。親孝行のあんさは、

「あー大事《おおごっ》だぜ、婆《ば》さまは寒《さぶ》かろや、死んでしまうなら大事《おご》だや。殿様が何て言おうと、俺はまあ夜《よー》さるへ行って婆《ば》さまを連ってこっきゃならね」

ほし、婆《ば》さまを、よさる、迎えに行ったと。

ほしたら婆《ば》さま、

「俺がお前のまた帰りに道まごうておごっだんだんが、木の枝をところどころおっぽしょってきたが、それをじゃあ目当てに、道まちごおんように、じゃ、俺連ってってくれやれ」て婆《ば》さま素直にあんさんにばって家《うち》来たと。

て、あんさ、縁の下へ穴掘って、婆《ば》さまをそこに隠しておいたと。

　そしたらそのうちに、身上のええ方の国の殿様が、なじょんか言うたんは、殿様に、貧乏の国の殿様へ、無理難題の難問をしかけたと。貧乏の殿様へ、

「お前がこの問題を解けば、俺が米も着るがんもみんなわけてやるが、この問題を解いてみれ」

言うて、貧乏の殿様の方へ言うてきたと。

　たども、殿様は家来みんな集めて、その難問が、「灰でのうた縄と曲がりくねった法螺貝に糸を通すことと、叩《はた》かんがんに、どんどこどんどこと鳴る太鼓、これを三つ揃えて持ってこれば、食いもんも着るがんもいっぺわけてやる」ということら。ども、家来も誰もわかるんがいなかった。村中の人をみんな集めて相談したども、誰《だっれ》もそげんがん知ってる人がいねかったと。

たらその親孝行のあんさが家《うち》へ来て、縁の下の婆《ば》さまに相談したと。ほしたら婆《ば》さまが、

「そっげなん造作もねえこたあ、ねえっこってや。灰で縄のうがが、藁で縄のうて、塩《しょ》をぶっかけて、ほし、火に燃やせや、灰でのうたと同《おんな》じなる。曲がりくねった法螺貝の糸通すがんが、そっげな造作《じょうさ》ねえがんがねえこってや。蟻子《あるご》の頭へ糸つけて、出口の方へ砂糖おけや。知らんうちに糸が通る。だーろもいっち最後の、叩《はた》かんがんに鳴る太鼓ってや、そっげんがんも造作《じょうさ》ねえこった。太鼓の皮ちぃーっと剥いで、そん中へ蜂を五、六匹入《い》ってまた蓋してけや。叩《はた》かんだて蜂が中であだけて、どんぼこどんぼこ、それは叩《はた》かんでも鳴る太鼓」

　そう言うて言いてかしたと。じゃあ、あんさは喜んで、じゃあこれを殿様んとこへ持ってい

こうということで、灰でのうた縄と、曲がりくねった法螺貝に糸通したがんと、叩《はた》かんでも鳴る太鼓、これを殿様んとこへ持っていったと。殿様は、やれ喜ぶやらたまげて、

「ほうか、じゃあこれから隣の殿様んとこへ、これを持っていこう」と言うて、二人《したっ》で持っていったと。

隣の殿様がたまげて、「今まで俺がずーっとあっちの国こっちの国、こっちの国あっちの国、この問題をあれしたども誰《だっれ》もこの問題を解く人がいねかったと。お前んとこの国、食いもんもいっぺやるし、着るがんもいっぺやっども、あんさあんさ、これ、どうしておめえこっげなめんどんがんわかったい、どうしてこっげ頭がいい」そう言うて言うたと。

ほしたらあんさ、

「おら何《なん》にもわからんだろも、年寄りから聞いたと。年寄りは長年苦労して生きているんだんが、知恵もあるし賢い。年寄りは大事だ。年寄りから聞いたことら」そう言うたと。

ほしたら、貧乏の国の殿様、

「ああ申し訳ねかった申し訳ねかった、俺がいっち悪かった。年寄りを、姥捨て山へべちゃってこいなんていうて、悪かった申し訳ねかった」そう言うて、んだ、年寄りの知恵と若えののの力と合わせて、その国は豊かになって、平和な国になってあったと。

いきがすぽーんとさけた。

（解説）

六〇歳になった老人は山に捨てるという姥捨ての話は、中国をはじめ、ユーラシア大陸を中心に広く分布している。「姨捨て」の話は、ほら貝の糸通し、打たぬ太鼓の鳴る太鼓、灰縄をなうのほか、材木の根と梢の判別などの難題を老人が解いて国を救う「難題型」と、親を捨てるのに使用したもっこを、その子どもが「次のためにとっておく」というのを聞いて、いずれわが身と気づく「もっこ型」とに大きくわかれる。大鳥建彦「「姥捨て」の昔話の諸問題」（『日本の昔話と伝説』二〇〇四）参照。エーバーハルトは、六十歳を人の寿命とする話をタイプ七一「人の寿命」、もっこ型をタイプ二〇一「模倣」とする。崔仁鶴は六六二「親を棄てる」とする。中国浙江省蒼南県で見た人形芝居の上演では、幕間に語られる「勧世文（人々に善行を呼びかける語り）」で「孝」のテーマに、幼い男の子が、祖母が使った汚い茶碗を取っておく話が出てきたのも、この話の活用例と言えるだろう（二〇一一年二月一九日）。なお新潟には、六〇ではなく六二歳を木の股年と言って、山の木の股に老人を置き去りにする、という話も多い。（『村松』二八四頁ほか）

30　座頭坊《ざとんぼ》の夫婦《めっと》づれ

（鈴木百合子語り）


話があったてんがの。仲の良いじさまとばさまが、へー十二月も半ばごろになって木枯らしがヒューヒュー、いつ雪が降ってくるかわからん寒い日だったたと。じさまが、

「ばあさん、ばあさん。こげえ寒いがんに、小豆《あつき》でも煮て、あったこいぼた餅食おうじゃねか」

「あぁ、そうらのう。それがいい、それがいい」

ばさまが小豆といで来て、へんなかのかぎんこさまへかけて、二人《したり》で火ぼんぼんぼんぼん燃やしながら、小豆煮ながらいたと。

その頃、外じゃ木枯らし寒いろこへ、座頭坊の夫婦づれがあっちのうち、こっちのうちをめぐっていたと。だろもその座頭坊のとっつぁの方が、鼻がきいて鼻がきいて、

「あこは今日は煮豆煮てるな」

「今日、あこは魚煮てるな」

「あこは小豆煮てるな。ぼた餅だかもわからん」

てな鼻ききのとっつぁらったてんがのう。かかさの方はまた目くらと言いながら、ちぃっとば

かり、目がかすかに見えるらったと。そげな夫婦《めっと》づれが晩方薄暗くなってから、その仲の良いじさまとばさまんとこへ、

「おばんでござんす」

　ばさまが、

「はいはい」ががらがらっ戸を開けたら、

「今夜一晩、泊めてもろうわけにはいきませんとかの」と。

　そしたらばさまが、

「おらこのじさまは、ちっと人とちごうて面倒のじさまらんだんが、おれがじゃあ聞いてくるすけ、一時《いっとき》待っててください」

　ほしてじさまに、

「じさま、じさま。座頭坊の夫婦づれが泊めてくれって言うてきてるが、どうだろう」

「うーん、泊めてもいいどもや、今日ぼた餅らがに。おらせっかく二人《したっ》で仲好くあったこいぼた餅食おうと思ってぇがに、座頭坊が来や、座頭坊にも食わせねきゃならんがね。もったいねぇがね。泊めねしょうねぇか」

「だーろも、こっげな寒い日にかわいそうだがね。泊めてやったらどうだい」

「うん、じゃあや、座頭坊は目くらなんだんがや、おらがぼた餅食ったたって何もわからんだんだ。じゃあ湯漬けでもして、漬け菜でも出して、食わしてける。そってもええて言うたら泊

めてやる」

「はい」


「あの、おらこは何もごっつぉがねえが、湯漬けに漬け菜ぐれえでええきゃぁ、泊めてもええとじさまが言うてるが」

「あぁいっこ、何もごっつぉなんかいらね。湯漬けに漬け菜がありゃ何よりだ。でも、ぼた餅でもいい」

ようなこと、ちらっと言うてるてんがのう。ほして、

「さあさあ、じゃあ寒いすけに、へんなかにあたってください」

そう言って座頭坊には湯漬けと漬け菜やって、じさまとばさまはてめえたちゃ、あったこいぼた餅食うてたてんがのう。だろもとっつぁの方は鼻きなんだんが、ぼた餅の香がぷんぷんぷんぷんする。かかさの方がちぃと目が開いてるんだが、ぼた餅が見えるってんがの。だろも知らんふりして湯漬けごっつぉになってたと。

ほしたらじさまが、

「さあさあ、湯漬け食うて腹があったまったすけ、皆《えんな》が寝ろうざ」

そう言うて座頭坊の夫婦づれに布団一枚ずつ貸したと。じさまとばさまは奥の部屋へ寝たんだが、座頭坊の夫婦づれはへんなかの周り二人が布団に入って寝たと。ちぃとばかめたら、座

頭坊のとっつぁの方が、かかさの布団をこつんこつんと引っ張るてんがの。

「はい、なんだい」ほしたら、

「ここのうちは今日ぼた餅がいっぺえある。ぷんぷんと香がするが、みんじょの方へ持ってったようだすけ、汝《な》あ行って、そのぼた餅あるかねえか見届けてこい」

そしてかかさの方がみんじょへ入って行ったら、戸棚へお櫃《ひつ》ん中へぼた餅がしっとつ入ってたったてんがの。

「はよ、こっだ」

かかさ来て、とっつぁの布団こつんこつんって、

「ぼた餅いっぺいあるって」

「ほうかほうか。じゃあやーそれをなんかに包んで、おら、それ盗んでいごうねぇか」

「盗んでいごうなんたって、入れもんがねぇが」

「んー、じゃあここへ、蓑《みの》がかかってた。この蓑を持ってって、蓑ん中へぼた餅をおんまけで担《かず》いでこい」

「あーそうらかい」

そして、かかさが行って蓑を広げて、ぼた餅ばっさぁーんとあけて、蓑をこゆっと蓑がぴんぴんとおきるんだ。またとっつぁのとこ行って、こつんこつん。

「蓑に包んだったての。いっこ、おっぴらいて締まらねが、どうすりゃええの」

「んー。ここいらはまたなんもねぇしね。なぁ腰巻とって、腰巻であの包めや」

「へん、そうらの。おれ、じゃあまぁ二枚《にめぇ》してたすけ」

そして腰巻、蓑にくるんだぼた餅を腰巻に包んで、ぎりぎりぎりぎりからがえて、そして枕元置いて、

「あー明日腹いっぺ、ぼた餅が食えらんがね。いい塩梅《あんべぇ》だ」

「あ、じゃま、あの、夜《よ》がもうちっと明けるまで寝ろうぜ」

それで、とっつぁとかかさ寝たら、ぼた餅が気になってなかなか寝らんねぇ。

「あーちっと早《は》へえろも、早《はや》立ちしようねけ」

「あーそうらのう」

それでとっつぁがその蓑に包んだぼた餅かずいて、ごそぉんごそんと出ろうとしたら、ばさまが便所へ起きた。

「おっかなぁーおまえがた、まだこっげー暗ぇってがんに早立ちらかい」言った。

「あぁおら、寄るとこがあって、早立ち」

「ほーらかい、荷物も重ーたげんごがあるし、もうちっと明ろうなってから出たらどうらい」

「あーおら、座頭坊は目くらなんだんが。夜でも昼でもたそけがねぇらんだんが。これから出かけるんし」

「ほうかい、じゃあ道中気をつけて行《え》がっしゃい。だろも、おまえがた、いってえどごの人ら

い」そう言って聞いたってんがの。

「あーおらあの、鼻きき目あき県《きん》、蓑にぼた餅包みの郡《こおり》、早出ち逃げ腰村、大字《おおあざ》お寺の縁の下」

そう言うてかしたってんがんな。ええ、ばさま、

「なんと聞いたことも無い、なげぇ名前のろこらのっし」

ほしたらとっつぁが名前聞きもしねぇがんに、

「おらの、腰巻締めたろう」

それでかかさ、

「おらの、腰巻取りいらん」

そう言うて言うてかしたの。

「ほうかい、まぁなんだことやら知らんども。道中気をつけて、がっしゃい」

そう言ってばさまもまたと、見送って、じさまのとこ来てまた寝たと。それでじさま、

「何でや」

「座頭坊、早立ちらて。あぁ座頭坊は目が見えねぇだんが、昼間でも夜《よ》うさるでも、たそっけなしらんだんが、早立ちらと」

「えったじ、いってえだも、どごの人んだろうね」

とじさまが聞いたと。

「あぁだすけさ、俺も気になったんだ、聞いてみた。よく覚えていねぇやれも、なんだことや

らの、鼻きき目あき県《きん》、蓑にぼた餅包みの郡、早出ち逃げ腰の村、大字お寺の縁の下、なんて言《よ》うたんぜ。ほして名前《なまや》の、腰巻締め太郎と腰巻とりいらん言《ゆ》うてったぜ」

ほしたらじさまが、

「あぁーしまった、ぼた餅みんな盗《のそ》まったぞ」

て言うんだ。ばさまが、

「なんでか」

「だって、蓑にぼた餅包みの郡、そっげんとこねぇがに。そうら行ってみれって」

みんじょ行って見たら、お櫃が空っぽになってた。

「あぁー夕《よう》べな座頭坊にもぼた餅一つずつ食《く》わせりゃ、皆《えんな》持っていがんねぇがったったがんに。やっぱし、ええことをしねぇとバチが当たるやでね。今度ええことしようざ」

言《ゆ》うたてやのぉ。いきがぽーんとさけた。


（解説）

瞽女に対して、男の盲人の放浪芸能者を座頭といった。江戸時代までは、当道として保護と取り締まりを受けたが、座頭はその最も下の階級で、乞食のようにみなされることもあった。説教・祭文・浄瑠璃などを琵琶や三味線の伴奏で語り、昔話を語ることもあった。昔話の伝播者として、重要な役割を果たしたと言われる。20「化け猫の話」でもそうだが、村を訪ねてくる人に宿を貸し、囲炉裏端などに寝かせることは、昭和の初めにはまだ広く行われていた。

『大成』では「座頭と餅」。東日本に多く分布する。鈴木さんはちょっとケチをしたために、大損をする、という教訓話として語る。木枯らしの吹く寒い晩、囲炉裏端で「夕飯はぼた餅にしよう」と相談する夫婦と、外をさすらう座頭坊の夫婦連れそれぞれの会話から、小豆を煮るにおいが漂い、ぼた餅が、どんなにごちそうだったかが、伝わってくる。後半、座頭坊夫婦が、腰巻と蓑でぼた餅を慌てて包む場面から、宿を貸した婆が座頭坊を見送り、ようやく一杯食わされたと気づくまで、ほぼすべて会話である。去り際に座頭坊が、自分の行状を住所と偽って述べ置いて行く「蓑にぼた餅包みの郡」は、ほとんどの類話に共通だが、「鼻きき目あき県《きん》、蓑にぼた餅包みの郡、早出ち逃げ腰村、大字《おおあざ》お寺の縁の下」は鈴木さんの創作か。入広瀬の佐藤ミヨキの「坊さんとぼた餅」（『ミヨキ』三三五頁）では、旅の坊さんは、耳が遠い老夫婦をこけにして、家の前に回ったり後ろに回ったり、爺の声音を使って婆を混乱させ、大立ち回りの末、爺はぼた餅も大事な仕事道具の横槌も失くしてしまう。このように、トリックスターとしての来訪者と家主の大立ち回りで終わる話や、ぼた餅泥棒にとどまらず、さらに濁り酒を盗み飲み、瓶を壊し、鍋に糞を垂れるなど悪行の限りを尽くす話も多い。

31　なんでも知ってるこぶんと

（鈴木百合子語り）

昔があったてんがのう。かっかとつぁつぁと男っ子が二人太郎《したる》と次郎四人で仲良う暮らしていたらろも、かっかが風邪こじらかして死んでしもうたと。まだ子どもはちんせぇがんに女親がいなきゃかわいそうら。そういうことで、新しいかっかもろうたと。新しいかっかは子どもを大事にしてかわいがってくれっども、子どもがなかなか懐《なつ》かんかったと。ある日、かっかは、

「どうせや子どもが懐いてくれっど」そう思て、あめぇぼた餅こしょて太郎と次郎に食わしたと。

「つぁつぁに内緒らぞ。つぁつぁにだんまってれ」そう言うてぼた餅食わしたと。

つぁつぁは仕事が木挽きんだ。山へ木挽き行って、晩方つぁつぁが、

「今来《えま》たぞう」ったら、次郎がとんできて、

「つぁつぁ、つぁつぁ、おら今日はうめぇがん食うたで。うめかったてぇ」

つぁつぁが、

「へぇ、そっげうめぇがん食うたってや、なんでぇ―」

「内緒ら」

そう言うて言うてんがのう。まあ、つぁつぁ、そげん気にしないで、めぇんち木挽きの仕事行って。

二、三日して、また、

「ねら、今来たぞぉ」

したら、今度は太郎がとんで出て、

「つぁつぁ、つぁつぁ、おら今日はうめぇがん食うたで」

「なんでぇ」

「内緒ら。言うわんね」そう言うてるてんがのう。

つぁつぁ、

「ちぃと家《うち》ん中が変だなぁ」そう思て、ほじゃ朝げ木挽きの仕事に山へ行くふりして、

「今日はまぁひとつ、あの松の木の上あがって家の様子見ようかな」

そう思て、ぼそんぼそんと裏の松の木いあがったと。ほしたら丁度また手頃の松の枝に、肩はたくに丁度いいこぶんとがあったと。つぁつぁ、それを取って肩はたきしまにうちの様子をじぃっと見てたと。ほしたらそのうちに、もろもろもろもろもろと煙《けぶ》が出てきたってんがねぇ。

「へぇ、なんだろうなぁ」と思て見てたらそのうちに、ぷぅんと小豆《あつき》煮る香《か》がしたって。

「へぇ、小豆《あつき》煮てるや」そう思て見たら、今度はもち米炊くあめぇ香《か》がしたってやのぅ。

「あ、こらぁ、かっかがぼた餅して子どもに食わしてくったらなぁ。あぁ、ありがてぇ、あり

がてぇ」つぁつぁ喜んで。

　晩方になったんだんが、

「ねら、今帰ったぞぉ」ったら、今度は太郎と次郎が二人そろて、とんで出て、

「つぁつぁ、おら今日またうめぇがん食うたぜ」

「へぇ、何をそっげうめぇがん食うたや」

「そら言うて聞かせらんね。内緒ら」そう言うてるてんがのう。

　はて、つぁつぁ、肩はたいてた松のこぶんと出して、撫ぁでたり拝んだり抱《たが》いたりして、

「ねら、そっげうめぇがん食うて俺に言うてかせらんなきゃ、俺がじゃあ当ててみようか」

　そう言うたと。たら子どもが、

「当てらんないこて。おらが言わんがんに」そう言うて、

「じゃあ、当ててみやぁ。ねら、今日はぼた餅食うたろ」

　そう言うと、子どもはたまぁげてたまげて、

「どうして知ってるだい、つぁつぁ」ったら、

「このこぶんとはなんでも知ってるこぶんとら」そう言うたと。

　ほしたらかっかが奥の方へいて、たまげてとんで出て、

「あぁ、つぁつぁ、つぁつぁ申し訳ねかった。おめぇに内緒で、おら子どもに懐いてもろいたくて、ぼた餅して食わしたら。つぁつぁに内緒で申し訳ねかった、勘弁してください」って莚《むしろ》

に額っ面くっつけて謝ったと。つぁつぁが、

「なに謝る事いらん。子どもをかわいがって大事にしてもらうらがに、俺が方くっさ礼言わんきゃならん。よーしてくった、よーしてくった」そう言うて、かっかに礼を言うたと。

ほれでそこは収まったろも、子どもが二人《したる》して表へ遊《あす》びに出たとや。ほして、

「おらこのつぁつぁは、なんでも知ってるこぶんとを抱《たが》えてる」そう言うて村中話して。

ほしたらそのうちに、村長様の家《うち》で村中の衆が上納の金を集めたがんが、どっかいったと。

「あ、泥棒におうた、ああ、大事《おおごつ》だぜ」ほしたらみんなが、

「あの木挽きどんが何でも知ってるこぶんと抱えてるがんに。木挽きどんに頼んでみりゃあいいこって」ということになって、木挽きどんの所へ来て、

「木挽きどん木挽きどん、上納の金がどっかいってしもうたが。ひとつ見っけてくんねえか」

はーあ、つぁつぁ、「まあ、こりゃ困ったの。おら、こっげらがん知らんねらがんにだろもここで、だめらと言うことも言わんねえし、

「はいはい、じゃあ今夜、こぶんとに聞いておくすけ」そう言うて、村長様は家へ帰ったと。

つぁつぁ、「さあ大事らさあ大事ら、どうせやいいろ。今さらだめらとも言わんねえし、大事ら大事ら。まあ夜が明けたら村長様のところへ行って、実はこれこれこういう訳で、おら、そげな何でも知ってるこぶんとなんて持ってねえらと言うて謝ろうや」そう覚悟を決めて、寝たらと。

ほしたら夜中に、裏口の方にどんどん、どんどんと戸をはたく音がしたので出てみた。ほしたら、

「木挽きどん木挽きどん、村の上納の金を盗んだがんは、おれだて。おれが泥棒したらて。だろもなんも手えつけねで、そっくりここへ持ってきたんだんが、おれが名前を誰にも言わんで名前を出さんでくんねか」

そう言うたと。ほしたら木挽きどんが、

「あぁ、ええぜええぜ。おめえの名前なんていっこう出さんすけ。早くほら逃げてげ。だーろも、二度と泥棒はしんなや」そう言うて、泥棒を逃がしてやったと。

だろもその村の上納の金がそっくり、おれがそれ抱えて村長様のとこへ「へえ銭があったて」言うて持ってけば、おれが泥棒になるような気がするが、まあ、どうすりゃええろ、そう思て、お寺の縁の下でも置いて行こうかな、そう思て、お寺行ったと。

そしたらお寺の大門にでっけえモミの木があったてんがの。そこにとんびの巣があった。つぁつぁ「あぁ、いいがんみっけた」そう思て、とんびの巣に銭の袋入れて、ほして村長様のとこへ、

「村長様村長様、泥棒はの、人間でなかったて」そう言うたと。

「え、人間だなくてなんだって」

「とんびがさらごうてったと」

「だーけ、家ん中にとんびなんか、入らんろうがや」そう言うたと。

「じゃあそれがうそだと思ったら、お寺の大門にとんびの巣があるすけ、そこへ行ってみてください」そう言うたと。

ほして、村の衆と村長様と行ったら、なるほどとんびの巣の中に金袋がそっくりあったてんがの。いや村の衆と村長様はたまげるやら喜ぶやら。

「木挽きどん、ありがとござんした。ようしてくださった」

そう言うて、礼に銭いっぺことくったと。そのつぁつぁ、礼の銭いっぺえこともろうて、家、来たろも、「おら人をたらかしちもうたがんに、大事《おおごっ》だぜ大事だぜ、どうせりゃいいろ。今さらこれこれこうらなんて村長様に本当のことも言わんねし。大事だ大事だ」と悩んでいたと。

ほしたらそのなんでも知ってるこぶんとの話が隣村まで広がっちまって、隣村の大金持ちの旦那様が蔵の鍵、どっかやってしもうた。「ああ、じゃあ隣村の木挽きどんの所《ろこ》へ行ってみてもらえばいい」そう言うて、旦那様は来たと。これまた今さらだめらと言わんねんだんが。隣村へついてって、旦那様と二人で蔵の周りをぐるぐる回ろも、ねえ鍵が落ってなかったと。「どう大事《おおごっ》だぜ大事だぜ、旦那様にありのまを話して謝って家《うち》へいごうかな」そう思ってちらっと旦那様の方を見たら、懐《ほろこ》へちょこんと鍵が見えたてやのう。ああつぁつぁはいかったいかった。

「旦那様旦那様、鍵は外へ落ってねえて、うちんなからて」

「あぁ、ほうかほうか。なら家ん中入って探してくる」

ほして家ん中入って、一通り探して、ほしてその松のこぶんとを、なでるやら拝むやらして、

「その鍵は旦那様おめさんの体へくっついてるで」そう言うたと。旦那様たまげて、

「俺が体へくっついてるては、どういうことでえ」

「まあ、おめさん着物一枚ずつ脱いでみてください」

旦那様しぶしぶ着物一枚二枚て脱いだら、ポトーンと鍵が落ったと。旦那様、

「いかったいかった。蔵の鍵が見っかっていかった。木挽きどん、ありがとござんした、ようしてくださった」

そう言うてまたお礼の銭、いっぺこと、つぁつぁにくったと。

つぁつぁ、その銭かづいて家に来たら、「あぁ、大事ら大事ら。また人をたらかしたがんに、大事だぜ。今度くっさ村長様のところへ行って謝ろうかな」

そう思うてた矢先に、また村のお宮さんの宝物がどっかいっちまった。村長様は、

「木挽きどん、木挽きどん、またひとっつ探してくんねぇか」

これまただめらとも言わんねんだ。つぁつぁ、お宮様の周り、ぐるぐるぐるぐる回って歩くろも、いっこう宝物がめっからねえ。「大事だぜ。こんだくっさ村長様んとこ行って謝ろうや」

そう思うてちょこっと見たら、でっけぇ木のかぶつが、ちと腐れかかって穴があいたったってや。つぁつぁ、何の気なしにそのかぶつを足で蹴っ飛ばしたと。ほうしたら、人間が出てきて、

「木挽きどん、木挽きどん、勘弁してくだせぇ。このお宮様の宝物、おら、なんも手ぇつけねえでここ置いたすけ、そっくりおめえんとこへやるすけ、俺が名前出さんでくんねけ、俺が名

前言わんでくんねけ」そう言うて謝ったと。たら、つぁつぁ、

「おめえの名前なんていっこう言わんぜ。だろも、おめえ、二度と泥棒なんかしちゃだめらぜ。早くと、この裏行げや、近道があるすけ、早逃げてって泥棒こたしちゃならんぜ」って、また泥棒逃がしてやったと。

ほして村長様んとこ行って、

「村長様、村長様、宝もん盗《のぞ》んだがんは人間でなかったて」

「そうか。人間でなくてなんだったや」

「あののう、天狗様らった」

「へぇ」

「だろも、宝もん、なんも手つけてねで木のかぶつの穴ん中へあるすけ、おめさん今行ってみてください」

ほして村長様と村のもんがお宮様のかぶつんとこ行ったら、なるほど宝もんがそっくりあったと。

「はぁ、えかった、えかった。木挽きどん、ようしてくらさった」

そう言うて、また礼に銭いっぺことくったと。

つぁつぁ、銭いっぺもろうたろも、喜んでもいらんねえし。いや、こっだくっさ人をたらかすがんはやめねばならん。ましてやお宮様のことまで占うたらんだんが、どっげなばちが当たっ

てくるやらわからねえ。はぁやくとお宮様行って謝ろえ。ほしてお宮様行って、「お宮様、お宮様、おら、人たらかしちもうたが、どうか勘弁してください。ほしてこのこぶんとを一つ預かってください」

そう言うてお宮様へこぶんと奥殿にあげて、ほして謝ってうちへ来たと。したらその後、またぽつぽつと、あっちのなんかがどっか行ったとか、こっちの困り事があるとかって木挽きどんのろこへ来るども、

「俺はへぇ一切そういう占いはしねえことにして、その何でも知ってるこぶは、お宮様へ預かってもろうたすけ。お宮様の方へ行ってお参りをしてくれ」

そういうことで、お宮様や、人がぞろぞろぞろぞろとお参りがあって、お宮様も賽銭がいっぺことあがって、お宮様も繁盛したたし、木挽きどんは、ばちなんて当たらんで銭いっぺいこともろて、親子四人でなかよー暮らしたってんがの。いきがすぽーんとさけた。

（解説）

「嘘八卦」「偽占い」とよばれる、偶然の一致によって成功する話で、世界的に広くみられる。『大成』六二六A嘘八卦では、概ね次のようにまとめられている。（モチーフ内の選択肢は、本話と関係のあるもののみを挙げる）

① ある男が、妻が間男しているのを発見、妻の悪事をいいあてる

②　殿様が紛失した宝ないし病気の娘の原因を、いいあてさせられる
③　犯人がひそかにやってきて告げる、犯人の話を立ち聞きする、狐の話を聞く
④　褒美をもらう、再び占うのをやめさせてもらう

鈴木さんのこの語りは、笠原甚威の「あたるこぶ」をほぼ踏襲するものである。この話は、笠原の昔話集『いちがぶらーんとさがった』(二〇〇八)に入っており、また二〇一一年の長岡の「越後の昔語り」で語られてもいる。鈴木さんは、その語りも聞き、本も読んで、語られたと言う。笠原の話は母親の笠原ミツノから聞いた話で、ミツノの話は、『横越のむかし語り』(二〇〇〇)に入っている。笠原さん母子の語りは、最初に出てくる子どもの数が三人から二人に減っている以外は細部までほぼ一致している。鈴木さんの語りは、探し物の一番目の「鍵」のありかが材木の上から着物の懐に変わっているほかは、笠原さんの筋をほぼ踏襲している。妻を亡くした木挽きが子どもたちのために後妻をもらう、後妻は子どもをなつかせるために、夫に内緒でぼた餅を作る。木挽きは、妻の善意はありがたいが家庭内での隠し事はよくない、と占いで当てたふりを装って注意する。最初のモチーフは、継子のために、後妻が善意でぼた餅を作るが、要するに「妻が毎日夫の留守中にこっそりうまいものを作って食べる」話である。

『榎峠』には、鈴木さんのノートのメモとして73「あんさの八卦見」が掲載されている。「仲の悪いあんさとあねさがいた。あんさは間抜けで大食いでのめしこきなので、あねさは追い出そうと思い、焼け飯十個作って、京に稼ぎに行かせる。ところが、あんさは峠で焼け飯を食おうとして、全部山賊に奪われてしまい、すごすご戻ってくる。あねさは留守で、あんさが戸棚を開けたらぼた餅が七つある。そこへあねさが帰ってきたので、あんさは知らんふりして『八卦見ができるようになったから帰っ

てきた』と言い、『戸棚の中にぼた餅七つ』と言うと、あねさは驚き、『あんさは八卦見ができる』と触れ回る。殿さまから百両を探してくれと言われ、あんさが困っていると、犯人がこっそり訪ねて来て、金は返すから黙っていてくれと言う。あんさは殿さまに隠し場所を教えて、褒美に五十両もらうが、夫婦で遊び暮らして使い果たす。あねさは、またあんさが邪魔になり、今度は毒まんじゅうをたくさん作り、また京へ行けと勧める。あんさは途中でまた山賊に襲われ、まんじゅうを全部奪われて、帰ってくる。あねさは驚き、峠に行って見ると、山賊が皆死んでいる。頭のいいあねさは殿さまに山賊を退治したと報告し、たっぷり褒美をもらって、その後二人は仲良く暮らした。

『通観』七三二A「にせ占い—僥倖型」の、最初のモチーフは、「けちな妻が菜飯ばかり食わせるので、夫は包丁を隠して、嗅ぎ当てて見つけるふりをする」とまとめられている。このタイプでは、食事への不満、妻の隠れ食いに対する夫の逆襲から始まる話が多い。「食わず女房」の逆パターンともいえる。

一方、この話はエーバーハルト『中国昔話タイプ』では、一九〇占い「1　ある男の占いがよく当たると評判になる　2　男は何回も試され、いつも偶然に成功する　3　男は最高の幸せと名誉を得る」とまとめられている。類話の一つ「王小毛の話」は、浙江省では広く知られた話であるが、その梗概は「農夫の王小毛は美人の妻を娶る、王小毛は田んぼのほかに鶏をたくさん飼っていて、卵を町に売りに行って、安楽に暮していた。妻は夫の留守に浮気をして、鶏を殺して間男と一緒に食べていたが、夫には、毎日一羽ずつ鶏がいなくなる、と言う。小毛は商売に行くと偽り、裏から家の中を覗くと、妻が間男と鶏を食べていた。小毛は都合が変わった、と家に戻り、占いを覚えたと言って、鶏を誰が食べたか話す。妻は実家に逃げ帰るが、実家では牛が盗まれたと騒いでいる際中で、妻は夫の小毛が占いができる、と言う。小毛は、途中で偶然、泥棒が牛の話をするのを聞き、占ったふりをして牛を見つける。皇帝が玉璽を失くしたとお触れが出ると、舅が婿の小毛を推薦する。小毛は宮中に呼ばれるが、占いなどできないので、死を覚悟して「王小毛《おうしょうもう》よ、おしまいだな」と独り言を言っていると、実は黄笑猛《おうしょうもう》という護衛官が犯人で、名前を呼ばれたと思い、観念して玉璽を返しに来る。小毛は役人になり金持ちになって幸せに暮した」(『民間月刊』一巻3期中国杭州　一九三〇　紹興の話、沈錦安)

夫婦の葛藤、妻の裏切りで話が始まり、食べ物のごまかし、盗み食いなど、日本(新潟)の話と共通点が多い。両者を結び付ける話があるのではないかと思うが、残念ながら今のところ不明である。

伝説

32　松之山鏡

（鈴木百合子語り）

小国郷の真ん中へ渋海川が流れてたってんがの。その渋海川の源へ松之山という村があったと。その松之山の村へ、由緒正しい大旦那様があって、旦那様と奥様とお嬢様が、住んでいたらったと。その旦那様と奥様がなじょーんか面倒見がよくて、村中の衆《しょ》、みんな面倒を見るんだんが、村中の衆が、「奥様、旦那様」「旦那様、奥様」と崇め慕うていたってんがの。

穏やかに暮してる松之山の村へ、あるとき、村の商人《あきんど》が江戸へ出たってんがの。そしてなじょーんか面倒な話に巻き込まった、「旦那様、助け来てもらいたい」という音があったと。旦那様は大急ぎで支度して、江戸へ上ったてんがの。だーろも、一〇日経っても二〇日経っても旦那様の方から何の音沙汰もねえや。ひと月たった。ふた月たった。奥様は心配して、とても待ちきんない。毎日毎日《めんちめんち》仏様、神様へ灯りをあげて、旦那様、商人の無事を祈っていたってんがの。村の衆もみぃんな心配して、今日は、音があるか、今日は帰ってくるか待ってたってんがの。

とうとう半年も過ぎたろも、何の音沙汰がねえらと。とうとう奥様は心配が重なりおうて、重い病気になってしもうて、床へ、伏せってしまったてんがの。村中の衆が心配して毎日毎日交代で見舞いやら手伝いに行ってたと。お嬢様もつきっきりで看病してたってんがの。

とうとう待っても待っても旦那様の方から音沙汰もなくて、一年が経ったてんがの。奥様は段々段々衰弱して、とてーも足腰が立たねが。村中の衆、みーんな枕元へ呼んで、お嬢様も呼んで、

「私はもう、とてーも旦那様の帰りを待っていらんねえ。私の亡き後は、このうちを頼む。娘を頼む。旦那様の帰りをよろしく頼む」

って、息絶え絶えの中からそう遺言して、娘、お嬢様には、

「この箱は先祖伝来の家宝の鏡だ。何事があってもこの家宝の鏡はお前が守っていかんきゃならん。でも万が一、『もうこれ以上我慢がならん』いうような時んなったら、この鏡を開けて見れ。めったやたらん時は開けてはならんぞ」

と声も絶え絶え言い残して、奥様、息が絶えたっと。村中して、それ相当の葬式を出して供養したってんがの。

お嬢様は泣いて、泣いて、泣いて、村中の衆《しょ》が毎日交代で励ましたり慰めしても、なんとしてもその泣き顔が絶えねかったて。ほして、あんまり泣いて泣いて、泣いて涙が流れて、だんだんだん、だんだん涙の跡が渋海川の端《はた》へ窪みになって、だんだんだんだん、だんだんでっかなって、お嬢様の涙で池ができちもうたってんがの。

お嬢様はいっくら待っても、お父様は帰ってこないし、お母様はもういないし、今日はもう

これ以上我慢がならん。池の端へ行ってみよう。家宝の鏡を抱いて、涙で溜まった池の端へ行《え》って、

「お父様ー、お母様。お父様、お母様」

どれだけ呼んでもこだま一つ返ってこない、しーずかな池の端があったと。お嬢様はもう我慢がならん、お母様は「万が一ん時は開けてみれ」という言葉があった。今日はひとつこの家宝の鏡を開けて見ようやって、家宝の鏡を開けたと。で、涙をよーく拭いてじっくりと見たら、お母様だったたってんがの。

「まぁーお母様、あぁー良かった、良かった」

その鏡に抱きついた。池へひと足、ふた足、み足、ずぼずぼ、ずぼずぼ、ずぼずぼと、鏡を抱いたまんま、池へ姿が見えななってしもうたと。

村の衆《しょ》はお嬢様がいねえなった、さぁ大変だ。村中のんが大騒ぎで池の端へ来たら、お嬢様の頭が今、池に見えなくなるろこだった。あぁひと足遅かったと。しばらくしたら池の真ん中でシューっと水柱が、人柱っていうんでしょうか、が立って、それも静かに静かに池へ、また元の通りに真っ青いしーずかな池になったたてんがの。

村中の衆《しょ》が気の毒に思って、線香、ろうそく、お花を供えて、冥福を祈ったたてんがの。そして、涙で溜まった池らんだんが、そこへ家宝の鏡ともお嬢様が沈んだ池らんだんが鏡ヶ池、鏡ヶ池と村の衆が名付けて、代わり代わり線香、ろうそく、お花、絶やさんでいたったの。たら、あ

る晩ものすごーい大嵐が来て、立木がみりみりみりー、こっちにもみりみりーと折れる音がする。ものすごーい雨風の大嵐があったてんがの。

それで、一晩荒れたら翌日《よくひ》はからーっとお天気になったと。村の衆《しょ》は鏡ヶ池へ行ってみたら、鏡ヶ池の土手がぶった切れて、渋海川へみな流れ出て、鏡ヶ池はみんな木がもげて折ったり、土が埋まったり、影姿がねえなっていた。

ほうして小国郷もみんな大水が出て、川の端は大騒ぎ、水害らったと。

したら、小国郷のある村で、かっかは早死にしてしもうて、つぁつぁとあんさが二人で仲良う暮らして毎日毎日《めんちめんち》渋海川でドジョウ捕《つか》めたり、フナを捕めたりして、小千谷《おうち》へ持って行って暮らしをたてていたってんがの。

ほうしたら、その大嵐の晩、つぁつぁがびっくら病でぽっくら死んでしもうたてんがのう。あんさは悲しんで悲しんでまあ仏様さ行って泣いて、泣いて泣いて泣き明かしたと。ったら村のお寺の方丈様が、

「あんさあんさ、そうげ泣いてばっかいりゃあ、つぁつぁが悲しむし、成仏できねえすけ、お前元気取り戻して、またドジョウ捕め、どうらや。そうしていてもつぁつぁはいっこう喜ばんぞ」と言ったら、あんさ、

「うーん、それもそうら。おれがこうして泣いてたったて、つぁつぁが戻ってくるわけやない。元気出さんきゃならん」

そう思うて、ざるとバケツ抱《たが》えて渋海川へ、まあドジョウとフナ捕《つか》め行ったてんがの。だろも大水の大荒れのあとらんだんがどこから足入れていいやら、ざる入れていいやらわからんほど荒れ放題であったと。川の端が、こっちゃどこからまあ入ればいいいろ、じっとあんさは川を眺めていたと。ほしたら向こうの方へチカンチカンとしるんがあるってんがの。まあ何だろうな。ほし、行ってみたら泥はかぶり萱の屑はかぶり、隙間からチカンチカンして。みんなそれをとって着物できれいに拭いて、息はあはあかけてきれいに拭いて。ひょいっと見たら、つぁつぁだったと。

「おおっかなあ。つぁつぁお前こっげんとこいたらかい。寒かったろい。しゃっこかったろい。早よ家《うち》行ってあったこいとこ入ろうぜ」

そう言うてあんさはつぁつぁを抱いてうちへきて、仏様へかざって。

「つぁつぁ、家はいいろい。あったかくて」

線香ろうそくお花あげ、お茶屋から買うてきた饅頭も供えて、ほしてつぁつぁと毎日、

「今日はドジョウがいっぱい捕《つか》めらったれ」

「今日はいっぱい捕めらんねかったて」

いう、つぁつぁと話して、朗ーらかんなって元気になったってんがの。

たら、また村のお寺の方丈さまが、

「あんさあんさ、どうしたや。元気になったかや。おお、いかったねいかったね。元気になっ

て。つぁつぁも喜んでいるうぞ。ところであんさ、そけえ元気になったけ、俺がええ嫁、世話《せぁ》するが、嫁もろちゃあなじらい」

そう言うて方丈さま言ったてやの。あんさは、

「んでま、ほっげんどこに嫁が来んなら、つぁつぁ見て、たまげろうんならおごったすけ、訳は後で話ししるがんに、ひとまず押し入れへつぁつぁを入れろい」

ほしてつぁつぁを押し入れへ入れて、

「暗いとこで悪いろも、俺が間《ま》見て嫁に話《はなし》してあれするすけ、それまで待っててくんねえかい」

ほう言うてお花線香ろうそく、饅頭をあげて、押し入れの戸閉めておいた。

ほしたら、まあほんに非の打ちどころのない、器量はいい、せきたいはいい、気立てはいい、働き者、ほっけないいい姉さがきたってがの。あんさも喜んで二人《したり》が仲良う、毎日毎日ドジョウ、フナ、ツブ、捕めて小千谷へ売り行ってたと。

ほったらある日、お天気のいい朝げ、姉さが、

「あんさあんさ、あのーほっけな天気のいい時、俺、家《うち》掃除一つしたいが。おめえ今日一人で、ドジョウつかみ行ってくんねが。俺は、家掃除しらす」

「よしよし」あんさ、バケツとざるをたがえて渋海川いったと。

姉さたすき掛けんなって、尻まくって姉さかぶりして、ほして叩《はた》きでポンポンポンポン、むしろは外へ出してポンポンポンポンはたいて家中がきれいになったと。

「あー、よかった、よかった。家中がきれいになったがに。兄《あん》さも来て喜ぶろや。何のごっつぉして待っててりゃあええろ」そう思ったろも、

「あや、ほんにや。あの押入れひとつ掃除しねがったがんに。押入れひとつ掃除しようかな」

そう思うて思いさんだん、ガラッと押入れの戸開けたと。そしたら女がいたと。

「はあー！」

姉さはたまげて、たがえてた叩きをいきなり振り上げた。たら、押入れの女もたまげた面《つら》して叩き振り上げているってんがの。

「え、この女ま、ずぶとい女ら。ほんに隠して、女を押入れ隠しておくなんて、まあー、勘弁ならん。でも、ま、どうしてこの女をしょうぶすりゃええろ」

こっだ箒たがいて行ったら、ますますその押入れの女がおっかなげな面して、こっち睨んでるってんが。

「こらあー、まあ、俺より強そうらがね。叩きや箒ぐれえじゃとてもだめらわ」

へんなかの十能《じょうなん》に火箸持ってきて振り上げたら、また押入れの女がまた十能に火箸振り上げてる。

「こらあ、とてもあたな十能や火箸じゃだめらわ。いっそのこと鉈《なた》でも持ってこうかな」

そう思って姉さ、そこへ腕組みして「どうしてしょうぶしてくっだ」

したろこい、兄さが、

「今日はドジョウがいっぺえ捕めらったんや。見てくれや」そう言《ゆ》うて、バケツにふっとつドジョウ持ってた。

「お前ばっかしゃ俺をたらかして、女を押入れへ隠しておくなんて。ドジョウがその面なんだてら」

足でドジョウのバケツ蹴っ飛ばして、ドジョウは表へにょろにょろにょろにょろ。兄さ、

「女なんてなーんで俺が隠しておこうばや」

「じゃあ、嘘らと思うたら見てみたい。女がいたん」

「うん、俺が後でよく訳を話しようと思っていたらども、そら、つぁつぁらや」

「なんの戯《たば》けたこと言うてっだよ。俺をたらかして。見てみたらいい、女ら」

兄さ、恐る恐る見たら、

「ほら、見れ。女だなくて、つぁつぁろ。俺がはじめからつぁつぁだって言うてんねがや」

「何の俺たらかしてっだよ。女ら」

「どれ」

「ほら、女らねえけ」

「女なんて隠しておかない。つぁつあらいや。ほら、つぁつぁら」

二人《したる》がつぁつぁや、いや、女らや。せらごうてるうちに、姉さ、へー逆上しちもうて、その十能《じょうな》で兄さの頭ぐあんぐあんと当たって、兄さはこぶんとだらけなってたまげて表へ逃げて出

た。姉さ、こった鍋に釜に鉄瓶にやかんに、何でもみんな兄さにぶつけて、兄さ外へ逃げて、「隣の衆《となんしょ》、助けてくんねー。け、おおごたてー」って。そら、隣の爺さまと婆さまが、「まーまー仲の良え兄さと姉さが、なんしたてごってや。夫婦喧嘩は犬でも食わんていうこともあるども、まーまー兄さのその頭のこぶんと、傷。こらまあただごとだねが。なんしたてらや」たら、兄さ、「まあまあ隣の衆聞いてください。おらしょはそー、押入れへ女隠しておくらんて」「なーんだえ、兄さ本当らけ」「女なんておら隠しておかね、つぁつぁらや」姉さは女だっていうし、兄さはつぁつぁだなんだ言うし、そこで隣の爺さまが、「どれどれ、じゃ俺がひとつ見届けてみろか」恐る恐る押入れの戸開けたってんがの。じーっと見てた。「こらまあ、女らねえことは女らねえども、まあ出っ歯の、禿げ頭の、こらあ爺様らわな」ますます姉さ、「隣のしょまで、おらことグルになって俺たらかせた、おら、いっこ勘弁ならね、慰謝料どうろもろうて出ていきます」って出てきた。そしたら婆様が、「どれどれ、じゃあ俺がひとつ見届けてみろ」婆さまがそーっと、「姉さ姉さ、これは、紛れもねえまあ、女は女らろも、心配することはいらね。白髪《しらげ》だらけのしみだらけの、婆様らわな。姉さ姉さ、心配するこたいらね」

ますます姉さ逆上して隣の爺様も十能《じょうなん》ではたく、婆様も十能《じょうなん》ではたく、大騒ぎしてっとこへ、また村のお寺の方丈さまが「仲良うしてるかや」そういうて寄ったてがの。

「方丈さま方丈さま、仲良うも何もねえ、俺しょはのう、隣のしょとグルんなって女を押入れに隠しておくらぜ。俺という嫁がありながら、勘弁ならんて」

で、方丈さま「そっげなバカなことはあるまいざや」

「じゃあ方丈さま、そっげなばかなことがあるまいざやだったら、入って確かめてくれ」

方丈さまがそろーっんと押入れを開けて、方丈さまがじぃーっと見たったてや。その、つぁつぁら、女ら、爺様ら婆様らってがんを抱いて出て、

「お前方、これはな、鏡っていうもんだぞ。姉さが見れば女に見えたろうし、あんさが見ればつぁつぁに似てるんだんが、つぁつぁだと思ったろうし」

婆様も爺様も鏡なんて見たことねえだんが、婆様、

「俺もそっけ見目のいいほうだと思わんども、俺より憎げな婆様ら」いう言い合いしてた。

「これはな、その人そのものが映るがで、これは鏡て言うもんや。そしてそっけな、まあ珍しい鏡なんてがんがあっただろうか」

そして、姉さ、あんさ、婆さまに、爺さまにみんな十能ではたいた、こぶんとだらけなん、姉さ、謝ったと。そしたら、方丈さま、

「これはきっとなにか秘め事のある鏡や、かもわからね。まあ俺が手厚くお寺へ持って行って供養しるすけ、お前方、じゃあ今まで通り仲良くせなけ」
「今までの三倍も五倍も仲良くするて、まあ申し訳ねかった」
と、姉さが謝ったと。これで、松之山の鏡、いきがすぽーんとさけた。

（解説）

鏡を知らない田舎者の笑話。早く漢訳仏典『百喩経』三五巻「宝篋の鏡の喩」に、「宝の箱を見つけた男が、箱の中の鏡に映った自分の姿を見て、宝の持ち主が現れたと思って謝る」という話が見える。中国、明末の馮夢龍『笑府』の話は、妻に月の形の物（櫛）を土産に頼まれた夫が、仕事が終わった時には満月になっていたので、丸い鏡を買って帰ったことから騒ぎが始まる。エーバーハルトは、『中国の昔話タイプ』笑話7―3　鏡「1　夫が町に買い物に行き、鏡も買う　2　妻は鏡の中を見て、夫が妾を連れ帰ったと思う　3　妻の母は、娘婿が年取った女と結婚したと思う　4　けんかになるが、他の人たちが仲直りさせる」とまとめており、中国では、買物間違いから始まる話が多い。韓国でも同様である。

「松之山鏡」は、古典落語で広く知られ、松之山（新潟県十日町市）のある親孝行の息子に褒美をとらせようとして望みを聞いたところ、「父に会いたい」というので、「こっそり見るように」と鏡を与えると、妻が見つけて、女を囲っていると思いこんで大騒ぎになり、尼が仲裁する。一方、松之山の鏡が池には、母の形見の鏡に映る自分の姿を母と信じた娘が、池に入水したとする伝説が伝わる。謡曲「松山鏡」も、母の形見の鏡に映る自分の姿を母と思った娘の孝心によって、母が成仏する。

鈴木さんは、「越後の語りの会」で柏崎の中川ナツ子が語る「松之山鏡」(鏡知らずの夫婦が近所も巻き込んで喧嘩になる笑話)を聞き、これに夫の友人から聞いた鏡が池の伝説をつなげて、一つの話にまとめた、という。鈴木さんの語りでは、まず、小国を縦断する渋海川の上流、松之山の話として、両親を亡くして悲しみに沈む娘が、鏡に映る自分の姿を母と思い、母恋しさのあまり、鏡と共に池に沈む悲劇を述べる。次いで嵐でその池が決壊し渋海川に流れ込み、小国のドジョウ捕りの孝行息子が渋海川の泥の中からその鏡を拾い上げ、鏡の中に父を見出して大切に持ち帰ったためにひきおこされる鏡をめぐるドタバタ騒ぎを述べる。最後に方丈様が「これは秘め事のある鏡やもしれない」と言って、引き取って供養することになり、前半の鏡が池の悲劇も見事におさまりがつく。

33 石童丸

（鈴木百合子語り）

むかーしむかし、大昔だったてんがの。筑前、筑後、肥前、肥後、大隅、薩摩、この六ヶ国を取り仕切っている、おーお旦那様があったてんがの。その大旦那様の若旦那様は、筑前、筑後、肥前、肥後、大隅、薩摩の六ヶ国、加藤左衛門繁氏、なぁーげえ名前の人だったたと。

その大旦那様のあんさが六ヶ国を取り仕切るなんてとんでもない。明けても暮れても道楽もんで、賭け事、女遊びに明け暮れていたってんがの。旦那様の衆《しょ》は心配して、肩を並べるような大旦那様から非の打ち所のねぇ、いーい姉《あね》さをもろたと。ほして、おとごっこが生まって、石童丸ていう名前をつけたてんがの。にもかかわらずあんさは明けても暮れても、道楽三昧で過ごしていたってんがの。とうとう、そのあんさは、女、妾をうちへ連れ込んだと。そっでも姉さは、わーるい面《つら》ひとつしないで、妾となかよーう暮らしていたと。あんさはええこと幸いにますます道楽が上昇して、うちへ寄てつかんようなったてんがの。ま、姉さと妾は、表向きはなかよーうしていたってんがの。

たら、ある晩、あんさが夜昼たさけなしに遊びぼうけて、夜中の二時三時ごろうちへ帰ってきたと。ほしたら姉さの部屋が行灯であかーるかったと。まぁ、こっげな時間になんをしてるがだと、そう思うてそーっと戸を開けてのぞいてみたと。はぁ、あんさはたまげで氷のように固《かっだ》なっちもうた。てことは、普段はなかよーげにして、姉さと妾は暮らしていたろも、妾の頭の毛、姉さの頭の毛一本一本が全部蛇になって、口から真っ赤のへら出して、両方の頭の毛と頭の毛がもつれおうて。はぁ、あんさはたまげで、その場へ気絶しちまった。

どれくらい気絶して倒れていたらか、そのうちに奥の座敷の方から石童丸の泣き声がしたってんがの。それであんさは目が覚めた。はぁ、おらは今までなんてことをしてたろ。こうして女を二人、かわいいかわいい石童丸も生まれてから一度も抱いたことがない。まあ、この罪はどうして償えばいいいろ。女の気持ちもわからんで、女の嫉妬心、邪心、そういうことも考えないで仲ようしてくれているんだんが、ええこと幸いに罪に罪に罪を重ねてきたが、どうして罪を償えばいいいろ。そう思うて、石童丸の部屋へ行ったと。石童丸はわんわん、わんわんと泣いているんが、生まれてからはじめてー、あんさは、わが子を抱いて、

「石童丸、お父さんが悪かった。これから罪を償いに出ようと思うが、お母さんを頼むぞ」

と言《ゆ》て、しげしげと石童丸の頭へ涙を流して、石童丸を寝かせて、旅支度もそこそこに、

「これから高野《こうや》の山へ上がって、仏門に入って、罪を償おう」

そう思うて旅支度もそこそこに高野の山を指して、旅へ出たってんがの。

うちー中、旦那様があんさが一週間経っても十日経っても帰ってこない。姉さは毎日毎日神《かん》

様、仏様へ線香灯りをあげて、旦那様の無事を祈っていたってんがの。

そうこうしてるうちに二年三年と月日は流れたろも、旦那様の、音沙汰はどこからも聞こえてこなかった。ほしたらある日、妾が、

「奥様奥様、おれが旦那様のいどころをなんとしてでもつきとめてくるんだんが、暇をくってくれ」

そう言うて旅へ出ると。たら姉さが、

「おれは体が弱くて旦那様を探しに出るてことはできないが、じゃお前、おれにかわって旦那様を探してきてくれ」

ということになって奥様は、妾にかなりの路銀を持たして、妾を送り出したってあの。

「じゃあ頼んだぞ」と。

ほして、それからまた月日がたって、石童丸は、

「お母さん、石童のお父様は？」

と聞くような年になったと。奥様は、

「お父様はわけがあって、旅へ出かけた。すぐ戻ってくるから」

と言うような言い訳をしながらも自分の胸の内はいかばかりやったやら。五寸釘打たれるよりまだ苦しかったと思うが。

ほしてそうこうしているうちに、石童丸は五歳になった。奥様は明けても暮れても妾の帰りを待って、旦那様の帰りを待って、とうとう重い病で床に伏せってしもうたってんがの。石童丸は五歳らんだんが、お母様の枕もとで一所懸命看病したってやのぅ。女中も下男もいんな奥様を気の毒に思って、世話していたと。

　そのうちに女中が、

「奥様、奥様。表へきったなげなじさまらやら、ばさまらやら、わからんよなこじきが来た。ほして、物をやっても『いらない、いらない。奥様にどうしても会わせてくれ』と言うて聞かんで、表へいるが、どうしましょうか」

と奥様に聞いたと。奥様は自分の体を持て余してるような病らろも、何もかもはだしで表へ飛び出たと。そこへは、旅に出た妾が、見るも無残な姿で面影はどこへもなかったろも、まぁ妾には変わりがない。奥様は、

「苦労かけたね。難儀かったろ。御苦労らったね」

と言いながら、妾を腕へ抱きかかえたと。妾は、へぇ息も絶え絶えで、奥様にしっかりつかまって、

「旦那様は、高野の山で、刈萱今道心《かるかやいまどうしん》……」

とよく言いきらんうちに奥様の腕ん中でこと切れてしまった。奥様、

「ま、どのくらい難義したやら御苦労らった、大御苦労らった」

ということで手厚く弔うて供養して葬式も立派に出して、ええお墓も建てて供養したってんが

の。はーてこんだ旦那様の居所がわかった。

「さあ石童、お父さんに会いに行こう」

ほいで、身支度もしっかりと整えて、その時石童丸は数え七歳になったったと。お母さんと二人で高野の山まで歩いて行くっていうが、今のおら、想像もつかんこてやのぅ。今日は野宿、今日はお寺の屋根の下、今日はお宮さまの縁の下、毎日毎日歩《あえ》んで歩んで、どのくれ歩んだらかわからんほど歩んで、やっと高野の山のふもとの宿へ辿り着いたと。

「石童、よかったね。明日はお父さんに会えるかわからん。今夜ゆっくり休んで明日高野の山へ登ろうね」

と言う話を女中が聞いてたと。

「奥様、今、話聞けば、明日二人で高野の山へ上がろうというような話らろも、高野の山は、女人禁制の霊山らんだんが、どっげなえれ人れも女は上がることは許されない」

そう言うて、言うて聞かせたと。奥様は力落として、

「じゃ、仕方がね。石童、お前一人でお父さんを探してきてくれ」

そう言うて「刈萱今道心」と書いた紙をほろこんなか持たして、ほして、石童一人、宿の人もいんな気の毒がって石童見送ってくれたと。お母さんも涙ながらに、

「石童、気をつけて。必ずお父さんに会《お》うてこい」

と言うて、石童は高野山に上ったと。だーろも険しくて険しくて石はごろごろ落ってくるが、

つるがあるやら、途中まで上がって、また下まで転げ落ちたりしながら、いっかかかって高野の山へ上がったらやら。高野の山は昼間でも薄暗え、夜昼わからんようんとこらった。薄暗えようなとこ、まあ高野の山は広くて広くて広くて、どこからお父さんを探していいかわからんようらったと。どっちへ出りゃいいいろ、人影もないし、石童もほとほと困ってたとこに、向こうの方へ人影がちらっと見えた。

「あ、あの人に聞いてみろ」

　ほして、

「あの、お坊さーん、お坊さーん。ちっと待ってください」

　石童は飛んでって、

「お坊さん、この高野の山へ刈萱今道心っていうお坊さんいたら教えてください」

って頼んだと。お坊さんは薄っ暗えようんどころあったども、はっと、一歩も二歩も後下《あとさ》がりして、

「坊や、ただ刈萱今道心とだけじゃ、わからないが、坊やの名前は」

と聞いたら、

「石童丸です」

「じゃ、坊やの探してる人は一」

「お父さんです」

「じゃ、お父さんの名前は」訊いたら、

「筑前、筑後、肥前、肥後、大隅、薩摩の六ヶ国、加藤左衛門繁氏ら」

とそう言うたと。お坊さんは、たまげた様子も見せらんねが、まあ、たまげたことは隠しきれない。

「刈萱今道心、知ってたら教えてくれ」

何度も何度も。そしたらそのお坊さんは、

「坊や、可哀想らろも、刈萱今道心ていうお坊さんは、一ヶ月前ぐれえに流行り風邪がもとで死んでしもた」

石童丸はその場へ倒れるように、お坊さんの足に縋って崩れ落ちたと。お坊さんも、石童丸の頭の上へ、ぽとぽとぽとぽと涙を流しながら、衣の袖で石童丸を抱え込んでくれたと。

「坊や、そっけ泣いてばっかいたったて。じゃあ、お墓を教えるすけ、お父さんに会《お》うてこい」

ちょうど真新しいお墓を見つけて、

「あれが坊やのお父さんだ。刈萱今道心のお墓ら」教えてくれた。

石童丸は、そこへ飛んでって、

「お父さん、なんで、石童がこうして訪ねて来たがに、何で一目会《お》うてくれねで死んでしもうた」

わんわんわんわん、わんわんと、お墓の石が溶けて流れるほど涙を流して泣いてたと。そしたらお坊さんが、

「坊や、そっげえ泣いてりゃあお父さんが余計に悲しむすけ。さ、涙拭いて、お母さんのもと

と言《ゆ》で、そのお坊さんは、衣の袖でしっかりと石童丸を抱きかかえてくれたと。したら、石童丸、

「もしやお坊さんが石童のお父さんでは」

と訊いた。

「いやいやとんでもねえ、とんでもねえ。坊やのお父さんでなんかでね。あんまり坊やが可哀想で不憫で、ついついもらい泣きしてしもうた。早く帰って、お母さん安心させなさい」

そう言うて、手に何枚かの路銀を持たせたと。そして、

「じゃ、気をつけてお母さんのもとへ帰りなさい」

と、お坊さんは石童丸を見送ったと。石童丸は、振り返り振り返り、お坊さんに礼を述べ、別れを告げて、石堂丸は高野の山を下って行ったたってんがの。

さあ、後でそのお坊さん、正真正銘の肥前、肥後、筑前、筑後、大隅、薩摩六ヶ国の加藤左衛門繁氏らったらと。刈萱今道心だったらと。

ああ、わが子を目の前にしながら、「石童や、ほれお父さんだぞ」と、名乗らんねえことは、自分で犯した罪の深さにしみじみと涙を流したと。厳しい厳しい仏門の掟に耐え忍んで、偉いお坊さんになっていたらってがの。

そして今度、石童丸は山を下って、宿へ飛んでって、

「お母さーん、今帰った」

へ帰って、この事知らせれ」

と、言うて飛び込んだら、宿の人がみんな出迎えて、

「ああ、一足遅かった。お母さんは今、息が切れた。遺言していった。早く帰ってお母さん会《お》うてくれ」

石童丸は腰もぬかさんばかりにたまげて、お母さんの遺体にしがみついて、

「お母さん、何で石童が帰ってくるがを待っててくれなかった。高野の山へ入ったら、お父さんが死んだことを知らされ、今またお母さんに死なれて、石童はどうすればいいらろ」

泣いて泣いて泣いて、泣き明かしたと。宿の衆は、

「気のー毒に気の毒に」

みんな慰め合《お》うて、

「お母さんが息引き取る時、石童が帰ってきたら、今一度高野山に登って、刈萱今道心の弟子にしてもらって、立派なお坊さんになるようにと、そういう遺言だった」

ということを知らせてくれた。宿の衆の手厚い心遣いでお母さんの弔いを済ませて、して、石童丸はまた、身支度を固めて、宿の衆《しょ》に見送られて、高野の山へまたまた登ったと。

そして、刈萱今道心を探し当てて、そこで弟子にしてもらって、精進して立派なお坊さんになったてんがの。その刈萱今道心、年をとって病に倒れたろも、石童丸が一生懸命看病して、安らかに刈萱今道心は息引き取ったと。だろも、親子の名乗りはしなかったということらてー。

ほして今でも、高野の山へは親子地蔵が立ってるふうらやそうらの。

（解説）

説教節や謡曲で広く知られた高野聖の苅萱道心とその息子石童丸の悲話である。説教正本としては、「せつきやうかるかや」「かるかや道心」などがある。発心遁世譚で、高野聖の間で育てられた。（平凡社東洋文庫『説教節』）鈴木さんは、子どもの時に母の実家で、母の妹に当たるおばから聞いたそうである。病弱でずっと実家にいたおばは、お針をしながら語ってくれた、という。瞽女唄などで知られる話としては、ほかに「巡礼お鶴」も聞いたと言うが、「葛葉子別れ」は、ご存じない、ということだった。

34 甚平桃

（鈴木百合子語り）

昔があったてんがのう。甚平さんていう、お百姓さんがいたったてやの。畑の真ん中にでっけーえ桃の木があったと。春んなると花はいっぺえ咲くども、不思議《ふしーぎ》なことに実はたった一つ、しーんぐらい、真っ赤のでっけのがひとつしかならんだと。

甚平さんは、「あの桃ひとつ、食うてみてえんだが」、そし三間梯子かけて、「今年くっさひとつもいで食うてみろい」、そし三間梯子あがっども、三間梯子から上や、なんとしても、足が滑って、あがらんね、桃まで手が届かん。だめら、今年もあきらめた、またでんなもあきらめた、その次もあきらめた。とうとうその桃、甚平さんは食わんでいた。

ほしたら、村の衆《しょ》が誰が言うとなく、噂に、「あの、甚平桃は、悪魔祓いの桃の」。そう言《ゆ》えば、隣村から隣村へ、わーるい病気がみんな流行ってくるろも、ここの村は、おかげで、病気は誰もうつらん。「甚平桃のおかげら、ありがてえありがてえ」てみんなして、拝んでたってんでがの。おだーやかな村があったと。

ほうしたら、およねっていう娘と、かっかが、二人《したっ》で住んでた。およねは、だんだんだんだん、年ごろんなって、器量はええが、気立てはええが、稼ぎ手だが。みんなが、目につけて、「およね嫁にもらいて」「およね嫁にもらいて」、あちからもこちからも、どろもこどろもこどろもこ、およねんとこ、嫁もろいいうた。およねは、まんま食う手間も、寝る手間もねえ。だんだんだんだんだんだん、衰弱して、寝込んでしもうたと。かっかが心配して、一所懸命に看病するども、なかなか、治る気配がねえてやの。そのうちにおよねが、

「おら、甚平さんのろこの、桃がひとっきれ食うてみてぇ」そう言うてんがの。んな、かっかが、「およねのこったがね、おら、命にかけてでも、甚平さんのろこ行って、桃を一切れもろてくるすけ、待っててれや」そう言うて、うち出てった。

「甚平さん甚平さん、おらこのおよねが、甚平さんの桃、ひとっきれ、食うてみてえて言うが、どーか、桃ひとっきれ、くってください」ほったら甚平さん、

「なっっちょもなちょも、いっくらもいでもろてもええども、俺も毎年毎年、食うてみろうと思て、三間梯子あがっども、なんとしても三間梯子から上や、上がらんねが。かっか、おめえ、上がられっかい」

「なーんの、おら、可愛いおよねの、命助けなきゃならねんだ。おりゃなんっとしても、上がるすけに、その桃くってくれ」

「あぁなっちょもなちょも」

ほし三間梯子かけて、甚平さんが、

「落ちねえようにの、落ちねえようにの」と、言うて、見守るが中、かっかは、一段、一段、三間梯子あがって、いっち三間梯子の上へ行った、

「かっか、へえ、そこからあがらん方がええぜ」言うだども、

「何が何でもあの桃、もらわんきゃなん」

ほうして、木に抱き着いた。そのうちに、甚平さんが見ていたら、じわー、じわー、じわとあがってくてんがの。

「ああこら、ええあんべえだ、桃がもがってえやええがな」と思て、甚平さん、眺めてたと。そのうちにもうちーっとで、かっかの手が桃に届くろこまでいったら、かっかの足が、外れて、地べたに、ずっどーんと、落ったと。甚平さんがたまーげて、

「かっか、なじらや、かっか、しっかりせや」

て、その場で、きゅうーっと目玉が飛び出て、息切っちもうたと。ほんで甚平さんは、かっか、負《ぶ》って、およねんどこへ行って、わけ話しして、たら、そのまたおよねも、たまげて、きゅうーっと目玉飛び出して、死んじもうた。

さあー村の衆《しょ》は「気の毒だ可愛そうだ」「気の毒だ可愛そうだ」で、村中のもんが寄って、およねとかっかの棺桶二《した》っつ並べて、葬礼出したと。ほうして、お墓も立ったと。

ほうしたらその晩、甚平さんが、葬礼のことも頭へあるし、およねとかっか、可愛そうだ気の毒だてがんが頭から離んねでいるんだ。寝床へ入ったども、ええーえて寝らんないで、その

うちに、一時ごろか二時ごろんだろか、真夜中に、がももーん、がももんと、鐘の音がするてんがの。やー甚平さんはおっかねえやら、でもまあ、おっかねえろも、見ねことにゃ話にならんと思て、おっかねーぶるぶる震えながら、そおーっと、戸を開けて見たと。ほうしたら、桃の木に、三間梯子がかかって、そこが、あーおい光が、あがったりー、おったりして、よおーく見てたら、およねのかっかが、しいーろい着物着て、額紙《ひたいがみ》三角んがん、ほして、三間梯子を、むざんむざんと、あがってくんが見えるてがの。その下で、およねが、白い着物着て、それも額紙《ひたいがみ》当てて、がももーん、がももんと、鐘はたいてるてやの。

「や、こーれや、やっかし確かに、葬礼出したがに。ま、あんま気の毒な死に方らんだんが、成仏しらんねだろうかね。ま、ともかく、夜が明けると一緒に、隣村のお寺へ行って、方丈様、頼んでこし」、そう思て、夜がちいーっと、明けてきたん、わらんじ履いて、わさわさ、わさわさと、隣村のお寺へ行って、わけ話しして、方丈様、頼んだ。

「じゃ、俺が、ありがてえーお経、あげるすけ」そう言うて、方丈様もわざわざ、およねとかっかのお墓んとこへ来て、ありがてえーお経を、何時間もお唱えしてくださったと。

「はっ、方丈様、ありがとうござんした、遠いろこ、申し訳ねかったの」と、方丈様を送って、甚平さんは、「またー、今夜も幽霊が出ねけぁ、ええがの」そう思うてま、ぶるぶる震えながら、床ん中いた。うつうつしたうちに、夜が明けた。

「ゆうべなは、幽霊が出なかった。ああーよかったよかった。ありがてえお経あげてもろうたんだんが、成仏したらいいや。まあーあよかったよかった」

ほし、甚平さんは、その桃の木を、ずーこずーこずこずこと伐った。ほして、しんぶれえなってる桃をもいで、およねとかっかのお墓の前、供えたと。ほうしたら、その桃は、次の年、芽え出して、三年目に、花が綺麗に咲いたと。

「ほー、まあ、よかったや。およねとかっかが、桃の花の下で、喜んでいたや」

そしてま、参てたと。ほしたらいつれも、一つしか今までならんかった桃が、花が咲いたがに全っ部枝がしだれるほど、なったてんがの。

まぁ甚平さん、「こっだ俺が、まぁひとっつごっつぉになろ」、ほぉし、真っ赤んなったろこ、一つもいで、ぺろぺろーぺろぺろー、皮剝いて、ぱくんと食っついた。ところが、これくっさほっぺたが落ちるなんてもんじゃねえ、うめえーくてうめくてうめくて、「こらーまあ、ほっげなうめえが俺ひとっで、こっけどうろなってがに俺ひとっで」、ほしておよねとかっかんどこにも、一つずつもいであげて、村中の衆《しょ》へ触れ出して、村中の衆もみんな一つずつそれもいで。いっぺいことなったんだんが、村中の衆の人数ほどなった。みんなが、ひとっつずつ、ごっつぉになった。

ほうしたら、みるみる、腰の曲がったおじいさんおばあさん、皺だらけの、八十九十のじさまとばさまはみんーな、皺が伸びて、みんな若返った。若え人は、器量のええがの、そのまた上、器量がええ。やーみんなが喜んで喜んで喜んで、あんまりうめえんだんが、また屈強な衆が、もうひとつごっつぉになりてたがて、桃に手えかけたら、その人が、脚が痛なって。んだがそろぉーっと手え離した、ほしたらまた脚が治った。この桃は、二《した》つと、手えかけちゃならん桃だと、言う。まあ本当のことと噂が、日本津々浦々へ広がったと。ほうして、花が咲くと、みんな、煮しめこしょて、ほうして、花見に来る。ほだ、桃がなると、みんーな遠ーいろこから来て、一つずつもろてごっつぉになって、ほうして、悪い病気も流行らんなって、おだーやかな日本の国になったてやの。ていう話らて。いきがすぽーんとさけた。

〈解説〉

毎年一つしか実を付けない甚平の桃は、村を守ると言われていた。娘のためにその実をとろうとした母が木から落ちて死に、それを聞いて娘も死ぬ。甚平が木を切り倒してその種を埋めると、新たに木が生え、その木にはたくさんおいしい実がなり、食べた者は皆元気になった、という。この話は、甚平桃はなぜ一つしか実をつけず、誰にもとることができなかったのか、謎は謎のままで解決されず、いわゆる昔話文法にはかなわない話である。

鈴木さんにどこで聞いた話かうかがったが、よく覚えていないということだった。ただ、子どもの時、冬にこたつでこの話を聞いていると、夜に幽霊が出る、死んだ母娘が幽霊になって、桃の木に登っていくというところがおっかなくて、その怖い場面をどきどきしながら聞くのが楽しみだった、とおっしゃっていた。

「甚平桃」「甚平梨」という題の話は、新潟の昔話集に散見する。例えば、『中野ミツさんの昔語り』「ずんべ桃」、『雪の夜に語りつぐ』「甚平桃」、『宮内昔話集あったてんがな』「ずんべえ桃」がある。「甚平桃」と題されてはいるが、いずれも、「三人兄弟の父が病気になり、父の病気に効くという楢梨をとりに行く。長男次男は途中で会った老婆の注意を無視して、沼の化け物に呑みこまれる。三男は老婆の忠告に従い、化け物を倒し、梨をとってきて父の病気を治す」という「楢梨採り」タイプの話である。上記三話では、太郎と次郎を食う化け物は、葬礼の音と共に棺桶の中から登場する。『日本昔話辞典』「なら梨採り」によれば、山形・福島両県の話には、山奥で葬礼に会い、棺から怪物が出てくるモチーフを持つ話が報告されている、とある。

鈴木さんの話とは、一見、全く違う話のようだが、病気の娘が桃を食べたがり、母が採りに行く、と言うのは、病気の父のために息子が採りに行くのと立場は逆であるが、行動は同じである。とれない実を無理してとろうとして失敗して死ぬ、葬礼についても登場の仕方は違うが、桃の木の下に現れるのは同じである。ということで、なんらかの関係があるのではないか、と思うが、鈴木さんの話の由来がわからず、疑問は解決できていない。なお鈴木さんご自身は、楢梨採り型の「甚平桃」については、全く聞いたことはない、ということだった。

35　山の樵の夫婦の話

（五十嵐サチ語り）

むかーしむかしあったてんがの。むかし山のおーくの方へ、ちいーさい村がありまして。その村へ樵の夫婦が住んでましたてんがの。その樵の夫婦が、春になると雪が消えると、その村よりもっともっと山奥の山へ入って、そして、あの樵の仕事をして、そしてあの、かっかはその、つぁつぁのご飯しに、あの、山へ入って山小屋でもって、その夏うち暮すような、そういう生活をしていましたてんがの。

その、また雪が消えてきたある年、つぁつぁがかっかに、

「また、ほい雪が消えてきたが、おら、また山へ入ろうと思うが、おまえもまた一緒に行ってくれるかね」て言《ゆ》たら、かっかが、

「ああ、つぁつぁ、おまえが行くろこ、おらどこーでもいっこ一緒についでいぐすけねの」て言《い》て、かっかが言《い》うたと。そしたらつぁつぁが喜んで、

「ああ、そうってくれるか。ありがとう」て言《い》て。

言《い》てそしてまあ二人して、雪が少ななったんだんが、一所懸命で、その山へ入る準備をして、

山小屋でもって生活するのらんだんが、あの、つぁつぁの金道具から食料から寝泊りする道具から、なかなか荷物をいっぺ作らんきゃなんで。それでまあ一所懸命ふたりして準備して、雪も消えたころ、なから、準備もできたんだんが、じゃあ今度は山へ入ろうかとかで、村の衆《しょう》も二、三人たのんで、そして荷物を一緒になって運んでもらって、そして山のおおーくの山小屋へ、あの、天気のいーい日出かけて行って、そしてそこの山小屋へ着いて、そしてそこへまあ村の衆はみんな荷物を置いて、んてつぁつぁとかっかはその山小屋へ入って、んて、

「ありがとござんした。またここでもって夏うち過ごすんだんが、あとはよろしくお願いします」て言《ゆ》たら、村の衆が、

「ああ、だいじょうぶらすけ、いっこ心配しないで。おめえさんがたがここでもって仕事してください」て言《ぃ》て。

　そして村の衆がその日の夕方になる前に、山をおりて村へ帰ってきて、そしてつぁつぁとかっかの山小屋の生活がそれから始まったてんがの。

　そしてまあその生活ってがんが、夜明けとともに二人して起きて、かっかはまんまの準備して、かまどでもって火いたいて、まんま炊いて、そしてまんま食べる準備して、つぁつぁは起きると顔を洗うとじきに、山小屋へ山の神様《かんさま》という神様《かんさま》をまつってあって、その山の神様に、今日の一日のまた無事をお祈りして、それからつぁつぁとかっかとご飯食べやがらたですの。その日もいっかもそうして過ごして、その日もまあまた同じ山の神様にお参りして、二人して

ご飯食べて。そして、つぁつぁが「じゃあ、山へ行ってくるすけの」て言《い》うて、かっかの作った弁当もらって、そしてつぁつぁ出ていった。かっかは、

「気をつけてくらっしゃい。怪我しねようにのう。一所懸命、気いつけて仕事してくらさいの」て言うて、かっかは送り出したと。そして、つぁつぁがいさいさと山へ出かけて行ったてんがの。

そしてかっかは、やれやれと思て家《うち》へ入って一休みしたら、なんっか谷の方から今まで聞いたこともねえような音がして、さわさわさわさわというような音と、なんかこう木が生木《なまき》が折れるようなばきばきばきばきばきっていうような音がする。

「さあー今までここで何年か住むろも、こっげな音は聞いたことがねえが。何の音なのか知らん」と思って、かっかが散々考えたろも分からんで、確かめてみなきゃと思て、かっかが外へ出て、谷のほうへ下っていこうとしたら、その谷の方から山小屋の方へ向かって、今まで見たことも聞いたこともねえ大蛇が、ずるずるずるずると山小屋の方へむかって登ってくるってんがのう。さあ、かっかはたまげてしまって、声もでねし動くこともならんし。その場へ座り込んでしもうて腰が抜けちもったてんがのう。だども、大蛇はずるずるずるずるとだんだんだんだんかっかのほうへ近づいて、小屋のほうへ近づいてくるんだが、かっかはほんのへぇ死んだみてえなったが、満身の力をこめて這うて山小屋の中へ逃げこんだてんがのう。そうしたてがんに、大蛇がみんじゃのほうからばりばりーって囲いをみんな破って、そして山小屋の中へ入ってきてしもうたんてんがのう。さあ、かっかは生きた心地よりも自分の気持ちが、ねえように

なって、たまげてしまって、そのうちに大蛇が真っ赤な口をばかーってあけて、そしてかっかに迫ってきて、そしてかっかをくつーと飲み込んでしまったと。かっかは、へー、どうしようもなくて大蛇のするがままになってしもうて、大蛇の腹ん中へ入ってしもうた。

　ところがつぁつぁはそのころ山で仕事をしてたがですろも、なんかしらん得体の知れない胸騒ぎがするんだんが。「どういうことだが、これはただごとじゃねえ胸騒ぎだが」と思って、かっかのこと考えて、「もしやかっかになんかあっただねえろか」と思って、つぁつぁは仕事投げだして山小屋へ飛んで帰ってみたら、山小屋の中はそこらじゅう壊れてるし、かっかの姿がぜんぜん見えねし。つぁつぁが考えて、「さてよ、この山のずっと奥のほうへものすごくでっけぇ大蛇が住んでるってだが、その大蛇が谷伝いにここへ来たんじゃねえろか」て思って。考えて、つぁつぁは今度はマサカリ一丁持って谷川のとこまで飛んでってみたところが、その大蛇が長々長となって、かっかを飲み込んだんだが、腹の真ん中がぽこっとおっきくなってふるえて、そして口から泡を吹いてそこへ寝てましたってやの。

　さあ、つぁつぁもたまげたろも「よーしこの畜生、おらほのかっかを呑みこんだな」と思て、「俺が一向、仇を討ってくれる」と思て。つぁつぁは気持ちを静めて満身の力をこめてマサカリでもって大蛇の背中をすぱーっとはたいたら、そしたらその、ちょうどあたり場所がよくて大蛇の背骨のところへいって、マサカリは刺さったんだが、大蛇は動きが悪くなって、動かねえようになったんだが。つぁつぁはまあ、この拍子らと思って一所懸命でマサカリをふりあげて大蛇をはたきつけたら、あんまりつぁつぁが一所懸命ではたいたんだんが、その大蛇がそこでもって胴と頭の方とすぱーっと離れてしまった。そしたらまあ、血が出るわ、血が出るわ、そこらじゅう皆、真っ赤になるほど血が出て。「ああ、まあよかった」と思って「こん畜生、俺が仇とったど」と思ってつぁつぁがいたら、そしたらその大蛇の切った切り口のあたりの奥の方になんか蠢いてるんだんが。

「さては、こら、かっかがまだ生きていたか」と思て、つぁつぁが大蛇の切り口から探ってみたら、かっかがまだもごもごと動いてたてんがのう。つぁつぁは喜んでかっかを引っ張って引きずり出してみたら、かっかはまだ生きていてのう。

「おまえなあまだ息があったかい。よかったよかった」てつぁつぁが喜んだら、かっか、

「つぁつぁ、おっかなかったて」て言うて、つぁつぁに抱きついて喜んだ。

そして二人して喜んでいたら、て、そばをみたら、どうして風で飛んできたかと思われるように、山小屋へ祀ってあった神棚の前にたてておいた幣束が、大蛇のそばまでいってちゃんと立ってましたてんのう。つぁつぁ、どういうことらろうと思うて考えたろも、

「いや、おらが山の神を信じて信心して一所懸命でお参りしたんだんが、山の神さまがおらを助けてくれただあねえか」と思って。

そしてふたりして喜んでまたその幣束を神棚へあげなきゃなと思って持ってきて。そして山小屋へ帰ってきてまた幣束を元にもどして、神棚へお参りしてお礼を言うたそうですてのう。

そだろも、かっかは蛇の腹の中にしばらくの間入ってたんだんが、髪の毛がみんな溶けてしもうて坊主になってましたと。だども、「山の神さまのおかげでもって、おら命拾いさせてもらったが」といって、夫婦二人して一生山の神さまを尊んで信心していたとですて。そして二人して一生仲良く過ごしたそうですが。

いきすぽーんとさけました。

（解説）

山に入って泊まり込みで働いていた樵のかっかが、大蛇に呑み込まれるが、山の神の加護で助かった、という話。大蛇と山の神にまつわる伝説で、木挽きが伝えていた話である。山の神の話は、たとえば下田村の「炭焼き父っつあ」（『ミツ』一五五頁）には、イタチの化け物に毎晩相撲を挑まれた炭焼きが、山の神に一心に祈って助かる話などがある。

木挽き・十二講さま・蛇の衣《きん》の話

五十嵐　子どものころ、私の母親がまだ父親の実家にいる頃に、そこの山師に、山師っていうのは今の材木屋ですこて、昔のことだんがん、機械なんかなかったんですけども、木挽きはね、そこらじゅう歩くような商売で、その木挽きを何人か住み込みで頼んでて、その木挽きがね、私の母に昔話みたいなのをして教えて聞かせた話なんだそうですよ。それで母がよく私らにその話をして聞かせましたよ。その木挽きの名前まで、聞いたんですけどみんな忘れてしまいました。母の実家は、横沢の（上村）ね、山崎って言って「とうじろう」っていう屋号でもって、今はもう二、三年前になくなりましてね、みんな群馬に越していきましたけどもね。

高　橋　この辺は山の神を祭った神社、十二さまっていってね、十二がつくんですけど、それがたくさんあります。二月の十二日に十二講っていってね、このときには山の神の祭りっていうか、昆布巻きかなんかしましたね。

五十嵐　十二講のとき、稲荷さまもってる人は、赤飯じゃなくて普通のご飯に小豆を混ぜた小豆ご飯っていうのを炊いて、それを藁ずっとこみたいながんを作ってそのなかに入れて、そして稲荷さまへあげて、そして弓と矢を作ってそれも一緒にあげましたよ。

鈴　木　そげな話、初めてだな。武石の方には、小豆まんま炊いて、昆布巻きをするがんまではわかるども、藁ずっとこの中へ入れて稲荷さまへあげるなんてがんは初めて聞いた。

五十嵐　私の実家は神主だったんだんが、その稲荷さまなんてがんはなかったろも、（母の実家の）とうじろうはさ、禅宗の下村のお寺（曹洞宗瑞音院）へいましたんだがね、よくそういうことしてましたよ。

鈴木　武石と横沢、七日町といってもみんな違うたんだんがのう。

高　橋　でも弓と矢を神様にあげるっていうのは私も経験があるんですよ。だから上《かみ》の方は知ってたども。十日町の方へ行くと矢を的に向かって射るような行事もあるんですよ。

五十嵐　明けの方っていうがんを調べてさ、その明けの方の方に向かって矢を射るっていうがんの。今年の明けの方はどっちの方向かなんてよく言いましたよの。

高　橋　あの恵方っていうかそういうのかな？明けの方っていうのは。

五十嵐　今、恵方巻きってお寿司食べるなんてありますがのう。
高　橋　こっちじゃそういうのはなかったね。十二講の話ではね。
五十嵐　その大蛇の話ですけどさ、大蛇じゃないですけど、今の小国町の原小屋っていう部落のあるうちにあった話なんですけどね。私らはそのおじいさんを知ってますけどね。おじいさんが、そのころはまだおじいさんじゃないけども、柿の木にね、子どもが凧あげたのがつっかえてんだなって思って、なんかふわふわふわふわ柿の木の上でしてるんだんが、そう思って最初はいたろもね、柿の木に登ってそれを取ってみたらそれは蛇の衣《きん》だった。本当にあった話ですよ、その衣がね、昔の話だども、袋になってましして、それが一尺以上ありましてね、どこから来てどうしてそこへつっかえたもんだかさっぱりわからないども、そのおとっつぁんは珍しいがんがあったもんだと思って、それをそーっと傷めないように持ってきて箱の中へ入れて、そういうがんがあったとそれを話して、村の人がみんなが見に来て、大事げにして箱の中から出して、そして見せていましたって話をね、子どもの頃聞きましたよ。
高　橋　蛇の衣《きん》なんてきっと、見たことない人いっぺいいるども、蛇の脱皮だろうなぁ、抜け殻っていうか、薄い皮を残すんだね、蛇がね。それよく財布の中に入れとくと金がたまるなんて言いますね。
五十嵐　子供のころそれ見ましたよ。財布開けると蛇の衣が入ってるなんてね。

36　藤稲荷

（五十嵐サチ語り）

むかーしむかしあるところに小さな村があったてんがのう。その村の後ろの方《ほ》へお稲荷さんが祀ってあっての。そのお稲荷さんの後ろの方へ大ーきい杉の木があったてんがのう。その杉の木にまた大ーきい古しい藤のツルが絡んでいての、それが春になると綺麗なお花をいっぺ咲かせてそ。それを村んしょが喜んで、お稲荷さんをお参りしたり、その藤を眺めたりしちゃ、その時期になるとよくお稲荷さんを皆お参りに行ったとですてのう。

ところが、そのどうしたことらやらある年、その藤の木が全然芽も吹かねし花もなかなか咲かねえしするんだんが、「困ったなぁ」と思って村んしょが一生懸命眺めてるろも、全然その芽も出てこねえし花も咲かねんだんが、「枯れたんだろかどうしたんだろうか」と思って村のしょが心配《しんぺぇ》してましたと。

そんなからの、村の庄屋さんがの、都の方へ用があって、庄屋さんは都へ出てみなすった。そしてその都でもって庄屋さんに用事を済ませて、「まあせっかくここまで都まで来たのだんが、ちっとばか、まぁそこらを見物していきましょうや」と思ってそこらじゅうをこう見て回ってましたら、まぁ都の賑やかなこと。まぁいつもいつもお祭りみてえでもって。庄屋さんはすーごくたまげてきょろきょろきょろきょろとしてそこらを歩いていなしたと。そして、ところがの、そのすーごく人通りのいっぺえあるとこへ出てよく見ると、赤い鳥居が立ってのう。そこはお宮さんみてえらんだんが、よくよく見たらそしたら、お稲荷さんの社らったかお宮だったかですってのう。「まあここにもお稲荷さんが祀ってあって、まあでっけぇ稲荷神社だこと」と思て庄屋さんもたまげてそこらをきょろきょろしながらそのお稲荷さんをお参りして。

そして、ひろーい境内があったんだんがその境内の中をこうふらふらと見て歩いてたら、ほしたらその境内の奥の方の石んとこへの、綺麗なかわーいらしい娘さんが一人座っててそ。その娘さんが、なんか気の毒に縮みこんでて、さらさらなんか物思えにふけったみてえの感じがするんだんが、庄屋さんも気がかりになってのう。で、その娘さんに声掛けてみたと。

「もしもし、お前さん、体の塩梅《あんべ》でも悪ござんすかい」

と言って聞いたら、

「いいえ、体の塩梅はなんでも悪くねえがです」

「じゃあなんでそう沈み込んだような格好してなさるやら、俺も心配《しんぺえ》でならねんだんがそ、一つ聞いてみたがいさ。俺でよかったらその訳を聞かしてくんなさんねかね」

と言うたら、ほしたら娘さんが話し出したてやの。

「おら、あのお稲荷さんをお参りに来たがですろも、ところがお参りだけ終《お》やして帰ろうと思うたら、帰りの路銀を皆落としてしまって。そこらじゅういっくら探してもそれがねえがですろも、村へ帰ることがならねえでもって、どうしたもんだかと思て考えに考えてるろも、いい知恵も浮かびませんし、困ってるとこです」

て言うて、娘さんが言うたんだんが、

「そらあお気の毒ですのう。お前さんみてえな綺麗な人がここらでふらふらなんかしていると、どっけの人に捕まらんとも限らんすけに、じゃあ私がなんとかしてあげましょう」

と言うて庄屋さんが懐から財布を取り出して、そしてそのいくらかの金を娘さんにあげて、

「おめさん、この金でもって村へ帰らっしゃい。そしてさっさと帰ったほうがよござんすすけの」

と言い聞かせて、ほして娘さんと別れたと。娘さんはよろーこんで何度も何度もお礼言って、そして庄屋さんと別れて帰って行ぎなすったと。

ほして庄屋さんも、「俺も今度はへー、帰ろうえ」と思て自分の村の方へ向《むこ》うて帰ってきなして、村へ着いたら、ほしたら村んしょがの、

「庄屋さん、今帰んなすったか。まあよかったよかった。お前さんの留守の間にそ、いいことがありましてのう」

と言って、「なんがそんげいいことがあったろう」と言うて言ったら、

「あのそぉ、藤の花がのう、芽ぇ吹き出してそろそろ咲き始めましたがのう」

「はぁそらよかったのう。じゃあまたいつもの年とおんなじに花見もできるがかのう」と言って、そしていっかが経って花が満開になった頃、皆で相談して、じゃあお稲荷様をお参りしながら藤の花を見物して、あっこでもって酒盛りでもしましょうねか、と言って。

そして、その日になって、皆がぞろぞろとお稲荷様のとこへ行って、「酒盛りしながらお稲荷様をお参りして、藤の花を見るがに」と思って喜んで皆行ぎなしたっと。そして庄屋さんも行って、石の祠《ほぐら》の前に庄屋さんが跪いてお稲荷様をお参りしたら、そしたらお稲荷さんのほぐらの前になんかお金がぞろーっと並べてあるんだんが、「こっけんどこへお金をあげてくれなさる人がまぁいるがらろか」と思ってそのお金を数えてみたら庄屋さんびっくりしなすって。それが、都でもって娘さんに渡したお金とおんなじ額のお金が、お稲荷さんのほぐらの前に並べてあったがですと。ほしたら庄屋さんもびっくりして、「はて、不思議なことがあるもんだ、あの娘さんは綺麗な人は藤の精だったのだろうかなぁ」と思って、そして藤の木を眺めてみたら藤の花も喜んでるみてえに光り輝いて咲いてるみてえな感じがして、庄屋さんは、「ああいいことをしてよかった。やっぱり世の中てやん、いいことをするということはどこかに誰かのためになることだな」と思って、庄屋さんも喜んでその藤の花をよーく眺めていなすったそうですて。

短えですけど、いきすぽーんとさけました。

（解説）

都に出かけた庄屋が、路銀をなくして困っている娘に出会い、路銀を与えた。村に帰って来たら、稲荷に、与えた路銀がそっくり置いてあり、その年、なぜか芽ぶかず、花もつけていなかった稲荷の美しい藤が満開になっていた。都で会った若い娘は藤の精だった、という話。

木の精が、人の姿となって、神参りをするという話は、特に「松の木の伊勢参り」が知られ、『通観』では、宮城、秋田、山形、福島、新潟の各巻に、村の人が伊勢参りに行くと、泊まった宿屋で、同じ村の娘に宿賃を貸したと言われる、そんな娘に心当たりはないが、と村に帰ってみると、松の木に伊勢参りの札がかかっていた、という話がある。また長岡市山古志の「木の京まいり」には、「長坂の松と大道峠のセンの木とカヤ峠の杉が、お松、お仙、お杉になって、京参りに出かけた。……京参りに行ったとき、松もセンも杉も一年芽を出さずに休んでいたてや」（『風の神と子どもたち』二集、一五六頁）とある。この藤の木と同様、木の精が旅に出ると、その木は仮死状態になる話である。いずれも伝説として語られているが、樹木の精の話として興味深い。

補　遺（『榎峠のおおかみ退治』所収話簡解）

『榎峠のおおかみ退治――越後小国昔話集』（二〇〇〇）七四話のうち、今回の調査で聞いた三六話に関連する話については、すでに各話の解説で触れたが、それ以外の話について概要を以下に記す。話名の前の番号は、『榎峠』の番号に従う。説明の最初に一般に知られる話名を載せた。

2　ひでると小風と村雨

狐女房。山の中で一人暮らしのあんさのところに娘が訪ねて来て、やがて夫婦になる。息子が三人生れ、それぞれ生れた時の天候で日照《ひでる》、小風、村雨と名付ける。狐のかっかは昼寝に尾を出したのを子に見られて山に去る。男が山に子を連れて行くと、出てきて乳を飲ませてくれるが、二度目に訪ねて行くと死んでいた。「信太妻」のような狐の報恩モチーフは無い。

6　太郎と次郎

継子と鳥。父が出稼ぎの留守に、継母は熱湯の風呂の上を継子の太郎には茨の橋、実子の次郎には板の橋を渡らせて、太郎を煮殺し、竹林に埋める。帰宅した父が探すと、真っ赤な鳥が竹林の上に飛び出て、「ちーひゃろたひょろ、板の橋は渡れても荻の橋は渡らんね」と鳴く。

8　うん

龍宮童子。前半は「笠地蔵」で、正月買物に歳取り魚を買いに出かけた男が、途中、地蔵様が寒そうにしているのを見て、笠を買ってきてかぶせる。家に帰って話すと、妻は怒る。夕方、大きな男が「うん」という男の子を置いて行く。その子は何でも願いをかなえてくれるが、いたずらっ子なので、妻は面倒になって殺してしまうと、家はまた貧乏になる。

10　榎峠のおおかみ退治

鍛冶屋の婆、化け物退治。小国と柏崎の境界にある榎峠は、三国峠から柏崎に出る重要な峠であった。旅人の難儀を助けようと、婆が茶店を開くが、客に化けて来た狼に食われてしまう。その後、「本物の婆ではない」という噂が立ち、茶屋に確かめに忍び込んだ若者は、婆に尾があるのを見つける。にせ婆が長持ちに寝るのを待って熱湯で退治する。以来、榎峠に狼はいなくなった。「鍛冶屋の婆（23八石山の弥三郎婆さま参照）」型の話に「山姥退治」のモチーフがついた話である。永見恒太が語る話は、ムジナ退治だった。

14　星の精

天人女房。若者は、空から落ちて、うろうろしている星の精を見かけて夫婦になる。天の近くに住む鬼が気づいて、「灰縄、打たぬ太鼓に鳴る太鼓を出せ」と言う。次に「羽衣を出せ」

と言われ、男が困っている間に、星の精は鬼にさらわれる。鬼が「笛を吹け」と言うと、星の精は、「夫の方がうまい」と言って夫を呼び、孔雀を出して一緒に下界に戻り、幸せに暮す。

15　ほら貝の婿

つぶ息子。子のない夫婦が鎮守様に願かけしてほら貝を授かる。成長したほら貝は嫁探しに町に行き、旦那様の家でお嬢さんの頬に張りついて離れず、嫁にもらう。婚礼の日、風呂に入ると立派な男になる。（ほら貝は、以前、集落の連絡などに吹かれた。ツブ（田螺）をほら貝とは呼ばないが、小国では、この話を「ほら貝の婿」と呼ぶ人もあった。）

16　鬼の笑い

笑話。来年のことを言うと鬼が笑う、鬼を笑わせて地獄から生還する。

27　和尚と小僧

笑話、小僧が和尚をやりこめる狡知譚。小僧は和尚に「子どもは黙っていろ」と言われて、和尚の帽子が落ちても知らせず、「落ちたものは拾え」と言われて馬糞を帽子に入れ、「洗い流せ」と言われて、帽子ごと川に流す。

28　菖蒲湯の由来

蛇婿、苧環型。蛇が若者姿で娘の元に通う。家の衆が糸をつけた針を衣に刺して後をつけると、若者は蛇になって池に飛び込む。娘は妊娠していたが「五月の節句に菖蒲湯に入られると下りてしまう」と蛇が話すのを聞いて、その通りにする。菖蒲湯を立て、窓に魔除けの菖蒲を挿す習俗の由来譚。

29　さるのけつはぬらしても

猿地蔵。猿が川向うの地蔵に参るのを見た爺が、地蔵を隠して、こっちの岸で地蔵になりすましていると、猿は地蔵が移動したと思い、やって来て爺を担いで川を渡る。途中、爺は屁をひるが「法華の太鼓」とごまかす。猿は爺を地蔵の台座に載せる。爺はお供えを持ち帰る。隣の爺はまねて失敗する。

30　人年貢とるムジナ

猿神退治。八幡様が人年貢をとると聞いて、おかしいと思った旅の六部は隠れて見張る。ムジナが「みかん（三河？）の国のぺいそたらあに言うな」と歌い踊るのを聞き、ぺいそたらあと言う名の犬を借りて来て、ムジナを退治する。『松代』では「しっぺい太郎」。

38　梨の木

形式譚。梨の実を風が川にずぼぼんずぼぼんと落とす、を繰り返す。

39　うさぎとかえる

猿とヒキの寄合田。兎と蛙は出し合いをして山のてっぺんで餅を搗き、先に追いついた方が餅を全部食う約束で、臼ごところがす。兎が先に下に着くが、餅は途中で株に引っかかり、蛙が一人占めする。新潟では兎が多いが、全国的には蛙と争うのは猿が多く、臼を作るところから始まり、猿はサボって、蛙だけ頑張るという前段が付くものもある。なお、この話では蛙となっているが、蛙が餅を食べるのを見た兎が「ふくふく、餅が下へさがるげな」と言い、蛙が「下から食おうげろ、上から食おうげろ、ふくが好きら」と答えている。もとは「ふく（ひき）」で語られたのだろう。蛙では、面白さが伝わらない。小国ではほぼ誰もが知っている話という。（CD『越後の昔話名人選』には、南雲キクノ「うさぎどんとふっけらどんのとびっくら」と佐藤ミヨキ「うさぎどんとふきどん」の二話入っている）

40　兄とおじの鉄砲ぶち

山姥の糸車。山中で苧績みをしている娘を見て、兄は化け物だと思い、鉄砲を撃つが、娘は笑って「もう一発撃て」と言う。兄の弾がなくなると、化け猿の正体を現し、兄を食う。おじは、兄が帰らないので、探しに行き、娘を見つける。鉄砲を撃っても死なないので、「魔物を見たらその道具を狙え」という先祖の言葉を思いだし、苧績み桶を撃って退治する。

42　法末のむじな

化け物退治、神隠し。法末のあねさが行方不明になる、ムジナの仕業だ、と穴を煙でいぶすと、村が火事になる。慌てて帰って見ると、何でもない。ムジナに化かされただけ。また怪しい穴を燻すと坊主が出てくる。泣き声がして、穴の奥であねさを見つけるが、ミミズと蛙を食わされて体が膨れ上がり、顔はぼた餅のようになっていた。ムジナは燻されて穴の奥で死んでいた。あねさが消えた現象に焦点をあてれば『遠野物語』などの「神隠し」話である。

43　鴻の池の金瓶

宝化け物。「あぶない、おっかねえ」と言って、夜、子どもが歩き回る。皆、気味悪がるが、鴻池の爺さまは度胸があるので、後を付けて行き、川のほとりで瓶を見つけて持ち帰る。中は銭で、金持ちになる。鴻の池の長者伝になっている。

48　縁結びの話

運命譚。夫婦の縁。出雲の神が、生まれたばかりの子を自分の妻に決めたのに腹を立てた男が、その子を殺し、出家する。女の子はけがをしただけで死なず、後に結局夫婦になる。唐代の伝奇小説に李復元「定婚店」がある。エーバーハルト『中国昔話タイプ』一四九と基本モチーフは一致。

49　運定めの話

運命譚。「虻と手斧」死の年齢と原因は定まっていて変えられない。

50　山の神の梨

小国の話では、山の神が梨を実らせるところで終わっているが、この話は、中国では仙人譚として古くから伝わり、特に『聊斎志異』の「梨を種《う》える」がよく知られる。意地悪な商人が梨を乞食に恵んでやらない、その乞食が蒔いた種がたちまち成長し、梨が実る。皆に分けるが、商人が気付くと、自分の梨がなくなっていた。

51　金をこく獣

龍宮童子。勤勉な弟を残して、兄は旅に出、雨漏りのする寺とお宮の修繕費を寄進し、北海道で鉄砲うちの手伝いをして猫のような獣をもらう。徳のある人の所有になる獣で、米一粒で金一粒こくので、実家の蔵は金で一杯になる。出羽庄内酒田の大富豪「新潟屋」当主の本間久四郎にまつわる致富譚伝説として語られ、宝を失うモチーフを欠く。『黒姫』53「アニはアニ（金ひり猫）」は、勤勉な弟と怠け者の兄に五〇両ずつ渡して、倍にしたものを後継ぎにすると言うと、弟は働いて倍にするが、兄は浪費し、また五〇両もらって漁師に魚を獲ってくれと頼む。猫がかかる。人の話から「米一粒で金一粒こく」と知り、座敷に米俵を置くと金で一杯になる。兄は正直だったので、宝を授かった、という話で、米を食べさせ過ぎるなというタブーは無い。

52　地蔵様の商い

神の奇跡。安住さまが四国遍路の途中、地蔵の草履をもらってはいたら、先に進めなくなる。地蔵の前に代金を置くと、進めるようになった。土佐では地蔵が商売している。

53　ごしょう（技）比べ

術較べ。魚釣りと方丈様が技くらべをする。魚釣りが煮た魚が泳ぐ。方丈様は口から魚を出す。

54　かえるになったぼたもち

牡丹餅は蛙。笑話。姑が嫁にぼた餅をやるのが惜しいので、「嫁が来たら蛙になれ」と言うのを聞いて、嫁はぼた餅を食べて蛙を入れておく。

55　乳のむ爺さ

汚い爺が「乳が飲みてえ」と言うので、若いあねさが飲ましてやると、礼にくれた包みの中は金が一杯だった。『通観』では、「末期の乳」と題して重篤の六部が乳を求める話を挙げ、「超自然と人・来訪神」に分類する。
56　死人の茶菓子
棺桶から死人の手足を切って皿に盛って供される。実は砂糖菓子だった。

57　六部と葬式
婆いるか（爺さいたか）。六部が貧乏な家に泊まる。婆が死んでも葬式の出しようがない。爺は六部に留守を頼んで、出かける。留守に死んだ婆が「爺さ、いたか」と言うので返事したら、「爺じゃない」と言うので逃げ出す。爺は六部の置いて行った荷物で葬式を出した。『松代』の47「法印と狐」は、狐にいたずらをして仕返しをされる話だが、急に暗くなり、灯りを頼りに訪ねた家で、爺に留守番を頼まれ、婆と同様の問答をするうち、恐怖に襲われて法印は逃げて池に落ち、荷物を失くし、廃業する。この怪談のモチーフが広く伝わっていたことがわかる。

58　鶴の織物
鶴報恩。貧乏な爺が子どもにいじめられている鶴を、婆の苧績み糸を売った金で助けてやると、娘が来て機を織ってくれる。爺と婆が盗み見したので、鶴は去って行く。「夕鶴」で名高い異類婚姻譚の「鶴女房」とほとんど共通するが、援助者は貧乏な爺で、報恩で終わる。

59　花咲か爺
婆が川に洗濯に行くと香箱が二つ流れてくる。「実の入った香箱、来い」と言って拾って帰ると、犬の子が入っている。犬は「団子が一番好き」と言うので、犬に団子を食わせ、爺と婆はその汁を飲む。畑に連れて行くと、犬が小便をしたところから金瓶が出る。隣の爺が犬を借りてまねするが、汚いものしか出ないので犬を殺す。爺は犬を埋めたところの松の木をもらい、臼を作る。臼をひくと小粒と小判が出る。隣の爺が臼を借りると馬の糞が出るので怒って燃やす。爺は灰をもらって木の上から播くと花が咲き褒美をもらう。隣の爺がまねると、灰が役人の口や目に入り、斬られて死ぬ。

61　身代わり本尊

方丈様と女中が仲良くなり、女中の夫の作男殺害を法末《ほっせ》の槍使いに頼む。翌朝、殺したはずの作男が元気で、本尊様が首から血を流している。女中は川に飛び込んで死ぬ。方丈様は本尊を隠して、新しい本尊を買う。何年も後、受戒で寺にこもっていたら、猫の声がして、幕の外に出た婆は攫われ、小栗山の崩れ沢に捨てられ、烏に目玉をつつかれていた。

63　沼垂宗吉

伝説。沼垂宗吉は嫁のキサを新潟古町の芸者屋に預けて、前借で商売をする。三年の約束が四年になり、身請けに行くと、キサは既に能登の男に身請けされていた。宗吉は六部になってキサを探し、見つけだす。キサが、亭主は入口の方に寝るから殺せ、と言うので、殺したらキサで、キサは宗吉と身請けした男の板挟みになって死んだ。寝床の場所を取り換えるモチーフは、「おぎん小銀」など継子いじめの話で、実子が継子を救うモチーフなどに見られる。

64　こうせん太郎
つぶ息子と宝化け物。貧しい親切な夫婦が願掛けをしたらツブの息子が生まれる。香煎を持って京に嫁探しに行く。お屋敷に雇われると、寝ているお嬢様の口にこっそり香煎を擦り付け、香煎を盗んだ、と言う。勘当されたお嬢様を連れて帰郷。家がないので化け物屋敷に住むことにする。化け物は金瓶で、金をぶちまけると、その下からツブも立派な若者姿になって現れる。
65　よくばり長者
長者の日招き。村人に無理に田植えをさせたら、翌日一面の池になる。猿の出現も含め、『通観』で「超自然と人・処罰」に分類される「湖山長者」などに通じる話で興味深い。
66　千石田の長者
魚報恩。貧しい母子、息子は草鞋を売って稼いだ金で、いじめられている魚を買って逃がす。母は川に洗濯に行き、流され、助けてくれた娘を嫁にする。嫁は縄を綯い、河原に縄を張って場所をとる。嫁が去ると川は大水になり、縄で囲んだ所は素晴らしい田になった。
67　漆かきの兄弟
兄が素晴らしい漆のある池を見つけるが、弟には教えない。弟は兄の秘密を探り当てると龍の面を彫り、池に沈める。龍は本物の龍になり、漆採りはできなくなり、兄弟は貧しくなる。
68　あまい夫婦
笑話。サトウカンゾウとサトウミツ。

70　珍宝の話

艶笑譚。珍棒。

Ⅱ　小国の暮らしと語り手

昔話を語り終えて帰途につく五十嵐サチ，鈴木百合子，
高橋実の各氏（廃村となった山野田集落にて）

一　小国の昔話について

ここでは、小国における昔話の存在状況について、小国での記録と語り活動の歴史をたどり、次に、今回、昔話を語ってくださった三名の話者の紹介、その語りの特徴について簡単に記す。

小国の昔話の記録と昔話語り活動

小国町の昔話採集記録のまとまったものとしては、高橋実氏が高校三年の時すなわち一九五八、五九年に地元の老人たちを訪ねて筆記されたものが最初である。新潟県には、水沢謙一（一九一〇—一九九四）の長年にわたる採訪調査による昔話の膨大な記録があり、数十冊におよぶ昔話資料集が出版されているが、高橋さんは、長岡在住の水沢が、小学校校長の勤務の合間を縫って、山奥の村まで昔話採集の訪問を繰り返していたのを、当時、ラジオ放送で聞いて触発されたという。そうして記録した話を、小学校教諭をしていたお兄さんの協力で一九六〇年にガリ版印刷して、小国町の小学校に配られた。（この冊子を小学校教諭で郷土史研究家でもあった山崎正治氏が大切に保管されていて、二五年後、日本民話の会が小国で民話学校を開催することになった時に紹介され、一九八七年同会の機関誌『民話の手帖』三三号にその全篇二八話およびノートに記録されたまま未整理で残っていた二〇話が掲載された。）その時の話者は一一名で、親戚のお婆さんのほか、その当時、父上が繭買いや手紡糸加工の仕事で村を回られていた関係から、村の様子をご存知で紹介してもらった人もあるという（『民話の手帖』三四頁）。しかし八七年の再録時に、高橋さんが確認したところ、その時の話者はすでに全員亡くなっていた。その生年を見ると、明治一けた代の方が四名もいる。その前書きで、「昔話の語り手はたいていい女性であった。子守にいったり、うすひき（籾摺りのこと）の手伝いの時によく聞いたらしい。男性の方は、タイギョウの晩に子供達が沢山集まった時、昔話の言い合いをしたのだそうである」（『民話の手帖』三六頁）と述べられている。一八八〇年代頃のことになるだろうか。ソウタイギョウの様子については、山崎正治さんの「ふるやのもりや」の冒頭で語られているので、本文を参照されたい。この序文ではまた、当時、昔話を語っても、題のはっきりしないものが多かったが、シンデレラ型の継子譚については、「オヌカトオコメ」また「ヌカトコメ」と民間の題がついていた、と述べられている。ところが一九七五年刊『とんとむかし』（小国町教員会社会科研究部編『小国の昔話』小国町教育委員会発行）収録の同タイプの話は「はなとふじ」になっているし、今回二〇一四年の鈴木百合子さんの語りでは「おふじとおすぎ」となっている。鈴木さんの語りは、最後が歌のテストになっているタイプで、「ふじに降る雪」と詠むのだから、ふじの話、と理解されているようだった。鈴木さんは「この話は小さい時から聞いて知っていました」ということなので、伝承は継続しているようだが、糠と米、あるいは粟と米という古い名前の方は、小国では忘れられてしまったのかもしれない。（両方の語りが伝わる地域も多いので、「ふじ」の伝承があるという理由で「ぬかとこめ」が消えたとは言えないが）

高橋さんはこの後、新潟大学教育学部高田分校に進学され、童話や小説創作のほうに熱心になり、昔話からは遠ざかっていった、という。

小国昔話の次の記録は、それから一五年も後の『とんとむかし　小国の昔話、伝説―第一集』（一九七五）で、八話載録されている。山崎正治氏が幹事になっており、氏が中心となって活動された成果なのだろう。原本は今回見られず、後述『榎峠のおおかみ退治』（二〇〇〇）に再録された話しか見ていないので、詳細はわからないが、話数が少ないのが、やはり残念である。なお七六年発行の第二集は伝説特集で、この号に弥三郎婆さや八石山の伝説、火伏地蔵の話などが掲載されている。

発行の順としては、先にあげた『民話の手帖』がこれに続く。高橋さんの「小国の昔話」が同誌に掲載された経緯については、水上勉の『越前紙漉き歌』上演のために伝統的な紙すきを見学に、前進座一行が小国に来た中に、日本民話の会の関係者がいたのがきっかけとなり、民話学校が小国で開催され、その成果として、「小国特集号」が刊行されることになったのだ、という。同誌には、座談会「民話と村おこし」も掲載されていて、昔話を聞いた経験や、小国の昔話の背景などについても論じられている。

高橋さんは、八六年に小国で日本民話の会の民話学校が開かれた時に、語り手を募ってみて初めて、昔話を語れる人がほとんどいなくなっている現状に気づいたという(『民話の手帖』三二頁)。この民話学校などがきっかけとなって、小国でも「語り」が注目されるようになり、小国の昔話を聞く会、小国雪まつりの「瞽女歌と昔話を聞く会」など語りの会がだいたい年二回ずつ開かれるようになった。一九八七年の「とんと昔の会」では、永見恒太、山崎正治の両氏が、一人が語り、一人が「さあす」と合の手を入れるという伝統の語り方で語った、という。一九九〇年の『へんなか』六号(一九九〇年七月「小国芸術村」現地友の会発行)は「小国の昔話」特集で、雪まつりや「とんと昔の会」で実際に語られた話一一話が載録されている。同誌にはまた粕川クラ、山崎、永見ら話者たちの座談会も載っており、各自の昔話経験などが語られている。

一九八七年小国芸術村友の会結成に続き、一九九一年には瞽女歌ネットワークが結成された。語りの会は、舞台を長岡に移して開催されるようになり、一九九四年からは「語りつくし越後の昔話」という語りを聞く会が年一回長岡で開催され、二〇〇三年長岡民話の会が結成されると、「聞いてくらっしゃい語りつくし越後の昔話」と名称は変化したが、ほぼ毎年継続して開催されている。二〇〇六年からは、多くの市民が語りに参加する「長岡民話百物語」も始まって現在に至る。山崎正治さんは、八七年から二〇一一年に体調を崩されるまでずっと参加して、語られた。鈴木百合子さんは一九九七年以来毎年語られている。高橋実さんはずっと世話役、顧問の立場で運営にもかかわってこられたが、一九九三年から自ら語りも始めた。語りの会には、最初の頃は水沢謙一に発見された百話クラスの語り手、栃尾の林ヤス（一九一一―?）、守門の馬場マスノ（一九〇五―?）、長岡の下條登美（一九〇四―二〇〇二）、また越路町の高橋ハナ（一九一四―二〇一四）も参加されていた。一方、二〇〇七年には、新潟県民話語りグループ連絡協議会が設立され、県内のより広い地域の語り手たちとも交流を行っている。

八〇年代後半に始まった語りを継承しようという活動は、現在まで着実に歩み続けていると言えよう。一方で、高座に座って不特定多数の聴衆に向かって語るという方式による昔話の変質にも注目する必要があるだろう。昔話は、ソウタイギョウの日、庚申の日など大人が集まる場で語られ、また、苧績みや藁仕事をしながら、また寝物語に子どもたちに語り聞かせるものでもあった。今、もっぱら大人に向けて、語られているという問題もある。

出版活動としては、二〇〇〇年二月に『榎峠のおおかみ退治――越後小国昔話集』（代表山崎正治、小国芸術村友の会編　あかつき出版）が、これまでの小国の昔話集の集大成として出ている。『民話の手帖』三二号所収の高橋実さんの一九五八、五九年の記録に、『とんとむかし』一集と『へんなか』六号の話を併せて整理再編した六四話に、大久保ヨシ、北原勲、鈴木百合子さんがそれぞれ自分のノートに記録していた一〇話を加えた全七四話を収録し、巻末に出典と話者一覧を付す。

以上、小国における昔話蒐集から「語り」復権を目指す昨今の活動に至る過程を、簡単に述べた。

昔話を語っていただいた三名の語り手

山崎正治さん

一九二五年五月、中小国法坂生れ。四男一女の五人兄弟の長男。小学校の思い出では、「一、二年生の遠足では塚山駅に汽車を見に行き、三年生では長岡の悠久山に行った。歌が流れていて、初めて見たスピーカーに感動した。二年生だった一九三三年は豊作で、九八俵とれ、そのうち五〇俵を地主へ献上した。しかし一九三四年は昭和大凶作で、米は二九俵しかとれず、翌小学四年生の柏崎への修学旅行は参加できなかった」。一九四〇年高等小学校卒業後は、家の農業を手伝いながら青年学校に学ぶ。一九四二年志願して陸軍少年戦車学校に学び戦車聯隊に所属。四五年除隊して小国に戻る。一九四八年新潟県小学校助教諭となり、七日町小学校勤務。在職のまま、新潟大学教育学部長岡分校教員養成科、通信教育などで教員免許取得。一九五四年小国町立渋海中学校教諭。一九五七年小国町立結城野小学校教諭。以後、一九八六年定年退職まで小学校教諭を勤める。小学校教諭時代は、毎月の児童の誕生会などで昔話を語って聞かせた。教諭を勤めながら、町内の城・館の調査など郷土史研究を続ける。一九八六年退職後は、小国町社会教育委員、小国町文化財審議委員などを歴任。一九八七年には小国芸術村友の会会長に就任。二〇〇一年友の会解散まで会長を勤める。喜寿を記念して小国民俗資料館にて「山崎正治喜寿記念展」開催。二〇一三年六月逝去。

小さい時から昔話を聞くのが楽しみだった。昼間、大人は忙しくて昔話はできないためだろう、「昼昔をするとねずみが小便をかける」といわれたが、冬は、何もすることが無いから、語るのが上手なおばあさんのところに行って「昔、語って」と頼んだ。苧績みをしながら語ってくれたが、麻を裂くには、口に含んで湿り気を与える必要があり、その度に語りが中断するのが嫌だった。何度も聞くので、好きな話は全部覚えていて、途中を省略されたりすると、文句を言った。風呂もらいの時にも聞いた。当時は風呂に入れることよりも昔話を聞けることのほうが楽しみだった。風呂を焚く日は、あらかじめ近所の人に知らせて回る。一回の風呂に何人も入るので、湯には垢が浮いて最後のほうは湯が黄色になったが、明りは秉燭《ひょうそく》（皿に油を入れ、灯心を立てたもの）だけでとても暗かったから、あまり気にならなかった。まわりばんと言って、正月に仲間の家を一軒ずつ回って遊ぶ。甘酒と漬け菜なんかをごちそうしてもらうが、この時も話を聞かせてもらえる。高橋実さんが最初の昔話調査で訪ねた樋口ソメさん（一八六九―一九七五）の家と近く、孫の年も近かったのに、まわりばんの仲間ではなかったので話を聞いたことはなかった。今思うと残念だ。庚申さまは人の悪口（噂話）が大好きだから庚申講の時にも、昔話をした。庚申講は人数が決まっており、昭和五五年に庚申像を掘り出し、それと一緒に埋められていた酒をみんなで飲み、次の六一年後のためにまた庚申像と酒を埋めた。瞽女さんもよくやってきたが、その中にもすごく昔話のうまい人がいた。瞽女宿（泊まる家）がそれぞれ決まっていて、夜語るときには、近所の人もみんな聞きに来て、座敷に入りきらなくて、外で聞く人もいるほど盛況だった。昔話の習慣がなくなったのは、戦争が終わって、ラジオ、テレビが普及してきて、ほかの娯楽が出てきたころからだ。

山崎さんの語る昔話には、長く小学校教諭を勤められ、子どもたちに語る中で培われた、場の設定や、登場人物に工夫がうかがえる。例えば「古屋のもりや」は、ソウタイギョウの晩に、地主の家に招ばれた席で、地主が子どもたちに質問するという形で始まる。ソウタイギョウは秋の収穫祭で、その晩は、親戚や結いの仲間を招待してごちそうするきまりで、昔話を語る大切な場でもあった、その晩の出来事として語られる。最後にフルヤノモリヤを探るため、穴にしっぽを入れる動物を猿ではなく兎にしているのも、正月ごちそう用にたいていの家で飼われていて、子どもたちにより身近な兎にしたのではないだろうか。この語りには、自らの子ども時代の昔話経験を後生に伝えようという意図が感じられる。山崎さんの語りは、きっちり決まっていて、ほとんど変化しない。（結末部分では、「爺さと豆」で爺が婆にモグラと間違えられて横槌で殴られ、死んでしまう話と、目を開けてめでたしで終わるもの、「かにかにこそこそ」でカニを食った婆が爺に謝る話と謝るうちに沢蟹になった話、一通りの語りをされているものがある）「かにかにこそこそ」で、爺がカニを呼ぶ「かにかにこそこそ　じさ来たど」、「鳥のみ爺」で腹の中で鳥が鳴く「あやちゅうちゅう　こやちゅうちゅう　にしきさかづき　ぴぴらぴんとのむ」、一度聴いたら忘れない掛け声「ぴんとこしょ」を繰り返しながら、一方で「婆っ皮」「蛇のくれた赤い巾着」「尻鳴りしゃもじ」など、話の中で交わされる会話は自然で、家庭での普段の会話のような調子で語られる。「三枚の札」で、雨だれが小僧に「婆の面見れ」と教えてくれたり、「松吉と山姥」では、「まつきちー」と山中で知らない者に名前を呼ばれる、など、古い伝承を残した語りでもあった。亡くなられる前年、足元はだいぶ弱っておられたが、話を始めると、それまでと少しも変わらぬはっきりとした口調で語ってくださった。男の話者は総じて訥々とした語りの方が多い中で、山崎さんの自然で、しかし型はしっかり守る話をうかがえて、幸運だった。山崎さんが語れる話は四〇話ほどで、「松吉」「ふるやのもりや」が一番好きとうかがったが、残念ながら四〇話について具体的に名前を挙げていただくことをしなかった。昔話を語る場が失われて行く中で語り続けられた山崎さんは貴重な語りの実践者であった。今回掲載分以外で、語られた記録のある話名を以下、参考までに挙げる。

「おいよ」（小千谷の郡殿の伝説、おいよという娘が池の主の嫁となる、蛇婿型の話）「ブツ」「法事の使い」「人年貢（ムジナと六部）」「かちかち山」「おおよつばり」「大蛇と花嫁」「縁結びの話」「笑う骸骨」「地獄荒し」

鈴木百合子さん

一九三一年三月下小国の武石の生れで、小学校入学が日中戦争勃発の三七年、高等科（今の中学に相当）卒業が四四年。そのまま柏崎女子挺身隊に派遣されて終戦を迎えた鈴木さんの学校生活は、完全に日本の戦争期間と重なっている。（当時の暮しについては、「子どもの頃の思い出」を参照されたい）。小学校に通っていた当時、家には新聞もラジオもなく、冬は十燭光の電気一つで学校に行く支度をした、友達のうちや、母の実家で昔話を聞いたり遊んだりしたのは、小学校一、二年生までだったが、学校が終わると、「今日は誰々のうちのおばあさんから昔話をしてもらおう」と友だち同士話して遊びに出かけた。小国に関係の深い「猿婿」「笠地蔵」や「栗拾い（お藤とお杉）」などは何度も聞いて覚えていた、正月十七日の嫁の実家泊りには、祖母から「巡礼お鶴」「のか火八反暗す間九反」などの昔話を聞いた。また少し大きくなると、家の風呂焚きの手伝いをして、風呂もらいに来た近所の人の風呂上がりの昔話に耳を傾けた。鈴木さんは一人っ子で、父の兄弟も早くに亡くなっていたため、親戚が少なく、戦時中の疎開や戦後の混乱期にも身を寄せに来る親族はなかったという。父方の従兄に一二人兄弟のうち七人、男六人に女一人残った家があって、七福神だ、というので、いつの頃からか、そこからお婿さんを迎えることに親同士の話できまっていた。戦後は、農村で青年団活動などが急に盛んになったが、相手の家から、ふしだらなことはするな、というような手紙が来て、窮屈な思いをされたそうである。一九五一年四月、二〇歳になってすぐ、その七日町の鈴木保さん（一九二六生）と結婚した。五二年に長男、五五年に長女を出産。長女は結婚後、千葉在住。今は三人の孫にひ孫も三人。息子夫婦と同居している。人生のほとんどすべてを小国で暮している。自然な小国言葉で語りとおせる貴重な語り手である。一人っ子でもあり、両親に大切に育てられ、また「戦後は田んぼを買い足して、一時は武石で一二の大百姓だった」という話からも明らかなように、勤勉で豊かな家庭で過ごされたことがうかがえる。

五〇歳で地域の婦人会の幹事をやっていた時の新年会が盛り上がって、各地区の代表が歌や踊りを披露したが、鈴木さんは歌も踊りもできなくて、歌を習いたくなった。町の文化協会（?）の後援で、武石で九三人参加して歌の会ができたが、世話係だったので、毎回テープの準備などに追われ、自分は結局、歌のけいこはせずじまいだった、と言う。一九八〇年から一〇年も続いたが、参加者もみな六〇代になり、夜の外出は控えたい、ということで解散になった。一九九〇年六月に小国町文化協会主催の文章教室が開かれたので、今度は公民館の文章教室に参加した。指導は高橋実さんだった。教室は一年で終わったが、参加者はそれ以後も文章友の会を結成して毎月集まり、「青鬼灯」という文集は一九九〇年の第一号から一七号まで続いた。鈴木さんは、三号に母の実家を訪ねて、おばあさんに昔話を聞かせてもらった思い出などを記した「正月の十七日泊り」と蛇の嫁になったおいよの伝説で知られる小千谷の郡殿の池を家族で訪ねた時のことを記した「伝説の池を訪ねて」という文を載せている。この二篇を見ても、鈴木さんの関心の方面、記憶力、文章構成力がうかがえる。

前節で述べたように、一九九七年に小国芸術村友の会が結成されて以降、昔話の語りが注目され、語り手が嘱望されていた。鈴木さんの記憶に依れば、その文章教室の時に、山崎正治、永見恒太（当時、小国町文化協会会長、昔話の語り手でもあった）に会の後に「残れ」と言われて、二、三枚座布団を重ねた上に無理やり座らされ、「語ってみれ」と言われたのが、昔話を語った初めだ、という。「語ったことなんか無い、何も語れない」と断るのを「何か語れるだろう」「あったてんがな、の語り始めの一言でもいい」と言われて、必死に思いだして語ったのが六地蔵様の話（笠地蔵）だった、という。高橋さんもその場にいた、というから、山崎、永見、高橋という小国の伝承文化保存の活動に長年携わってきた三人の目が利いた、ということなのだろう。

水沢謙一は、語り部について、概略、次のように述べる。

「……一般的に男性の語る話はおおざっぱで、あらすじ的で説明的で語りにならず、笑話が多く、時に創作的でさえある。しかし例外もある。女性の語る話はきめが細かく、伝承に忠実で正確で話を崩そうとせず、本格昔話が多い。百話クラスの伝承者に共通するのは、いずれも幼い時から昔話が好きで特別な興味と関心を持ち記憶力がよく、身内に祖母や母などの素晴らしい昔話伝承者がいて、かなり遺伝なりを受け継いでいる。その性格は、控えめでつつましく、でしゃばることもなく、どちらかと言うと内向的で消極的である。しかし人間的にはほのぼのと心暖かく、善意にあふれた、素朴な人たちである。初対面であまりテキパキした明快な応対をする方は、話はあまり出ない。百話クラスの語り手は、伝承者のタイプの人で、表情、語り方などに一種の伝承者らしい独特な雰囲気がある。子どものころに覚えた話は、なかなか忘れ去るものではない。嫁盛り主婦盛りの頃はせわしくて、子どもに語ることがなくても、年老いて、自分が話を聞いたような年頃の孫を見ると自然とまた話を思いだして語るようになる」（「百話クラスの伝承者」『昔話ノート』一九六九）

鈴木さんは、百話クラスの語り手ではない。時代の趨勢で、子どもや孫に語った経験もない、と言う。また身近に素晴らしい伝承者がいる、というのも、ご家族についての思い出などをうかがう限り、母方の祖母（吉郎右衛門のばんば）を始め、昔話をしてくれる方がたではあったが、特筆されるほどの語り手ではなかったようである。（近所の五十嵐さんという家のおばあさんは、語りが上手で有名だった、そうである）しかし、その他の条件、性格や雰囲気はまさにその通りだと思う。ご自身に依れば、語れる話は三〇話ほどあるが、すぐに語れるものは三、四話ほどで、事前に復習しないと語れないという。五年間に語っていただいた話は全一二〇話になる。「笠地蔵」「猿婿」はすぐに語れる話で「伝承に忠実、正確、きめが細かい」ことがよくわかる。シンデレラ型の「お藤とお杉」は「栗拾い」という名でよく知っていたが、継子いじめの話なので、継母継子の立場の人が、聴衆にいたらという配慮で、語るのは避けてきたらしい。本書でも紹介しているが「語りつくし越後の昔話」で長谷川マサエさんが「栗袋米袋」を語られたのが、会場で評判が良かったのを見て、語ってみよう、という気になったそうで、翌年に語っていただいた。

昔話の伝承経路は、昔話を理解するうえでぜひ知りたい項目なので、誰から聞いた話かを毎回のようにうかがったが、「なんとなく」「本で」という答えが多かった。「なんとなく」は、子どもの時に聞いて覚えていたことを指すようである。「糠火八反暗す間九反」は、『榎峠のおおかみ退治』と『通観』新潟巻に、この諺のいわれについての簡単な紹介があるだけである。ところが鈴木さんの話は、力持ちで働き者の嫁が姑に嫉妬され、いじわるされるが、お績み競争で、ついに姑は負けを認めて嫁と仲良く暮すという話で、笑話の誇張譚の語りの手法で語られる。鈴木さんは、母方のおばあさんから聞いた話として、「石童丸」「巡礼お鶴」と並べてこの話を挙げている。また尻尾の釣り（獺と狐）型の「のめしぎつね」は、鈴木さんの話では、獺と狐の葛藤部分の前半が無く、狐と獺の関係が少しぼやけているが、のめしぎつねのふがいなさは、これでもか、と語られる。（今回、この稿を書くに当たり、再度、伺ったところ、「石童丸」と「巡礼お鶴」は、母の妹に当たる叔母に語ってもらった、ということだった。その叔母は体が弱かったので、婚家でお針をして過ごしており、手を動かしながら語ってくれた、と言う。昔話は繰り返し聞くものだから、おばあさんからもおばさんからも聞くことがあったのだろう）。一方、本から仕入れた話としては、「なんでも知ってるこぶんと」「狸の恩返し」が、新潟市木津の笠原甚威さんの昔話集『いちがぶらーんとさがった』の「あたるこぶ」「キツネと馬と茶がまと鯉」を参考にされた、と言う。鈴木さんの記憶力、物語構成力等が十分に発揮された改編になっている。「松之山鏡」「臆病どっつぁとぽんたろう」は、それぞれの解説にも書いたが、二つの話をうまく組み合わせて、一つの話にしている、これも構成力に感心させられる語りである。「貧乏神」については、東日本大震災の年とその翌年の二回、聞く機会があった。

前半は、のめしこきの息子が心を入れ替えて、貧乏神と縁を切り、稼ぎ手になる話である。『榎峠』60は「貧乏神とわがまま息子」（樋口ソメ）と題されていて、一見して話の意図がわかる。この話については、樋口ソメの話の方が、貧乏神とのやり取りだけで、話が収まり、大歳の日に福を授かる話、門松の由来譚として、すっきりまとまっていると思う。

鈴木さんの話では、ダメ息子だった福太郎改心後の後半は、訪ねてきたお福と幸せな結婚をして、稼ぎまくる話で、この部分は世間話風に話されて、大震災の年には、殿さまにもらった褒美を義援金にした、と語られた。聞いている人が元気になるようなめでたい話のてんこもりだった。

これは、不特定多数の聴衆に向かって語る、という「語る場」に由来する問題点なのではないだろうか。相手の立場を慮って、「おふじとおすぎ」を語るのを躊躇されていたことにも通じる。鈴木さんは、語る相手と場所を考えて話を選ぶ、たとえば小学校では「十二支の始まり」などを語ると言われた。知識を教え、道徳的にも適っている。大学の授業の一環で訪問している私たちに「へっこきよめさ」を語るのを躊躇されたのも、同じ理由からだろう。

このことは、「語り」活動の今後の課題として、ともかく、鈴木さんのような語り手を発掘され、育てられたのは、小国の昔話関係の方がたの活動の賜物で、今回、その語りの記録を新たに作成できたのは、ほんとうにありがたいことだった。

五十嵐サチさん

一九三一年一一月生れ。鈴木さんと同年であるが、学年は一つ違う。小国の横沢生れ。父は神主だった。四男二女の末っ子で、五十嵐さんが、夜、なかなか寝ないと祖母が「鬼婆と魚売り」などの話をしてくれた、という。祖母は塚山の長谷川家（江戸時代以来の豪農、屋敷は豪農の館として公開）の分家の出で、祖母の嫂は『武士の娘』の杉本鉞子の姉に当たる人だったので、戊辰戦争の時の話もよくしてくれた。また、母の実家は横沢の「とうじろう」と言う屋号の山師（材木屋）で、木挽きが何人もいて、お母さんは、その木挽きからいろんな昔話を聞いていて、話してくれたという。秋事（ソウタイギョウ）で、招ばれて行ったときには、おじさんが狐が化かした話など怪談を上手に語ってくれた、という。父は神主だったので、お祓いに行った先で、不思議な話を聞いてくることもあったようで、五十嵐さんの子ども時代は、とても豊かな伝承の世界に囲まれていたことがうかがわれる。横沢小学校高等科卒業後、長岡実業学校に進学、塚山駅まで八キロの道を通った。一九四八年長岡実業女学校卒業、小国農協へ就職。一九五三年農協を退職し、裁縫を習う。一九五七年小国町楢澤の五十嵐正吉氏に嫁ぎ、農業に従事。五十嵐さんには、二〇一三年からご参加いただいたが、それまで公の場で語りをされたことはなかった、という。高橋さんが、楢澤の集落センターの週一回の介護予防体操で会われて、神官の家の出で、物知りで知られていた五十嵐さんなら語れるのではないか、と昔話を聞かせてほしい、と頼まれたのだという。今回もまた、ありがたい出会い、目利きの発掘、である。五十嵐さんの言葉は、長岡の学校に通ったり、農協に勤めたりという経歴のためか、鈴木さんより少し世間が広かったせいか、だいぶ共通語が混じった小国言葉で語られるが、ゆっくり、訥々とした語りには、家庭内で語られた飾りのない素朴な味わいがあり、聞き手の反応、「さあす」と言う合の手を促すような語り口で、筋の順を追って、余計な修飾は一切ない、伝統に忠実な語りである。最初に語られたのが、「鬼婆と魚売り」と「鳥のみ爺さ」だったのも、鈴木さんの「猿婿」「笠地蔵」と並んで、やはり小国で最も親しまれた話だった、と改めて確認した。「藤稲荷」の話は、花（樹木）の精の話で、短い話だが、新潟県にはたくさん残る「松の木のお伊勢参り」にも通じる話である。ご家族の都合などで、三回ほどしか参加していただけなかったが、小国の家庭内の伝承の実態が浮かんでくるようで、とても興味深い話をうかがえた。本稿校正中の二〇一六年二月逝去。

二　子どもの頃の思い出

鈴木百合子（語り）

私は昭和十二年、武石村立尋常高等小学校へ入学しました。服装は、男の子は絣、縞、女の子は赤い模様の着物と羽織とおんなじのおつい、それを着て三尺帯といって、男の子は黒か灰色、女の子は赤、オレンジ、黄色、さまざま。ランドセルの子は一人もいませんでした。鞄は、男の子はグレーかカーキ色の厚地、女の子は大半がコール天の赤に刺繍入りだった。新入生全員、着物に鞄、ゴムの短靴《たんぐつ》または駒下駄。村のまん中に学校があったので、全校昼上がり。

あの頃はどこの家でも、子どもは五、六人、七、八人と大家族だった。一年生に三年生に五年生に高等科と兄弟四人で通っていた家《うち》も珍しくありませんでした。その頃、親たちは、「学校の先生さま、学校の先生さま」と崇め奉っている頃でした。なんかちゅうと、「学校の先生さまに言いつけるぞ」、いや、もう本当に震えあがっていました。

それから、一年生と二年生が一つの教室で複式授業でした。一番最初に習ったのは、「さいた、さいた、さくらがさいた、しろ、こいこい、やまのむこうで、すすきがおいでおいでをしています」というような国語を習いました。教科書は修身、読み方、算術の本でした。

学校の休みは田植え休み、夏休み、稲刈り休み、正月休みがありました。その他にうちの手伝いで子守や、午後は休む人が大勢いました。学校上がってからは、子守や家の手伝い、ポンプで据え風呂の水張りをしました。その頃は、おたふくがま、といって、風呂の中までかねの釜が入っていまして、小さい子どもはいつも大人が一緒に入って、大人が釜の方へ背中を、子どもに当てないように入ったり、そんな時代でした。それで、私の一番仲の良かった友だちは、弟や妹がいたので、いつも子守でした。私は母親が病身で兄弟がいなかったので、いつも家の手伝いだったので、ときどき子守と家の手伝いを換えっこしてもらい、私も子どもの世話もずいぶんしましたが、けがをさせてはならないし、気にいらんとすぐ泣くし、子守も見た目より大変だった。

それから、学校の教室では、先生の机の上にはいつも細い竹の棒と白墨《はくぼく》の小さくなったのが箱の中へ入って、いつも常備してありました。なんか怠けたり、友だちとこそこそ、話しをしていると、すぐ、竹の棒で机をたたかれました。まごまごしてると、チョークが飛んできました。廊下にも立たせられました。こんなこと珍しい事じゃなかったです。

それから、一学期、二学期、三学期と通知表もらいました。甲・乙・丙・丁・戊と点がつきました。家の人たちは「今日は子どもがカモをもろて来るすけ、豆腐とネギ用意しておかんきゃならんね」なんて笑い話になったが、カモとは乙、乙という字がカモに似ているということで、カモをもらってくれば「大出来、大出来」たまに甲なんてもろて来んなら「大したもんだ」と褒められました。それから勉強なんかできて上の学校へ行きてえなんて言わとうならおおごとだ、身上《しんしょ》が潰れてしもう、だすけ「勉強しれ、勉強しれ」なんてあんまりどこの家も言わんかったようです。

三年、四年ぐらいになると畦草《あぜぐさ》(1)、秋になれば稲担《かつ》ぎ、学校の上がりの遅かった時は、お夕飯の支度もした。それから春・夏・秋と三回も蚕を飼いました。ですので、桑摘みも手伝いしました。家の手伝いは当たり前だと思っていたし、子守しながら県道に自動車見に出たこともあります。自動車なんて見たことなかったです。

武石は商人が四、五軒、職人が四、五軒くらいだったと思います。一八〇軒の村はおおかた百姓だった。機械なんかなくてぜーんぶ自力だったので、猫の手も借りたいなんて言いました。まして子どもたちも分相応の仕事強いられました。

いよいよ稲刈りも終わり、ハザ(2)を外して足踏みで稲《えね》こき、大人は朝早くから夜なべも大変だった。五、六年生くらいになると、学校に行く前に藁を鳰場《におば》(3)まで運んだり、ともかく仕事仕事で家中が明け暮れました。

うすへき(4)、これは十人組共同の発動機なんてでっかいのが順番に回ってきました。このときは人頼みだったので、高等科になったときは学校休んで籾《もみ》掛けしました。村に大きな旦那様・地主がいたので、ほとんど田を借りて小作だったので、難儀の割にお金は懐に入らない時代でした。

村中で新聞取ってる家は、一八〇軒もあっても三、四軒でした。ラジオが二軒。高等科に入らない人も大勢いました。子どもながら、今度生まれ変わったら、町へ行きたいやねえと友だちと話し合いました。

やれやれと息をつく間もなく十二月。今度は冬に備えて、焚き物のぼよやころを家の中へ入れたり、家中の煤掃き(5)、女子どもは煤ぼたもち(6)を持って親類や近所へ煤逃げに行きました。男衆《しょ》は長い竹竿、短い竹竿、藁をつけて煤男に煤女(7)を使う。

ぼろの山着物《やまぎもん》着て、山笠かぶり、草鞋《わらじ》ばきで、家中の筵《むしろ》を外に出してたたく。だいたいの家が葛屋だった。長い煤男の方で天井から煤を掃き落とす。日ごろの焚きぼこり、稲ごみ、ものすごかったです。話しても話になりません。文字にも書くことできません。ともかくすごいごみでした。よくもまあ、あんな中で暮らしていたもんだと、今思っても息が詰まります。

煤掃きが終われば、そろそろ正月支度。子どもの頃は、盆と正月が来るのが待ちぃ遠しかった。楽しかった。あたり近所の母《かっか》たちが三、四人ぐらいずつ寄りあって、正月のこんにゃくと豆腐をつくる鍋や釜の炭取りから始まる。かっかあたちが豆腐やこんにゃくの出来具合、不出来を炭だらけの面《つら》して唾を飛ばしながら、弁じあうひと時は楽しそうだったの。その周りで子どもたちも邪魔になり、怒られながらも、親にすり寄って、今思えばほっとする楽しいひと時だったと思います。

十二月に入って十二月二十三日は大師講《だいしっこう》(8)、そろそろ雪が降りだす。大師講のあとかくし(9)とか大荒りが来る。嫁《よみ》おどしとも言ったそうです。嫁がまだ子どもたちの正月綿入れもできないし、あれもこれも正月に間に合わせねければならん。嫁たちがびくびくして、嫁を脅す嫁おどしと言ったんだそうです。

この頃になるとだいたい雪がいっぱい降ります。今よりずっといっぱい降ったように思います。年前に屋根に上がることも珍しくなかったようです。

二十八日いよいよ正月の餅つき。九日《くんち》餅が縁起が悪いということで二十八日か三十日につきました。大《おお》家族の家は「三升餅十臼も」言いっこしながらついたとか。お供え餅も作りました。

三十日は正月御馳走《ごっつぉう》づくり。今のようにガス、電気もない、へんなかでころやぼよを焚きながら、いも、牛蒡《ごっぽう》、人参、こんにゃく、簾巻き豆腐、焼き豆腐、結びこぶ、かんぴょう、がんもどきの煮しめ、大根、人参、紅白の氷頭《ひず》なます、青い豆で豆の酢びたし、ぜんまい、こんにゃくの白和《しらい》え、正月の親玉なんといっても塩びき、塩びきは男衆に切ってもらう。一《えち》のひげは恵比寿《おおびす》様にあげる。その次は大きく切って、年神《としがん》様にあげる。おおびす様は贅沢が大っきらいな神様だったそうです。一《えち》のひげも身をつけないように、ご飯もほんの少し、御神酒《おみき》も少し。子どもの頃は食べ物を粗末にすると、「おおびす様が見てるぞ」とよく言われました。それからだいたいの家で正月用のウサギを飼っていたようです。鶏も二、三羽くらい飼っていました。なにもかも家にあるもので正月御馳走《ごっつぉう》ができる。

いよいよ三十一日。神棚、仏様、家中の神様にお飾りお供えし、据え風呂も明るいうちに入って、正月着物に着替えて、早夕飯で年取《どしと》りとなる。塩びきの焼いたの、兎肉の煮込み、煮しめ、なます、酢豆の白和え、年取り御馳走《ごっつぉう》が並んだ。

つぁつぁが「今年も一年無事に暮らさせてもろうてありがとうござんした。来年もよろしくお願いします」と神棚にお参りして、塩びき食べて、年をとり、お宮参りに行きました。御籠もりする人も大勢いた。村に山伏⑽の老夫婦がいて、年改まる十二時に白装束でお参りしました。

元日はお雑煮食べて、歯固め⑾をもろう、砂の中でとっておいた栗と黒豆の炒ったの、まめで黒々とくるくる働かれますようにとのことで豆と栗を食べた。それから学校へ四方拝《しほうはい》の式によそいきの樟脳くせぇ着物を着て行きました。

村長さまの話、校長先生の勅語が読まれて、全員で「年の初めのためしとて、終りなき世のめでたさは、松竹立てて門《かど》ごとに、祝うはきょうこそめでたけり」と歌ってみかんをもらい家に帰る。家では年始に行ったり来たりしていた。午後は友だち同士で遊ぶ。こたつ占領してだいこんを薄く切ってもらい、せんべい釣り⑿やかるたとりで夜遅くまで遊びました。学校は八日まで休みだから毎日かわりばんこで遊び歩く。

二日は書き初めを書いてから、お寺の年始で大人に連れられ子どもも大勢お参りに行った。香売りといって、二、三軒店が出てました。子どもたちの喜ぶ風船、ゴムまり、リリアン、写し紙、きせかえ、などがいっぱい出て、買ってもらいました。

七日。七日は七草。ぞうすいもちを食べ、友だち呼んだり、近所の大人も子ども連れてきたり、みんなでお手玉やかるたで遊んでもらった。

八日、学校が始まる。十一日は十一日正月で、半日であがり、蔵のある家は蔵開き。十二日はお寺がつりせんべいもって年始に来る。「もろもろーっ(13)」とくると、「どれーっ」と家中《うち》で出迎えました。十三日は小正月の餅つき。若木迎い(14)に行く。団子の木(15)、ならの木はお飾りに、ヌリデの木は十五日朝の箸をつくる。餅で梅の花や稲の穂をつくる。十四日の晩は、ぬかびの周りで、家中は、若木に稲の穂や梅の花、つりせんべいをつるして今年のお飾りをする。十五日の塞の神にお供えする。道楽神(16)や十三月鬼の眼も若木の皮をはぎ、つくる。十五日の朝、暗いうちにもっくらもち追いをする。よこづちに縄をつけで、引っ張り歩く。あとから青竹で、

「もっくらもちはどこら、

よこづつどんの御前だ、

そこらへいたらかっつぶせ」

と、家の周りをめぐりながら、雪をはたきながら歩く。兄弟の大勢の人は、大勢でにぎやかにうちのまわりまわりましたが、私は一人でしたので、声が小さかったら、つぁつぁとかっかあが外へ出て、「でっけえ声でもっくらもち追うてくりゃ。ちっせえ声だどもっくらもちが逃げねすけ」なんて言ってかっかあとつぁつぁも応援してくれたがんが、今思い出されます。

空が白む頃には鳥追いをする。今度は、

「じろべろんの鳥とたろべろんの鳥と尻きって
頭《かしら》きって、佐渡ヶ島へ、ほほーほほ」
と、火箸で木鋤《こすき》を叩きながらまわりました。
家の朝飯《あさはん》は、小豆粥に餅。十五日の夜に限り、へんなかに、口のあるものを置いてはいけない。足を出してもならない。鉄瓶や茶釜何でも、口のあるものはへんなかに入れてはならない。お湯わかすにも鍋でした。口のあるものをかぎんこにかけなとも。これは、夏になって、田んぼに鳥が入らないように、とのことだそうです。

今度は、柿、栗、梅、何でも、なりもんの木に、小豆粥食わせる。つぁつぁが鉈で切り口を開けると、かっかあが小豆粥食わせる。つぁつぁとかっかあが、「今年はなるかならんか」と木をたたく。子どもたちが手を合わせ、「なります、なります」と言いながら木から木を回る。

十五日はともかく忙しかった。ふりから雪であぜを作り、田んぼに見立てて、まめがらをさして田植えをする。ほしこ(17)にかずのこ供えで豊作を祈りました。

今度は塞の神のわら集め。大人や高等科の男衆は十人くらいで、塞の神の芯杭《しんぐい》、孟宗竹や楢の木を切ってくる。大人が三人ぐらいでもやっと手が回るような大きな塞の神ができ、武石では下通り、因幡、羽黒、赤坂、押切と五つの部落がありました。塞の神の大きさを競い合いました。この日ばかりは、病弱な人も、塞の神の煙かごうと出てくる。神棚の供え物、書き初め、門松が、青竹のはじける轟音と勢いよく燃え上がる。

道楽神や十三月鬼の眼も投げ入れる。十三月鬼の眼というのは、若木をはすにきり、切り口に星のかたを墨で書き、前の夜、家の前に立てかけておくと魔物がやってきて「一月だと思ったが十三月か、暦をよく見直してこぉ」と言って戻っていくということだそうです。無病息災を祈る人びとに焚き埃が降りかかる、藁帽子《わらぼし》が焦げる匂いもした。

十六日《んち》は仏様の日(18)。村中ぜんまいのけんちん汁に天ぷらも供えて供養する。十七日《んち》は嫁衆の十七日泊まり。小さい子どもを連れて実家に長泊まりに行ぐ。十八日《んち》は観音様にお参りに行く。香売りが出て風船やリリアンを買ってもらうのが楽しみだった。リリアンは毬をかがるときの刺繍糸で、毬の房にも使う。二十日は朝早く今年のお飾りを神棚から降ろして稲刈り終わりとなる。この日は学校も休みで一日中、子どもの遊び相手をしてもらった。

二月に入ると正月気分も抜け、本格的な雪掘り、藁仕事(19)に励む。

二月三日は節分。豆まき。まいた豆を十二粒ひろい、へんなかに火箸で一月から十二月まであとをつけ、豆を焼く。黒くなれば雨、白は晴れ、と天気予想図をつくる。隣近所みな違《ちご》うのでおかしい。当たってもはずれても大人と子どもが一緒につぐる天気予想図は楽しかった。学校へ行って、「おらこは三月は雨だったや」「へーえ、おらこは晴れだや」「は、おらこは晴れのち曇りだったや」というような言い合いもしました。

十五日《んち》にお釈迦様の命日で、村の観音様に、団子拾い(20)に行きました。うちでは米の粉で干支つくり。お釈迦様へお供えした。

お釈迦様が干支をつくるとき、動物たちを呼んで牛が一番に跳んでったのに、体の小さいねずみが牛の角に乗って一番になったとか。それで子、丑、寅、と決まり、猫や豚はのめしでいがんがったんだんが、干支の仲間にいれてもらえなかったとか。年寄りの話で十二支はお釈迦様の家来だと教えてくれた。団子のおさがりをへんなかで、焼いてもらい食べた。

今度は雪囲い。三月のこえを聞けば雪も降りやむ。そこで村中が雪囲いする。各戸でとばを持ち寄り、大人百人ぐらいも入れるような大きな穴を掘り、雪を詰める。大きな杉林の谷間に穴を掘って雪を詰める。これは夏の急病人に備えて雪を囲む。この頃になると雪も水気をふくみ、しみわたりができるようになる。学校ではスキー大会、かんじき競争。しみわたりも楽しかったです。

それからこの時期になると味噌煮。村中が味噌煮しました。一回に一俵のまめを窯に入れて煮るんですが、味噌煮釜が隣から隣にまわって、へんなかの炉縁《よろぐち》を外して、釜を立て、ころをどんどんくべるので、家中《うちじゅう》が温かくなる。学校の帰りに煮豆をもらいに寄る。

のんばき。四月になれば今も昔も、入学・進学・就職とうきうき気分になる。お天気の良い日には家中《うちじゅう》の蓆《むしろ》を外で叩き大掃除をする。のんばきといった。のみ掃きのことだろうと思うが、昔は蚤やしらみはいっぱいいいました。

それからカタコの花やノノスケ、コブシ、マンサク、春の花はいっぱい咲いて、うぐいすの鳴き声と共に畑打ち、それから、たんぼ、春耕のまた忙しい時期となる。

わたしの四月から四月までの大体の暮らしを話してみました。わかりましたでしょうか。

注

（1）畦塗りのこと。春先に、畦際の土を鍬などで起こして、その土を水で丁寧にこねてから畦に張り付けていく。

（2）刈った稲を干すための、杭立・三又・立樹橋架など稲架全般に対しての呼び名。

（3）家に入りきらない稲を積んでおく場所。鳥が巣を作ったりするので鳰《にゅう》と呼ばれる。ほかに、ころ鳰、ぼよ鳰、大根鳰などもある。

（4）臼挽きのこと。ここでは籾をする道具をさす。

（5）煤払いのこと。一年に一回、正月を迎えるために家の煤を払い、家の内外の大掃除をすること。

（6）煤払い祝いとして、煤払いが終わった晩に食べる。煤掃き飯・ススハライモチ・団子などを食べる地域も多い。

（7）掃除道具は普段の箒とは別に、前日に、竹藪などから刈ってきた笹竹や柴の先に葉や藁をつけたものを使う。これを男女一対として、長い箒を煤男、短い箒を煤女という。

（8）旧暦一一月二三―二四日にかけて行われる。大師とは弘法大師あるいは那智大師を指す。小豆粥を食べ、二三日の夜には忌籠りをする。

（9）旧暦一一月二三―二四日にかけての大師講にまつわるいい伝え。
昔、大師様が貧しい老女の家を訪れて一夜の宿を求めたが、家には大師様に差し上げられるものがなかったので、老女は隣家から稲（大根と伝える地方もある）を盗んできて大師様に差し上げた。これに同情して、老女が盗んだことが発覚しないように、大師様は足跡を消すため雪を降らせた。

（10）朝晩お勤めをするほか、家を建てるときの地相占いや加持祈祷などを行い、集落の相談役でもあった。

今も、たとえば来迎寺にはよく当たる占いをするマンチ（占い師）がいる、という。

(11) 長寿を願って、正月あるいは六月一日に鏡餅・大根・押し鮎・勝栗など固いものを食べる行事。

(12) 餅を小さく切って鉄の煎餅焼きで挟んで、薄焼きの煎餅に焼いてもらい、幾枚も重ねて、糸をつけた針を投げて、煎餅に刺し、煎餅を多く釣り上げた方が勝ちとする遊び。手元まで落とさずに持ってくるのは難しかった。鈴木さんの集落では、普通、煎餅の代わりに大根を用い、器用なかっかあに薄く切ってもらって、ちょっと水気をとってから遊んだ。

(13)「頼もう」「物申す」か？

(14) 正月の薪や新木（しんぎ、いろりに燃す細木）に用いる木を山から切ってくる行事。

(15) みずき。幹が赤いので、正月のせんべい飾りに使用した。きちんと型にはまったように枝が規則正しく出るので、友だちと引っ張りっこして遊んだ。

(16) 二〇センチくらいの若木を削って作ったもので、「道楽神の馬鹿野郎」、と言いながらどんど焼きの火に投げ込んで燃やした。子供同士けんかした時にもこう言って相手を罵った、「道楽神のばか野郎、てめえのうちに火いつけた……出雲崎に呼ばれていった……」というような唄もあった。十日町地区では、藁人形で作る。

(17) ナマコの腸を取り除き塩水で煮てから干したもの。

(18) 一月一六日は「口念仏の口開け」とも呼ばれる日で、年が明けて初めて念仏を唱える日。正月の神様（年神様）が念仏が嫌いであるということから、一二月一六日の「念仏の口止め」からこの日までの正月の間は念仏は唱えないこととされている。

(19) 冬の農閑期に、新藁を材料として、縄・むしろ・わらじなどを作る仕事。

(20) 釈迦が涅槃に入ったところ、釈迦の骨が五色に輝いたという。五色は白・青・黄・赤・黒で、黒を除く四色の団子を撒いて、お祭りに来た人々に広く釈迦の報恩を施す行事。

ホタルのわらべ歌（山伏の話で思い出して山崎正治さんが歌ってくれたもの）

ホタルこいこい　神酒《みき》くれる
山伏こいこい　宿かせる
山の中のホタル花　ゆれるゆれる

三　小国の暮らしノート

高橋　実

1　小国の地名

小国町は、新潟県の中心からやや南に位置し、長岡、柏崎、小千谷を結ぶ三角形の底辺の中心に位置している。昔、この地から上州に出稼ぎした人は、朝五時に家を出て、二日目に三国峠を越え、三日目に前橋まで歩くことができたという。

今、長岡中心部まで車で四十分、そこから上越新幹線に乗って、一時間半で東京駅に着くことができる。

小国町は周りを山で囲まれており、外部の地域との繋がりが弱い。そのような地形の特質により古くは「一小国の観を呈す」といわれ、これが地名の由来となっている。小国町は「山を越えないと入れないような山間の別天地」、「桃源郷」であると言える。また、小国という地名は新潟県、山形県、熊本県の三県に存在するが、いずれも盆地である。日本の伝統に、河川の中・上流域にあって周囲を山に囲まれた盆地にオグニという地名がつけられることはよくある。

（柳田國男『地名の研究』参照）

長岡市小国町は、古く小国保、小国谷と呼ばれ、一つの運命共同体をなしてきた。地図を見ていて、小国町は、海に泳ぐえいの形に似ていると思った。東西一一キロ、南北一二キロの菱形をなしていて、蛇行する渋海川は、鋭い針をもつえいの尾にあたる。ひれを動かして、このえいは北に向かって力強く泳ぎ出そうとしている。

小国町は平成一七年に長岡市に合併され、長岡市小国町となった。他にも栃尾市や三島町、越路町など一〇の市町村が合併された。これらの市町村の地名の付け方は、合併当初は「長岡市 集落名」といった形であった。例えば長岡市越路町の塚野山という集落なら「長岡市塚野山」である。しかし、小国町は「長岡市小国町上岩田」や「長岡市小国町太郎丸」というように「長岡市 町名 集落名」となっており小国町という町名が残されている。

小国町は今は刈羽郡から離れて長岡市と繋がりを持つようになったが、以前は行政上刈羽郡・柏崎市との繋がりが強かった。現在でも警察署は柏崎警察が、農協もJA柏崎小国支店というように、一部行政上の柏崎市との繋がりが残っている箇所も見られる。

小国町は外部地域との繋がりが弱いといっても、渋海川の流れでもわかるように上流の十日町市など魚沼方面との繋がりが強かった。小正月のかまくら（籠り穴）の風習も魚沼地域から小国町へ伝わった。中魚沼地方ではどんど焼き（小国では塞ノ神と呼ぶ）では道楽神という人形をつくる。その周りに様々な飾りをつける。その飾りをつける風習は小国町でも大貝など十日町市に隣接した集落だけである。また、柏崎方面との繋がりは先述した行政上のものだけではなく、室町時代に小国町が南魚沼郡にある湯沢町と柏崎市を結ぶ街道となっていたという歴史もある。

二里三里の険岨な山を越えなければ入っていかれない川内が日本には多かった。それを住む人の側では、あるいは小国などとも呼んでいた。出羽越後にも幾つかの小国がある――。

民俗学者の柳田国男は「小国」の地名をこのように述べている。

外へ出るには、この峠を越えるか、渋海川沿いの渓谷を抜けなければならない。昭和一三年発行の『小国郷土史』に

〽 小国よいとこ平和の郷よ
　　口元狭く中広く
　大国様の袋のやうで
　　入る宝は漏らしやせぬ

という「小国追分」が載っている。

中心を流れる渋海川は、上流の十日町市松代・松之山地区、十日町市川西仙田地区では、山に阻まれてくねくねと蛇のようにまがりくねって流れるが、小国盆地へ入って、ほっと一息ついたように、流れがゆるやかになる。今は川底が深く抉られているが、かつては川底が浅く、洪水のたびに盆地の東西を暴れまわって、流れを変えていた。しかし、この川を用水として利

用し、川が運んだ土砂は豊かな穀物を育て、ここで穫れた米は、小国船道の川の流れに乗って、長岡まで運ばれた。この川は小国の人たちには、母なる川である。

冬はすっぽりと深い雪に埋もれるが、春の野山の緑は燃えるように美しい。

雪国を捨てず雪解けある限り　　楓石

の句もある。この句は雪国の人の心を見ぬいている。

面積は、八五・九三平方キロ、人口八七〇〇人、昭和三一年に小国町が誕生した時の半分の人口になってしまった。そして平成二八年の現在五六〇〇人に減った。この過疎化の流れは、これからも続くであろう。

小国町の東側、関田山脈から伸びてきて、舌のようにつき出た河岸段丘の先端には、数ケ所に縄文土器や石器が出土している。このころから、この地に人は住みついていたのである。小国の本格的な開発は、鎌倉時代からといわれ、地名を姓に冠した小国氏が、この地を拠点に活躍していた。東西の山脈の高台に山城跡が点在している。江戸時代には、天領であったが、末期に一時、長岡藩の所領となった。明治になってから上小国村が上流にでき、昭和二四年に小国村が中流にでき、この二つの村に、下流の千谷沢村の一部が合併して小国町となった。それが平成一七年長岡市に吸収合併された。小国谷は、こうして名実ともに一つの運命共同体となった。

かつては、稲作農業が町の基幹産業であったが、地元企業や近隣の都市へ通勤する人が増えている。道路が整備され、冬の道路除雪が完全に行われるようになったためである。

こうした産業構造の変化は、昔から続いてきた伝統的な行事を衰退させ、生活感情も著しく都市化してきた。過疎化は、山麓の通勤不便な地区に特に顕著に進んだ。この流れを抑えようとして、「小国森林公園」や、「小国芸術村」に、町が力を入れるようになった。

それも二五年を経た現在には、来場者が極端に減ってしまった。

現在も依然として人口の減少が続くとともに、高齢者の増加と若年者流出の現象があり、この傾向は、今後も続くものと予測される。現在ではすでに、小国にある三つの小学校の小学生の人数が、合わせても三〇人ぐらいに減ってしまった。平成二九年には三小学校統合の予定とされている。高校生も減少し、柏崎高校小国分校が廃校し、校舎は、平成二六年小国コミュニティセンターとして再利用されている。昭和四五年の過疎地域対策緊急措置法以来、交通通信体系の整備を重点に、教育文化施設、医療施設、生活環境施設、福祉施設の整備等をしてきた。若年者就業の場が少ないなかでいかにして地域活力を向上していくか、また、公共交通の確保や冬期除雪など高齢化が著しい集落を支援し持続発展させるため、きめ細かな集落の維持及び活性化対策が急務となっている。今後、子供から高齢者までが気軽に集える地域活性化の拠点を中心に、集落単位の顔の見えるコミュニティ活動による世代間交流を活性化し、個性豊かな住みよい地域づくりを推進する必要があると考えられる。

2　渋海川と八石山

渋海川は、小国の中心を流れる川である。渋海川という川は、非常に曲がりくねった川で、長野県の県境から旧松之山町、松代町、川西町、小国町、越路町を通って、信濃川に合流する。全長は八二キロで、海に通じない川としては新潟県で最も長い川である。

渋海川は旧越路町には堤防はあるが、小国では川底が深く洪水が起こらないので、小国には堤防がない。小国の田は、川がカーブしたところを田に使った「瀬替え新田」が多い。この「瀬替え新田」とは、渋海川が蛇行して洪水が起きやすいことや農地が足りないことから、曲がって流れているところをまっすぐに直し、水が流れなくなったU字型の部分を田んぼに変えてできた新田のことである。「瀬替え新田」は渋海川の全長八二キロに四七箇所もある。

渋海川の名前の由来として「渋」は田んぼに浮く赤いさび（酸化鉄）を表している。また、渋海川に関する事柄としては『北越雪譜』に「ざい渡り」、「サカベットウ」の様子が記載されている。「ざい渡り」とは、渋海川は冬になると川一面に氷が張り、その上に雪が積もるので平地のようになる。渡し場などは斧で氷を割って舟を出していたが、氷が厚くなると人間の力ではどうしようもできないため舟を陸に上げて人は氷の上を渡る。これを里の言葉で「ざい渡り」という。越後では物が凍ることを「ザイ」、「シミル」、「イテ」（イテは古語）などと言う。この川に張った氷は正月末から二月初めにかけて陽気のため崩れていく。割れる時の音は千の雷が一度に鳴ったようで、山も震えるほどである。「サカベットウ」とは、越後では蝶を古い方言で「ベットウ」というが、この時代の蝶と蛾の区別は曖昧で、大きいものを蝶と言い、小さいものを蛾と言った。春の彼岸のころ、渋海川に数百万の白い蛾が両岸までいっぱいに羽が触れ合うほどの大群となって、川下から川上へ飛んでいく。この蛾が日が暮れようとするときに水面に落ちて流れ下る。その情景はまるで白い布を流しているようであった。これを「サカベットウ」という。しかし、渋海川で毎年見られていた「サカベットウ」は、天明の洪水により蛾の卵が流されてしまったことで、それ以後見られなくなった。（『北越雪譜』より一部補足）

この渋海川は小国のどの学校の校歌にも詠まれていて、小国の人々にとってはとても親しみのある川である。以下は実際の小国の学校の校歌の一部である。

①　清い流れの渋海川
　いざよう音は窓近く
貫く力鍛えつつ　（旧森光小学校校歌）

②　わが村をわが村を
南北貫く流れ
渋海川清き岸辺に
ただ向かうわれらが理想　（旧上小国中学校校歌）

③　八石山はそそり立ち

流れは清き渋海川
あの山この川その中に
結城野ひらけて八百年　（旧結城野小学校校歌）

渋海川の他にも、八石山という小国の山もよく校歌に詠まれた。

渋海川の語源

渋海川の語源に関する説は三つある。一つは、昔、田の水の上に赤い酸化鉄が浮かぶことがあり、それを方言で「ソブ」と呼んでいたが、それが訛って「シブ」となり、渋海川となったという説がある。この酸化鉄は鉄バクテリアといい、これが浮いている田は地味の肥えている田である。

二つ目の説は、渋海川という川は、四つの川が合流しているから四つの川の水が海へ、という意味で「四海川」と書いてしぶみがわと呼ぶ、という説である。

三つ目の説は、『北越雪譜』に載っているもので、昔の地名である頚城・魚沼・刈羽・古志の四つの郡を環流しているため、四つの府の川と書いて、「四府見川」と呼ぶ説がある。

文献上の渋海川

渋海川について書かれている文献はいくつかある。中世に書かれた文献で渋海川のことが載っているのは、文明一八年（一四八六）の道興准后の『准後回国雑記』に、漢詩人である万里集九によって書かれた『梅花無尽蔵』長享二年（一四八八）が有名である。

「漂着神」を生む渋海川

漂着神とは、海上より浜辺に流れ着いた神や仏の事をいう。海の水死体を「流れ仏」とも言った。魚網にかかったり、浜辺に打ち上げられたものを崇め、神仏に祭られる。また、流れ仏を拾うと豊漁になるといわれた。以下は渋海川における漂着神に関する伝承である。

①　新浮海神社　（小国町太郎丸）祭神　少彦名尊

徳治年間（一三〇六―八）渋海川が大洪水のとき、仙田村室島新浮海川本神社より金属製のご神体が流れてきて、太郎丸地内に漂着したのを拾い上げて、北側山上に祭った。これが、そのまま新浮海神社となった。

②　小国町　原　法光院

かつて小国原にあった寺院。この寺の鐘がうなり、「海へ行こう、川へ行こう」と声を出した。法光院の住職が「海でも川でも好きな所へ行け」と言ったところ、鐘は転がって川に落ち、流れて旧越路町西谷原、宝光院に移ってしまった。鐘が落ちた場所を釣鐘淵と呼んでいる。

③　相野原観音堂

小国町相野原地内の田中に立つ観音堂は、昔渋海川の洪水により仙田村岩瀬から流れてきたもので、何回かそこに返したが、洪水の度に流れてくるので、よほどここが気に入った仏様に違いないと思って一堂を建立し、ここに安置したという。（四頁写真参照）
また渋海川周辺では現在も田んぼを広げる工事が行われており、田んぼに必要不可欠な用水は渋海川の水を電気ポンプによってあげることで得ている。

小国船道

江戸時代の天和年間～大正の終わりころまで、秋から春先にかけて川の水が非常に増水するのを利用して、船で小国町の原～塚山まで荷物を運んだ。当時、塚山には清水・長谷川の二軒の運送店があった。運ぶ荷物としては、下り舟には一隻に八〇俵も積まれたという米や大豆・小豆、特産品である小国和紙が積まれ、上り舟には肥料や塩、海産物、日用雑貨が積まれた。当時の船は川の流れを利用しただけのものであったから、下ってから上流に戻すにはロープを使って人力で曳いて運ぶしかなかった。曳き手は寒い時期に川の中に入り、途中いくつも流れ込んでくる川を渡り、上流の荷積み場まで船を運んだ。

筆者の子供のころは、学校にプールがなかった。小学三年生以上は渋海川で泳いでもよいことになっていたので、学校から帰ると、仲間と川に泳ぎに行った。当時、親は見に来ず、上級生が下級生を監督していた。当然川には深みもあり、筆者が中学二年生で一番上級生だった時（中学三年生は少なくその場にいなかった）に、小学五年生の子が溺れてしまい、村中で大騒ぎとなった。三〇分後、沈んでいた子が投網で引き揚げられたが、子供を水の中に入って探そうとする親の姿、引き揚げられた子の三〇分間水中にあった真っ白い手足は、今でもまざまざと思い出される。

以上のように小国と渋海川はさまざまな強いつながりを持ち、現在に至っている。渋海川は小国にとって母なる川といえる存在である。

八石山

八石山は柏崎市と長岡市小国町の境に位置する山で、鯖石川と渋海川に挟まれており標高は五一七メートルである。山頂は下八石（南城八石）、中八石（小国八石）、上八石の三峰に分かれていて、山の様相は大仏様の寝姿に見える。また、八石山の名前の由来には次のような説がある。（二四一頁写真参照）

① 昔、この山に一本の豆の木が生えて繁茂して多く実を結んだ。村人がこの実を収穫すると八石（約一四四〇リッター）あり、これにちなんでこの山を「八石山」と呼ぶようになった。

② この山には大きな谷間が八つあるため、「八谷山」と書かれていたが、いつの間にか「八石山」と書かれるようになった。

さらに、八石山は刈羽三山の一つでもある。刈羽三山とは新潟県の刈羽郡地方にある八石山、刈羽黒姫山、米山の三つの山のことを言う。刈羽黒姫山とは標高八九一メートルで柏崎市に位置する山である。米山は標高九九三メートルで同じく柏崎市に位置し、山容は越後富士とも呼ばれるきれいな円錐状でよく目立ち、古くから信仰、農作業等の気象予測、海上交通の目印などとして親しまれてきた。米山は日本の百名山の一つでもある。

3　歴史と文化

小国氏の支配地

この小国の地は、先の縄文土器の発掘について触れたが、有史時代に入っても、小国氏という豪族が、平安末期から小国を拠点としていた。日本史の中でも登場する源頼政の弟小国頼《より》行《ゆき》が小国を支配しており、小国氏は戦国時代まで続いた。その頼行を頼ってやってきたのが以仁王《もちひとおう》である。以仁王は平清盛があまりにも横暴を極めているので、源頼政と共謀して平氏を倒すという策略をめぐらした。ところが途中で発覚してしまい、かえって平氏に攻められてしまう。歴史上これを以仁王の乱と呼ぶ。これが宇治川の合戦である。源頼政はそこで亡くなってしまい、以仁王は諸国の源氏に令旨を出して平氏打倒を命ずるが、奈良で死んでしまう。ところが死んだのはおとりの以仁王で、本物は隠れて京都から逃れ、流れ流れて小国にやってきた、という伝説が「以仁王伝説」である。

この伝説を基にして、毎年八月末にもちひとまつりが行われる。特に平成二〇年に大河ドラマ『天地人』があったときに、小国実頼（のちの大国実頼）が小国氏ゆかりの人物であったので、さかんに町内にのぼりが立った。

4　小国和紙

山野田という場所は、小国の南西山麓の鯖石谷近くの集落だが、ここが小国芸術村発祥の地である。

紙漉きは小国の主要な生業の一つである。紙漉きによって生まれる小国紙は純楮の手漉き和紙で、小国一帯で広く用いられてきた。原料である楮は八石山系から渋海川上流に連なり、仙田・松代地方に続く土地によく育った。さまざまな工程を経て製造された小国紙はかつて全国に流通する大量消費材であった。現在では貴重な伝統工芸品として扱われている。

小国の和紙は非常に古い漉き方で漉いているというので、昭和四八年に国の無形文化財に指定された。その後に新潟県の文化財にも指定された。天和《てんな》二（一六八二）年には山野田に三〇戸があって、農耕の傍ら、紙漉きをしていたといわれる。ここは、平成一六年の中越地震のあと全戸移転した。移転の時には六軒だか七軒だった。

紙の一束は四〇〇枚であるが、文化八年（一八一一）には、小国谷の各地で紙は漉かれており、武石では副業としては五六三束の紙が漉かれていたと、資料にある。だいたい紙漉きというのは、百姓の副業だった。

明治二四年に高知県の伊野より講師を招き小国の旧家、山口家で「改良抄紙伝習所」というのが開かれた。和紙伝習所の卒業生は、小国では八名、加茂一名、仙田村一名、野田村一名、計一一名いて、小国は和紙の先進地であった。

昭和のはじめに米一俵が和紙の五束にあたっていた。つまり二〇〇〇枚が米一俵。昭和八年に和紙の製紙組合ができて、共同出荷するようになった。昭和一六年には上越に手漉き和紙工業組合ができて山野田は組合員が五七名いた。苔野島に一六名、原が六名、という。特に昭和一七年に、苔野島の山我さんという人が北魚沼の湯之谷から手漉き和紙（普通の和紙はA３版より少し大きいくらい）大判の和紙を習ってきて、そして機械和紙で紙漉きが行われるようになった。昭和四〇年には紙漉き農家が一四軒山野田にあった。

筆者が山野田通いするようになったのは昭和四七年、三二歳の時だった。テレビで山野田の紙漉きが放映されて、初めて山野田に江口ミンさんを訪ねていった。当時山野田では、江口ミンさんというおばあさんがたった一人で紙漉きしていた。江口家は、昭和六〇年に柏崎に転居し、平成五年に、ミンさんは八六歳で亡くなった。江口さんのうちは昭和五年生まれの主人の昭五さんが出稼ぎ中に亡くなった。娘さんがまだ十代だったんだけど、亡くなってしまう。江口家にこうした不幸が襲って、山野田を離れることになった。

ちょうどその頃、「越前紙漉き唄」（水上勉）という芝居が東京武蔵野で上演された。その時に紙漉きの場面だから、古い紙漉きを見たいと思って、小国の山野田に前進座の俳優の人たちが見学にやってきた。五九年にはその関係者の一人若林一郎さんが山野田「小国芸術村」という名前をつけて、舞台芸術家の切り絵作家である西山三郎さんや若林さんがここに来て、別荘みたいな形で家を買って移り住んだ。昭和六二年小国で芸術村フェスティバルを開き、そこで前進座の「山椒太夫」という芝居をやった。翌年の芸術村オープニングフェスティバルというのを、山野田でやった。新潟県胎内やすらぎの家に住んでいた瞽女唄伝承者小林ハルさんを訪ねて東京の竹下玲子さんが瞽女唄を習いに通っていた。その竹下玲子さんの瞽女唄の初舞台が山野田芸術村だった。

その後、竹下玲子さんの瞽女唄を支援しようと、長岡を拠点にした瞽女唄ネットワークが平成三年にできた。これは現在も活動している。

5　人形操り巫女爺と木喰

小国町太郎丸の新浮海神社の春祭りには、毎年巫女爺《みこじい》とよぶ操り人形が披露される。「ジサ」と呼ばれる翁と、「アネサ」と呼ばれる巫女姿の一対の操り人形を舞台の上で躍らせる。太郎丸の巫女爺は江戸時代末に小千谷の横町の巫女爺を取り入れたものという。横町では二階建ての屋台の上で、人形を操り、階下で人が操る。この巫女爺は渋海川と信濃川合流地点に分布す

巫女爺

る八つの集落にある。平成二〇年に県下の一二団体が県文化財に指定された。

小国町の真福寺を訪れた木喰上人が二メートル四三センチ、五〇〇キロの阿吽《あうん》仁王尊像を作った。この像を作る間、昼は庶民への布教や救済活動、夜になってから刻像というような生活を送っていたという。この阿吽仁王尊像は、全国にある木喰像の中でもその大きさと圧倒される存在感で傑作の一つになっている。木喰仏とは、木喰上人が作った木彫りの仏像のことを言う。木喰上人＝木喰五行は、寺を持たず漂泊した回国遊行僧で、江戸時代後期、甲斐の国に生まれた。晩年、千体の仏像を刻むことを祈願して、九州宮崎県から北海道まで全国を歩いて回って日本全土で微笑する仏像を刻んだ。小千谷市小栗山の三五体の仏像を彫った後、小国に来たという。没後二〇〇年を経て全国にいまだ残る木喰仏が六二〇体、そのうち最多の二六〇体が越後・佐渡に残る。また三十体以上の木喰仏群像が残っているのは、日本全国で越後の四か所だけである。

6　春から秋へ

農作業ではスジ蒔き、田植え、田な草取り、稲刈り、はざかけ、脱穀の順番に行われた。スジ蒔きの前には牛馬耕によって田を耕していた。草取りには「八反ずり」、「八反ころばし」と言われる、当時の田植えに適した除草機具が使われた。最終段階である脱穀は千歯こきなどにより行われた。その作業は正月まで続けられるほどの重労働であったという。現在では、コンバインが刈取りから脱穀までをやってくれるため、作業はかなり簡略化された。

七月は、梅雨明けで一番暑く、田んぼの稲が青々としている時期である。八月初旬は、稲の穂を包んだ部分が膨れる「穂ばらみ」の時期であり、九月に入ると稲刈りがある。田植えをしてから百日で実る。米という字を分解して八十八になることから、八十八の祝いを米寿の祝いと言ったりするが、米を作るには八十八の手間がかかる、と言われている。

八月下旬に「もちひとまつり」という平安時代の衣装で行列をなして村を練り歩く祭りがある。平安時代の終わりに京都の後白河法皇の皇子であった以仁王が、平家に追われ、都落ちして小国にやってきた。以仁王は京都から舟で静岡の辺りまで行って尾瀬の辺りを通り、会津へ入って八十里を超えて越後に辿りついた。小国はその頃小国頼行が支配していて迎えに出たという伝説に因んだ祭りである。

八月八日から八月二二日にかけて、おぐに森林公園を中心に「かかし祭り」がある。かかしをたくさん一週間ほどならべる。山形の上山温泉の「全国かかしまつり」に倣うような形で計画している。お盆前にこのような行事がある。

おぐに森林公園は関田山脈の麓台地に位置し、景色のいい所で、八石山、米山も見える。小国氏という平安から戦国にかけての居城の跡があり、そこに小国氏発祥の地として碑を建てた。

7　雪の季節

小国町では、平成二四年の冬も三メートルを超える積雪となった。やはり、雪国での暮しとは大変なものである。今は、除雪車や消雪パイプのおかげで道に雪がない状態を簡単につくれ、私たちは目的地まで車で自由に往来することができる。しかし、昔は雪が降ると、自分たちの手足を使って除雪作業を行わなければならなかった。

その除雪作業の一つに道ふみというものがある。当時の人々は、かんじきという履物を履いて、毎朝自分の家の前から道路までの間の三〇センチ程積もった雪を踏んで歩いた。集落と集落の間の道も、その土地に暮す人々の中から毎朝二人ずつ交代で道踏みした。こうして大人たちは、子どもたちが登校し出す時間までに道ふみを行い、雪に埋もれる心配のない歩きやすい道をつくった。

更に雪が積もると、屋根の雪下ろしを行う。一冬に七、八回行う必要があった。なぜなら、積雪は一平米あたり三〇〇キロと非常に重くなっており、そのまま放っておくと現在でも雪の重みで家が潰されてしまう怖れがあるからである。しかし、現在では雪が自然と屋根から落ちるようにつくられた滑雪屋根や屋根裏の温風で屋根雪を融かす装置など雪国でも生活しやすい工夫がみられるようになった。

このような様々な工夫やそれによる技術が発達する前は、不便なこともあった。それは、道ふみのされていない雪道を歩かなくてはならないことである。

小国では昔は一、二月ごろは毎朝二、三〇センチ程、ひどいときには一晩で一メートルもの積雪があった。そのためまず朝は一家の主人が早くから道ふみの作業をした。また、大抵の場合、軒と地面に積もった雪の区別がつかないので、簡単に屋根に上ることができる。屋根に上がって屋根雪と積もった雪の間を道具で切る作業もする。そうしないで雪が一度固まると融ける時の圧力で家がつぶれてしまう。雪が降るとバスは止まってしまい車も走らなくなる。その間バスは春まで雪囲いをしてバス会社の従業員は失業保険をもらう。それゆえ昭和三一年ごろ初めて除雪車がやってきて道を開いたときは大勢の人が外に出て見物した。それまでは歩くしか交通手段がなく急患が出たときは大騒ぎだった。親戚が大勢で橇で病人を運んだ。

雪道を歩くには、それなりの工夫がいる。前に歩いた人の歩幅に合わせて歩くが、その足跡の歩幅が合わなかったり、吹雪になると足跡が消えてしまったりする。その足跡から外れると、うまく歩くことができなくなり、五〇センチから一メートル程、つまり丁度腰のあたりまで埋まってしまうということがある。特に夜は道が見えにくく、危険が伴うため、「食料と灯りを忘れるな」と、よく言われた。食料は、山での遭難と同じように、雪に埋もれた状態でお腹が空いてしまうと動けなくなるので、それを防ぐために必要とされ、雪道で使用する灯りは、前の方しか照らさない懐中電灯よりも、広い範囲を照らすことのできる提灯の方が適切とされた。雪道では、このような準備をしていないと、行き倒れといって、平地であっても遭難してしまう恐れが生じる。

雪国での暮しは大変なことばかりではない。そんな雪の中でも子供たちは雪を道具に雪合戦やかまくら作り、雪だるま作りなどで遊んでいた。固く作った雪玉を相手の雪玉にぶつけ、割れた方が負ける雪玉という遊びが流行していた。また、道路に穴をあけ、その穴の上に薄く雪を被せ、落とし穴にするどっちんというたずらをして、大人たちをだます子供もいた。春先は雪が凍みて（表面が固くなり）普通は歩けない田の上であろうと林の上であろうと、どこでも歩けた。これをシミワタリとよんだ。（2のめし狐参照）

冬に積もった雪を地面に空けた大きな穴に詰め、夏まで利用できるようにした雪穴もその一つであり、食品の腐敗防止にその雪で冷やしたり、熱を出した時に氷枕に雪を入れたりして活用された。

また、今でも雪の中で行われる様々な民俗行事が残っている。一月一五日、藁で作った円錐状のものに火をつけて煙が流れる方向を見て一年の天候を占う賽の神。一月一四日雪に穴を掘ってその中で火を焚いて餅などを焼いて食べる籠り穴。二月一二日に弓矢を作って的を射る十二講立てなどがある。

8 着る物

筆者が小学生のころは、もうみんな洋服を着ていたが、昔は普段着に長着物《きもん》、山に行くときは短めの山着物《きもん》を着ていた。昼間仕事をしないで家でブラブラしている人を長着物きているると軽蔑した。労働着は下半身は男はももひきを、女は着物を着た上からはくモンペ状のズボン「さんぱく」を穿いていた。

履物は草履や草鞋、すっぺ（長靴状の藁靴）それからサンダル状のクツがあった。

また、被り物は手拭いを使ったほおかっぶりや雪の時に被る藁帽子が使われた。

下着は男はふんどし、筆者が小学生のころは褌でなく、ひもで縛るパンツだった。女は腰巻を使っていた。腰巻の下には何も穿いていないから、田植えには水鏡に局所がうつる、とも言った。女の雷様が木の上に落ちてきて、男の人が下から眺めていたら、見るものじゃない、と叱られた、という「落ちた女の雷様」と言う昔話もある。

縮の文化

越後国小千谷地方を中心に生産される麻織物に小千谷縮（越後縮）がある。江戸時代には幕府の役人の上下《かみしも》もこの小千谷縮で作られていた。小千谷縮は、苧《からむし》（麻）の皮を原料とするもので、その苧の皮を小千谷商人が小国町へ持っていき、小国の女性たちが家内工業として苧績《おう》みをした。その糸を再び小千谷商人が集め小千谷市に持っていって機織りをした。このように小国、小千谷間の道は人の行き来が多く、真冬でも峠越えの道が消えることがなかった。真冬の峠越えには灯りと食べ物を欠かすことはできず、峠には、道を失って遭難した人の墓がいくつか残っている。雪の峠越えはそれだけ大変だった。

かつては麻を栽培した村が多く、これによって縮は小国全域で織られていた。原料である苧《からむし》を口に入れて湿らせ、糸を紡ぐことを苧績《おう》みといい、こうして紡いだ糸は桶の中に入れておいた。冬期期間の男性の仕事は出稼ぎ、老人は藁仕事、そしてこの苧績みという作業は、主として女子の最大の内職であった。そのため、その桶を嫁入り道具として持たせてやることもあったという。「ぬかび八反暗つま九反」という諺があるが、姑は火のそばで八反、嫁は部屋の隅の暗いところで九反も織るという嫁と姑の争いの諺である。（28ぬか火八反くらすま九反参照）

糸を紡ぐ作業は昼に行うだけでなく、夜なべをしてかすかに暗い行燈《あんどん》や石油ランプの下で黙々と行われた。上手な人で一冬にだいたい一反ほどの糸を紡いだという。縮織りによる現金収入は、当時非常に貴重であった。この収入により、正月の年とり魚の鮭を買うこともできたという。また山横沢では縮で財産をつくったといわれる家もあったほど、当時の良い収入源となっていた。

苧績みは盛んに行われていたが、明治の半ばから紡績工場で働く人が増えたため、徐々に衰退していった。

9 食べ物

食事はテーブルを使うのではなく、家族一人一人が箱膳というものを使った。客用には別のものが使われた。箱膳のふたをひっくり返して箱に乗せると食卓になり、そこにご飯やおかずを載せて食べた。食べ終わっても食器は洗わず、お湯を食器に入れて沢庵や野沢菜でご飯茶碗や汁椀の周りをきれいに洗って飲んだらそのまま箱膳にしまって棚に片づけた。食器を洗ったのは、盆と正月くらいだそうである。真ん中に鍋を置いて食べ、おかずは漬物などであり、蛋白質の豊富な魚などを食べられるのは盆や正月の祝日しかなかった。普段はカテメシといい、ご飯を炊くときにコメの量を少なくしてサツマイモやマメ、大根など雑穀や野菜を入れてコメを節約していた。正月やお盆、あるいは結婚式などでは御馳走としては蕎麦と餅があった。

おやつとしては店から買ったおやつなどほとんど無く、大体畑のものであった。桑苺というのは桑の実で、紫に熟してくると甘かった。他には李や、柿、グミなどの果物がおやつだった。店で飴玉を買うという経験はあまり無い。昭和二〇年代にちょうどポン煎餅っていうのが出てきた。米を持ってくとバッコーンと爆発して、米が膨らんだ。あれがおやつの始まりであった。

救荒食とは、普段はあまり食べないが天災・飢饉・戦時などの食糧不足の際に食用にする動植物、農産廃品などのことである。それには次のようなものがあった。

タニウツギ（谷空木）　谷沿いや山地に見られ、ピンク色の花をつける。五—六月の田植えの時期に咲くので、田植え花とも呼ばれる。また、小国では、ローッパと呼び、家の中に入れると火事になるということで、火事花とも呼ばれる。ウツギの由来は茎が空洞であることからである。若葉を乾燥させてからひいて粉にし、ご飯に混ぜて救荒食として食べられたこともあった。

きな粉　きな粉は、大豆を炒って石臼でひいたものである。餅につけて食べることが多いが、穂がよく出るようにとご飯にかけて食べることもあった。また、米を節約するために米に混ぜて食べる代用食でもあった。

香煎　香煎はくず米を炒って石臼でひいたものである。この香煎も救荒食や代用食としてお湯でといたものを食べていた。
山菜《サンサイ》　新潟県の山地や里山に積もった雪は春に雪解け水となって様々な山菜を育てるのに役立っている。主な山菜には次のようなものがある。
木の芽　木の芽は、普通、サンショウの芽を指すが、新潟ではアケビの若芽のことを木の芽という。ゆでて、溶き卵につけて食べる。
ゼンマイ　ゼンマイは山の湿ったところに生える。ゆでてアク抜きをしてから筵に広げて干す・揉むを繰り返し、十分に乾燥させることで貯蔵しておくことができる。食べるときは水かお湯で戻し、煮物にして食べることが多い。
フキノトウ　フキノトウはまだ雪の解けないうちから山裾や川辺で採れる。細かく刻んで味噌に混ぜたふきのとう味噌や天ぷら、おひたしなどにして食べる。
その他の山菜　コシアブラ、ウド、ワラビ、タラの芽、コゴミ（コゴメ、クサソテツ）なども春に採れる山菜である。いずれもおひたしや煮物にして食べることが多い。
餅は祝祭日に食べるごちそうだった。小国では餅を笹の葉で包んだものを笹餅とよんで、初夏から夏場の暑い時期によく食べられる。笹の葉で包むことにより保存が効くようになるからである。きな粉を付けて食べる。
笹団子　米粉とヨモギを練って作った皮で餡子を包み、それを俵型にして笹の葉で包んでイグサで縛ったものが笹団子である。昔は端午の節句などのハレの日のお祝いに食べられるものだった。主に中越地方や下越地方で作られ、また会津地方でも作られていた。上記のようなハレの日に食べる笹団子のほかに、昔はくず米粉にヨモギを混ぜて漬物や味噌など季節のありあわせの物を餡にしたアンブとよぶ団子を日常食にしていた。

粽（三角ちまき） 粽は小国ではつまきとよぶ。全国でも端午の節句などでよく作られるが、新潟県では三角形の三角粽のことを単にちまきと呼ぶ。笹団子と違って材料にはいいもち米しか使わない。もち米を研いでからよく水を切り三角に折った笹の葉の中に入れ、もう一枚の葉でくるんでから濡らしたイグサで縛る。それを一晩水につけておき、翌日鍋に大量の水と粽を入れて一時間ほど煮て、完成する。小国では笹団子を男つまき、粽を女つまきとよぶ。

ぼたもち（おはぎ） もち米を蒸すか炊くかした後、米粒が残る程度に軽くつき、餡子をまぶしたもの。彼岸の他に田植えが全て終わった後の祝い事である早苗饗《さなぶり》という行事でも食べる。

その他の小国の食べ物としては次のようなものがある。

えごねり エゴノリ（エゴグサ）という赤茶色の海草を砂がなくなるまで十分に水洗いし、その後水と洗ったエゴノリを鍋に入れ三〇―四〇分煮てエゴノリがよく溶けたら四角い容器に流し込んで冷やして固め、食べる際には厚めの短冊切りにする。辛子味噌や醤油などをかけて食べる。漁村では仏事やお盆などのハレの日に欠かせない食べ物であったが、現在では年中入手できる。

のっぺ　新潟を代表する郷土料理の一つで、全国各地にもぬっぺ、のっぺい、のっぺ汁などの似たような料理がある。サトイモ、ニンジン、ジャガイモ、コンニャクなどの具材を切り、煮干しの出汁で煮た後に醤油などで味付けする。ぬめりを出すために、小国ではくず粉をかいたりするが、サトイモのぬめりを利用するところもある。祝い事と仏事（葬式など）のときとで具材の切り方を変えたり、くず粉をかかないという違いがあったりと県内でも作り方に地域性がある。また、「こくしょう」、「ざっこくびら」などののっぺに似た煮物もある。

10　囲炉裏と風呂と便所

小国でへんなかと呼ぶ囲炉裏（一四六頁写真参照）の周りを家族で囲むのだが、その座る場所は決められており、横座とたなもとが座る位置として重要である。横座とは、一家の主人が座る場所で、土間から見て奥の正面に位置する。また、たなもととは、主婦が食事をする場で、台所の近くであり、薪などを足す。棚元が転じた語だろう。

また囲炉裏は自在鉤（鉤んこ）と呼ばれる構造を持っており、上下を調節できて先端が鉤状になっているものが天井から吊るされた状態となっていて傍には火棚があり、そこで藁靴を干していた。

更に、囲炉裏では様々な道具を使用する。具体的には、火箸や火消し壺、渡し、火吹き竹、付け木などである。火箸とは、囲炉裏の中の火力を調整するために、火がついている薪などを動かすのに用いられる長い箸のことであり、基本的には金属製である。また、火消し壺は、焚き物をした後の燠《おき》を消すための壺である。炭には二種類あり、堅炭は、炭焼き窯で作る火力の強い炭だが熾すのに大変である。消し炭は、燠を消して作った、火力は弱いがすぐに火がつく炭で、具体的には夜に囲炉裏の灰の中に入れて火を消し、朝に付け木で火をつけて用いた。消し炭は主にこたつなどに使った。渡しは、囲炉裏で餅を焼くための楕円形や半円形の網状になった台である。にぎりめしも海苔で包まず、渡しで周りを焦がして固めた焼き飯として遠足などに持って行った。火吹き竹は火を起こすために用いられ、付け木は、当時は貴重であったマッチの代わりとなるもので、硫黄が塗ってあり、近づけるとすぐに燠に火が移った。焚き付けには杉の葉を用いた。杉の葉はすぐ火が付きやすく、囲炉裏や風呂の焚き付けに使った。そのため、強い風が吹いた日の翌日に、落ちた杉の葉を拾い集めるのは子どもの仕事で、神社などに拾いに行ったという。

荷物は人が背負って運搬した。その時はバタ（背なこうじ、二四六頁写真参照）を着て荷縄で焚き物などを背負った。大八車やリヤカーを使い始めたのは昭和になってからである。

燃料にはボヨとコロの二種類がある。ボヨは細い木で、コロは太い木である。三、四月ごろに山で木を伐り（春木伐り）、縄でなくマンサクなどの細い木でそれらを束ねて山積みにして乾燥させる。その上にトバを葺いて屋根を作った。それらを乾かして家の中に運んだ。これが家の一年分の燃料になった。

台所はみんじゃと言った。水道などはなかったため、山の水を引いて来たり、ポンプで水を汲みあげたりしたものを使っていた。家の周りにはドブシ、ドシンダナといって、下水をためておく場所があり、それを肥料に使った。

家ではガラス戸は使われず外との仕切りは障子のみだった。障子は火を焚いていると真っ黒になるので正月のころに障子を張り替えていた。

風呂と便所

風呂は今のように毎日入るという習慣では無かった。なぜなら、水を汲むのが非常に大変だったためである。何日かに一度風呂に入ったのだが、風呂を立てると、近所の人をみんな呼びにやって来た。自分の家だけではなく「今日はおらん家で風呂立ったすけ、来てください」と触れて回る。そうすると隣近所がみんな風呂入りに来た。一度に十人も風呂に入ることもあった。しかも風呂は洗い場というものが無い。風呂桶の中で、タオルではなく刺し子してある「ユウテ」というものを使った。今ホテルに泊まると洗い場が無い。あれは一度入るとお湯を落としてしまうが、昔の風呂は十人ぐらい入ってもそのまま落とさず、終わりの頃になると、表面にみんな垢が浮いてきてしまう。しかし、風呂場には灯りが無かったため、少しぐらい垢が体についても、気にならなかった。

タテカエシといって、そのお湯を落とさず、そのまま追い炊きして使ったこともあった。

トイレは外便所と言って家の外などに桶を伏せておいてそこにしゃがんで用を足した。紙はなかったのでトイレットペーパーとして葛の葉（フジッパ）を使っていた。山では柿の葉が使われた。それから新聞紙なども出てきた。紙に替わってもトイレットペーパーは便壷の中に落とさず、脇の籠の中に使ったものを入れておいた。肥料に使うには、紙などが混ざっていると、いい肥料にならないためである。夏になると桶にわんさと蛆虫（ゴオジ）が湧いていた。しっぽの生えているのもいて、たまに家の中まで上がってきた。

十日町では「うなごおじの高上り」と言って、大した能力もないのに偉そうにしている人をそう呼んだ。

11　小学校生活

筆者は昭和二二年に結城野小学校に入学した。机は二人掛けで木のふたがありその中に道具を入れた。（一学年）二クラスあり一クラスの人数は四〇人ほどだった。時々先生が不在となり、八〇人で一クラスになったこともあった。

教科書は初めて文部省が編集した教科書「みんないいこ」を使った。昭和二二年に戦後初めて出た。それ以前は墨塗り教科書を使っていた。ノートは売っている店がなかったので書類を綴じたものを使った。また、今までは片仮名を先に習っていたが、平仮名を先に習うようになった。

子どもは外で素足で遊ぶため、校舎の前に足洗い場が設置され、子供たちは校舎に入る前にそこで足を洗った。

冬は石炭を焚くだるまストーブに生徒が持ってきたコロを入れて教室の暖房に使った。

12　村の訪問者

古い時代の村の訪問者はかつて神様だった。目に見えない神様もまた、村の訪問者のひとりであった。正月には、正月の神様がお年玉を一人ずつに配り、それをもらうと年を一つとるのが、お年玉である。昔は満年齢ではなく数えたため、正月一日にみんなが一斉に年をとった。歳取り魚、鮭を食べると歳をとる。

「ある正月に、年をもらいたくないと年神様から逃げたおばあさんが、わらニオに隠れていたが、結局見つかってしまい、余っている歳までもらって一度に二つ年を取ってしまった」という昔話もある。

富山の薬売り　昔は各家の何段にもなった柳行李の中に置き薬が入れてあり、一年のうちに使った薬の分だけ翌年にお金を回収する富山の薬売りが回ってきた。子供には紙風船をくれた。

「ワラと炭と豆」という昔話の中には、豆の破れた腹の皮を縫ってくれるのが富山の薬売りになっている話もある。

虚無僧・六部　虚無僧は尺八を吹きながら村を回っていた。虚無僧とは剃髪しない半僧半俗の僧侶のことである。六部は、六部僧ともいう。日本全国六十六部の法華経を六十六か所の霊場に納めるために、白衣に手甲、脚絆姿で巡礼した僧である。背中に仏様の入った厨子を背負い、草鞋をはき、鉦をたたきながら国々を回った。

「六部殺し」　金を奪うために六部を殺した家に子供が生まれたが、その子がいつまでたっても言葉を話さなかった。しかしある雨の夜に家の人が、「こんな雨の夜は恐ろしい」とこぼしたところ、「六部を殺したのはこんな晩でしたか」と、子供が初めて口をきいた。その子供が六部の生まれ変わりだったという怪談のような昔話。

瞽女　目の見えない女性が弾き語りなどをしながら施しをもらう女芸人である。瞽女は歌をうたいながら三味線を弾き村中を回った。昼間は一軒一軒家を回って、村の人はお礼として、茶碗一杯の米を渡した。移動するときは集団で行動し、少し目の見える案内役の手引の腰につかまって村を回った。瞽女たちは重い日常道具が入った荷を担いで、二、三人ほど連なり歩いた。村では瞽女は瞽女宿という決まった家があって、瞽女家に宿泊し、夕方に近所の人たちが歌や語りを聴くために集まった。耳で聞いて覚えたものを三〇分―一時間と長い間語って村の人に娯楽を提供した。男の盲人はチョンガレ語り、五色軍団とよぶ訪問者として村を回っていた。チョンガレのような男の盲人集団は早くなくなった。

座頭　目の見えない人たちに官位をつけて、検校・別当・勾当・座頭と呼んだ（一般的に座頭が定着）。その昔は彼らは琵琶法師といい、琵琶を鳴らしながら平家物語を語った。

大晦日の日に座頭を泊めたが、目が見えないために井戸に落ちてしまい、つるべで引き上げたところお金に変わっていたという昔話もある。

虚無僧、六部などで最後まで残ったのは瞽女で、昭和五二年まで活動していた。年金などといった福祉制度がなかったため、目の見えない女の人が暮らしていくためには、村から村へと訪ねて回り、歌や語りを聴かせて、生活の資金を稼ぐ必要があった。

13　昔の旅

一生に一度は伊勢神宮へお参りに行く、ということがみんなの願いだった。コースは長野・岐阜を通って、三重の伊勢まで徒歩で参拝した。伊勢参りは人生における一大イベントだった。家の人が伊勢参りに行っている間、残った家族は家の玄関に竹の門を作り、毎朝その根元に水をかけ、陰膳を供えた。陰膳とは、旅に出ている人の分も家族と同じ食事を作り、旅の無事を祈る意味で、それを供えることである。戦争に行った人にも同じようにして、戦地での無事を祈った。

伊勢参りは何ヶ月もかかる長い旅のため、途中で亡くなる人が出ると、その土地で葬式をあげてもらい、お墓まで作ってもらうこともあった。小国でも上方参りの途中で亡くなった墓が残っていると和歌山県から連絡があったこともある。

昔は交通手段がないからといってよそへ出ずにじっとしていたわけではなく、歩いてどこへでも行っていた。小学生でも遠足で小国から弥彦まで行ったりした。修学旅行も歩いて行ったので、朝三時出発など大変だった。昔はいろんな旅人たちが訪ねて来たり、旅に出たりしていた。日本回り、と言って、先祖には日本中を歩いて回った人がいる。山崎正治さんの家でも、ご先祖は日本周りをして、あと一〇カ所というところでペリー来航で断念したと聞かされていた。多額の旅費がかかったと思われるが、それをどうまかなっていたのかは謎。四国の八八カ所巡りなんかは「代わりにお参りしてきてくれ」と、近所の人がお金を出してくれた。

おわりに

五年間にわたる新潟大学の橋谷ゼミの一行を小国に迎えることになってその都度報告集に雑文を書いてきた。それを今一文にまとめるにあたってそれらの不整合の部分を書きなおしてみたが、なお直しきれないところが多くあると思う。重複や年代の差が出てきたりして読みにくい文になった。中国口承文芸が専攻の橋谷先生には、小国の昔話の発掘が目的だったと思うがはたして十分その願いに応えることができたかどうか心苦しい。筆者が初めて昔話に興味を持ち始めた五〇年前には、伝承者はたくさんいた。しかし、その頃昔話を聞かせてほしいと頼むことは、笑われ、恥ずかしい事だった。今、語りがブームになっていながら、その伝承者が居なくなった。歴史の皮肉以外の何物でもない。

七五歳の後期高齢者となった筆者は、筆者自身が伝承者の仲間に入ってしまった。はたして、この語りの世界はどこへ行こうとしているのか。

あとがき

中国の口承文芸を研究してきた者として、日本で昔話の調査をするのは長年の夢だった。昔話の宝庫といわれる新潟県にいながら、その有利な条件を生かさないのはもったいないと考えていたので、新潟大学人文学部の「気づく力とつなぐ力」をテーマにした授業改革の取組が文科省の大学教育推進プログラムに採択され、地域連携、留学生との交流というコンセプトで、授業の一環として昔話の採訪ができることになったのは、たいへんありがたかった。調査地には、雪深い地域であると同時に、新潟市内から日帰りできること、長岡民話の会顧問の高橋実さんにコーディネーターをお願いできる、ということで長岡市小国町を選んだ。

新潟に赴任した当初は、どの古書店でも、郷土資料のコーナーには水沢謙一著の昔話集が何冊も並んでいた（今、その古書店もすべて無い）。重いテープレコーダーを抱えて雪の中、「語り婆さ」を訪ねて話を聞く、これこそ昔話採集の姿だ、と感心したが、昔話が生きて語られていた時代は、すでに遠い過去のものと考えていた。コーディネートをお願いした高橋実さんが、昭和三三年（一九五八）高校生の時に、この水沢謙一氏の活動に触発されて、地元の小国町で昔話を聞いて回られたことは、小国訪問を始めた後で知った。ラジオで昔話採訪の話を聞いて、さっそく自ら知らない家を訪ねて歩くとは、なんともすばらしい行動力で、今回、その高橋さんの協力を得ることができたのは、本当に幸運だった。

この採訪では、五年間で三六話を語っていただいた。最初の年には逃竄譚をお願いした。シンデレラ型の話（本書では「おふじとおすぎ」）と「屁こきあねさ」についても、こちらから希望を伝えたが、これ以外は、語り手の方の選択に任せた。小国の昔話の集大成である『榎峠のおおかみ退治』に載録された七四話や、長岡民話の会でこれまでに語られた話などから考えると、「兎とふく（ヒキ）」「タニシ息子」「運定めの話」などは、あるいはご存知だったのではないか、と思う。せっかく出版の機会をいただいたのに、小国の昔話の伝承状況について網羅的な調査が行えなかったのは、準備不足だったと反省している。

高橋さんの初めての採訪から五〇年余を経た今回の小国採訪は、採訪とは言っても、話者を探して訪ね歩くのではなく、集会所に来ていただいて、話をうかがった。大学の日帰り実習、総勢二〇余名という大所帯では、この方法しかなかったと思う。語り手の経歴、小国での語りの活動については本文で述べたので、繰り返さないが、地元の語りの会などで語ってこられたお二人なので、そのまま原稿になるすばらしい語りだった。毎回、何を話すかをしっかり準備された語りは、あまりに淀みないので、戸惑うほどだった。昔話をほとんど知らない、知っていても絵本で読んだり、テレビアニメの「日本昔ばなし」を見たことがある、という受講生が大半だったが、学期末の報告書の感想欄には、実際に「語り」を聞いて、「方言の温かみ」を感じたにとどまらず、「言葉と声そのものが物語を形作る」「架空の世界が、現実の世界で本当に起こったことに感じられてくる」「物語の世界が目の前にすっと浮かび上がる」などという感想が並び、「語り」がしっかり受け止められていることがわかった。

現在、日常生活の中に昔話が語られる環境は、ほとんど無い。今回、語ってくださった方々の中でも、山崎さんを除けば、暮しの中で語った経験はないと言う。昔話は、人から聞いて、また人に伝えてこそ継承される。その循環は失われてしまった。五十嵐サチさんのように、発見されていない語り手が、まだ、いたことは僥倖であった。

学生を引率しての採訪で、昔話を話として研究するには、足りない部分が多々あったが、昔話が語られる場、昔話を伝えてきた環境を知ることはできたと思う。「語り」の力、楽しさは堪能した。現在聞ける「語り」の中でも、すばらしいものを聞けたと思う。今回は、載せなかったが、戦争についての話もうかがった。

毎年、参加学生が文字起こしをし、中国語、韓国語の訳をつけたものを授業報告書として刊行してきた。本書では、五冊の報告書に載せた話について、内容によって分類し直して、注をつけ、さらにこれまで小国の話として記録された話についても梗概を記し、小国の昔話の概観を示すことに努めた。一冊にまとめる作業をしてみると、各話の整理者ごと、文字の使い方、ルビの振り方などさまざまである。整理者は各自の基準で整理している部分もあり、一部をそろえると、話の中の整合性が失われる。最初にきちんと方針を伝えなかった失敗で、聞き間違いについては訂正したが、表記については、結局、ほとんど手を入れなかった。

あとがき

小国で聞いたそれぞれの話について、これまで文献で調べてきた類話と比較検討をしたいと思っていたが、ほとんどできず、各話につけた解説は、中途半端なものになってしまった。これも準備不足で、残念である。人文学部の運営に関わるような仕事には、ほとんどかかわらなかったのに、その恩恵にだけあずからせていただいたようで、些か心苦しい。ともかく、小国の昔話をまとめることができたことは、たくさんの幸運な出会いと、関係者各位の援助による。心から感謝申し上げる。

編集いただいた小山さんとも、大学一年の最も印象深い出来事と結びつく、不思議なご縁があったことを知った。地方や昔話に少しでも興味を持っていただけたならうれしい。

二〇一六年一月三〇日

馬場英子

記録整理者一覧

	タイトル	記録整理
1	干支の始まり	中井駿太郎、渡辺佑
2	のめしぎつね	柄沢道子、和田優子、山田順子
3	かちかち山	影山孝祥
4	ふるやのもりや1・2	天間貴志、佐藤れい
5	猿婿	倪舒怡、丸山紗輝
6	婆っ皮着た娘	永島花琳、古田島裕葵、児玉庸子
7	鷹にさらわれた赤子	桐生美咲子、松木裕花
8	蛇のくれた赤い巾着	五十嵐いつか、椎谷華織
9	尻鳴りしゃもじ	大津卓也
10	爺さと豆	長谷川知里
11	あやちゅうちゅう	秋山達矢、天間貴志
	鳥のみ爺	神山恵里佳
12	かにかにこそこそ	今田真子、今野直人、高橋千尋
13	貧乏神	山本真央、三沢陽丘、今田真子
14	笠地蔵	武田奈緒、渡部由衣

記録整理者一覧

15	お藤とお杉	石井春奈、神部結衣
	（粟ぶくろ米ぶくろ）	（髙橋咲子）
16	タヌキの恩返し	森山真孝、吉見尚希
17	村の博労と狐の博労	難波常環子、吉田聖悟、梁晴天
18	三枚の札	井島美紀、柄沢道子
19	松吉とやまんば	山田順子、和田優子
	鬼婆と魚売り	鹿間美帆
20	八石山の弥三郎婆さま	滝沢美子
21	化け猫の話	今野直人、会田ひかり
22	和尚とイタチ	松田瑛里子
23	俵ころがし	佐野達志
24	臆病どっつぁとぽんたろう	阿部真季、井川美優、長谷川知里、井島美紀
25	ぴんとこしょ	高森楓
26	へっこきあねさ	木村綾香
27	くさかった	大津卓也
28	座頭坊《ざとんぼ》の夫婦《めっと》づれ	影山孝祥、渡辺瑞希
29	糠火八反暗す間九反	井島美紀
30	姥捨て山	佐野達志
31	なんでもしってるこぶんと	大平佳菜、山田美貴、海藤睦樹
32	松之山鏡	小林瑠璃、加藤美沙希、五十嵐夏美、高橋咲子、増川葉月

33　石童丸　長岡志保里、井川美優、椎谷華織
34　甚平桃　松田瑛里子
35　山の樵夫婦　鹿間美帆、京谷真帆、久野千春
36　藤稲荷　藤ノ木香

演習参加者名簿（民俗など担当）

榎田栞、柴田祐佳、関翔之輔、高橋直、田中秀志、中島健太郎、藤橋奈央、山田彩水

留学生参加者名簿

于桃　王輝　王夢源　毛久燕　江天　江荻　田春娟　余清坤　李君萱　曹天罡　倪維余　阿苦曲隣
梁晴天　葛乃禎　喬天奇　姜奔　孫捷群　張家亮　張聡　張林姝　劉靓　趙麗莉　趙鈺傑　戴夢楚
魏欣党（中国）
呉柳澤（台湾）
田成奐　李知恩　車光濟（韓国）

参考文献

《小国の昔話集》

『民話の手帳　特集　越後・小国の昔話　民話と村おこし』三二号、日本民話の会、一九八七年（四八話）
『とんとむかし』第一集、小国町教育委員会、一九七五年（七話）
『へんなか　特集　小国の昔話』六号、一九九〇年（一一話）
『榎峠のおおかみ退治――越後小国昔話集』小国芸術村友の会、二〇〇〇年（七四話）
『越後山襞の語りと方言』高橋実、雑草出版、二〇〇七年

《越後の昔話集》（特に参照したもの、最近出版されたもののみ挙げる。本文では網掛け部分を略称とする）

『昔あったてんがな―宮内昔話集』水沢謙一、長岡史跡保存会、一九五六年
『とんと一つあったてんがな』石田ヨミ・笠原政雄語り、水沢謙一編『日本の昔話５』未来社、一九五八年
『栃尾郷昔ばなし集』栃尾市教育委員会（水沢謙一）、東洋館印刷所、一九六三年
『越後のシンデレラ――ぬかふく、こめふく昔話』水沢謙一、野島出版、一九六四年
『北蒲原昔話集　新潟』佐久間淳一編、岩崎出版社、一九七四年
『越後宮内昔話集　新潟』水沢謙一編、岩崎出版社、一九七七年
『越後黒姫の昔話』真鍋真理子、三弥井書店、一九七八年
『風の神と子どもたち』第１集、第２集、水沢謙一、新潟日報事業社、一九八〇年
『雪国の炉ばた語り　越後・栃尾郷の昔話』水沢謙一、名著刊行会、一九八三年

『日本昔話通観　10新潟』稲田浩二・小沢俊夫編、同朋舎、一九八四年
『村松のむかし話』村松町史資料編第五巻民俗別巻、一九八五年
『雪の夜に語りつぐ』笠原政雄語り、中村とも子編、福音館書店、一九八六年
『越後松代の民話』樋口淳・高橋八十八編、国土社、一九八八年
『横越むかし語り』横越町史編さん委員会編、二〇〇〇年
『いちがぶらーんとさがった』笠原甚威昔話集、横越語り部サークル編集、二〇〇八年
（『横越むかし語り』の昔話部分は、一九七五年頃に、水沢謙一が調査録音した主に笠原ミツノの語りをテープから起こしたものである。笠原甚威は子息で、二〇〇〇年以降、語りの会などで母や祖母から聞いた昔話を語っている）
『ミヨキさんのざっと昔』野上千恵子ほか編、新潟日報事業社、二〇一一年
『江戸川で聴いた中野ミツさんの昔語り――現代昔話継承の試み』野村敬子編、瑞木書房、二〇一二年

《その他》

『韓国昔話の研究』崔仁鶴著、弘文堂、一九七六年
『日本昔話事典』稲田浩二他編、弘文堂、一九七七年
『日本昔話通観』稲田浩二・小沢俊夫編、同朋舎、一九七七―八九年
『日本昔話大成』関敬吾編、角川書店、一九七八―八〇年
『ガイドブック日本の民話』日本民話の会編、講談社、一九九一年
『図説　日本の昔話』石井正己、河出書房新社、二〇〇三年
『中国昔話集』1・2、馬場英子・瀬田充子・千野明日香編訳、平凡社、東洋文庫、二〇〇七年

《小国について》
『小国郷土史』小国郷教員協議会、一九三八年
『小国町史　史料編』小国町史編集委員会編、第一印刷所、一九七六年
（片桐與三九著「小国のことば」載録）
『小国町史　本文編』小国町史編集委員会編、第一印刷所、一九七六年

《音声資料ほか》
瞽女歌ネットワーク『越後の昔話　名人選』①〜⑩（CD）
東アジア民話データベース
高橋実の本棚

『榎峠のおおかみ退治』所収話一覧

1	あやチューチューこやチューチュー（鳥のみ爺）	二本柳	田中　秀吉
2	ひでると小風と村雨（狐の母）	二本柳	田中　秀吉
3	はなとふじ（米福粟福）	原小屋	小川　トネ
4	ぬかとこめ（米福粟福）	楢　澤	五十嵐石三
5	あわとこめ（米福粟福）	楢　澤	高橋　マス
6	太郎と次郎	楢　澤	五十嵐石三
7	おくびょうとゆうごう	武　石	高橋　ミヤ
8	うん	七日町	渡辺　セン
9	まつきちとやまんば（馬方山姥）	法　坂	山崎　正治
10	榎峠のおおかみ退治	山野田	牧野　スミ
11	ふるやのもりや（古屋の漏り）	法　坂	山崎　正治
12	ねずみのこめつき	楢　澤	高橋篤太郎
13	じさまとまめ	法　坂	山崎　正治
14	星の精	苫野島	粕川　クラ
15	ほら貝の婿（つぶ息子）	苫野島	粕川　クラ
16	鬼の笑い	苫野島	粕川　クラ
17	きつねとあんさ（人と狐）	楢　澤	五十嵐石三
18	きつねの仕返し	苫野島	粕川　悦
19	火伏の地蔵	二本松	竹部　一郎
20	秋山のぶつ（愚か村）	新　町	高橋慶重郎
21	おっかっか	八王子	中村　ヒロ
22	おっかっかのたね	楢　澤	関口　タミ
23	ぼんたろうの物売り	上岩田	木原　カノ
24	ふしあなと馬のけつ	楢　澤	高橋　マス
25	聟のあいさつ	楢　澤	高橋　マス
26	からかさと瓶と石	八王子	中村　ヒロ
27	和尚と小僧（笑話）	相野原	田中　スミ
28	菖蒲湯の由来	八王子	中村　ヒロ
29	さるのけつはぬらしても（猿地蔵）	苫野島	中村　クニ
30	人年貢とるむじな	楢　澤	高橋篤太郎
31	六人の地蔵様（笠地蔵）	楢　澤	高橋篤太郎
32	さるの聟（猿婿）	楢　澤	高橋篤太郎
33	かちかちやま（かちかち山）	楢　澤	高橋篤太郎
34	べと舟と杉舟（かちかち山）	上岩田	木原　カノ
35	きつねと馬喰	楢　澤	高橋篤太郎

『榎峠のおおかみ退治』所収話一覧

36	きつねとかわそ（狐と獺／尻尾の釣り）	楢澤	高橋篤太郎
37	きつねと馬方（人と狐）	楢澤	高橋篤太郎
39	うさぎとかえる	楢澤	五十嵐石三
40	兄とおじの鉄砲ぶち	楢澤	五十嵐石三
41	小僧と鬼婆（240 三枚の護符）	楢澤	高橋篤太郎
42	法末のむじな	上岩田	木原カノ
43	鴻の池の金瓶	上岩田	木原カノ
44	鴻の池の法事	法坂	樋口ソメ
45	酒飲みの八郎	諏訪井	笹崎サク
46	ばばっけ着た娘（姥っ皮／蛇婿）	楢澤	高橋ノブ
47	ばばっ皮きた娘（姥っ皮）	小栗山	片桐ミヨ
48	縁結びの話	法坂	樋口ソメ
49	雲定めの話	太郎丸	長谷川モト
50	山の神の梨	小国沢	村山ヨシ
51	金をこく獣	太郎丸	長谷川モト
52	地蔵様の商い	太郎丸	長谷川モト
53	ごしょう比べ	太郎丸	長谷川モト
54	かえるになったぼたもち	太郎丸	長谷川モト
55	乳のむ爺さ	太郎丸	長谷川モト
56	死人の茶菓子	太郎丸	長谷川モト
57	六部と葬式	太郎丸	長谷川モト
58	鶴の織物	八王子	中村ヒロ
59	花咲か爺	法坂	樋口ソメ
60	貧乏神とわがまま息子（貧乏神）	法坂	樋口ソメ
61	身代り本尊	法坂	樋口ソメ
62	観音様の御利益（鷹にさらわれた子）	法坂	樋口ソメ
63	沼垂宗吉	法坂	樋口ソメ
64	こうせん太郎	上岩田	大久保ヨネ
65	よくばり長者	上岩田	大久保ヨネ
66	千石田の長者	上岩田	大久保ヨネ
67	漆かきの兄弟	上岩田	大久保ヨネ
68	甘い夫婦	原	北原勲
69	のかび八反くらすま九反	原	北原勲
70	珍宝の話	原	北原勲
71	十二支の順番（十二支）	武石	鈴木百合子
72	悪だぬきに罰	武石	鈴木百合子
73	あんさの八卦見（にせ八卦）	武石	鈴木百合子
74	はなしの話	小国沢	村山ヨシ

新潟大学人文学部研究叢書の
刊行にあたって

社会が高度化し，複雑化すればするほど，明快な語り口で未来社会を描く智が求められます。しかしその明快さは，地道な，地をはうような研究の蓄積によってしか生まれないでしょう。であれば，わたしたちは，これまで培った知の体系を総結集して，持続可能な社会を模索する協同の船を運航する努力を着実に続けるしかありません。

わたしたち新潟大学人文学部の教員は，これまで様々な研究に取り組む中で，今日の時代が求めている役割を果たすべく努力してきました。このたび刊行にこぎつけた「人文学部研究叢書」シリーズも，このような課題に応えるための一環として位置づけられています。人文学部が蓄積してきた多彩で豊かな研究の実績をふまえつつ，研究の成果を読者に提供することを目ざしています。

人文学部は，人文科学の伝統を継承しながら，21世紀の地球社会をリードしうる先端的研究までを視野におさめた幅広い充実した教育研究を行ってきました。哲学・史学・文学を柱とした人文科学の分野を基盤としながら，文献研究をはじめ実験やフィールドワーク，コンピュータ科学やサブカルチャーの分析を含む新しい研究方法を積極的に取り入れた教育研究拠点としての活動を続けています。

人文学部では，2004年4月に国立大学法人新潟大学となると同時に，四つの基軸となる研究分野を立ち上げました。人間行動研究，環日本海地域研究，テキスト論研究，比較メディア研究です。その具体的な研究成果は，学部の紀要である『人文科学研究』をはじめ各種の報告書や学術雑誌等に公表されつつあります。また活動概要は，人文学部のWebページ等に随時紹介しております。

このような日常的研究活動のなかで得られた豊かな果実は，大学内はもとより，社会や，さらには世界で共有されることが望ましいでしょう。この叢書が，そのようなものとして広く受け入れられることを心から願っています。

2006年3月

新潟大学人文学部長
芳 井 研 一

馬場　英子（ばば・えいこ）

1950年生れ。東京都立大学大学院人文科学研究科中国文学専攻博士課程単位取得満期退学。新潟大学人文学部教授，中国文学専攻。

〔主要著作〕『北京のわらべ唄』I,II（瀬田充子共編訳）研文出版，1986年，『中国昔話集』1,2（瀬田充子，千野明日香共編訳）平凡社，東洋文庫，2007年，『浙江省舟山の人形芝居―侯家一座と「李三娘（白兎記）」』風響社，2011年

〈新潟大学人文学部研究叢書13〉

〔語りによる越後小国の昔ばなし〕　ISBN978-4-86285-230-4

2016年 3 月25日　第1刷印刷
2016年 3 月31日　第1刷発行

著　者　馬　場　英　子
発行者　小　山　光　夫
印刷者　藤　原　愛　子

発行所　〒113-0033 東京都文京区本郷1-13-2
電話03(3814)6161 振替00120-6-117170
http://www.chisen.co.jp
株式会社 知泉書館

Printed in Japan　印刷・製本／藤原印刷

小国昔話
一覧・比較対照表

＊本表はこれまでの小国の昔話の集大成である『榎峠のおおかみ退治』所収の話に，今回 2010 年から 14 年の調査で記録した話を加え，概ね『日本昔話大成』の分類に従って並べ直したものである。

＊地域比較のために，渋海川上流に当たる十日町市松代と，海側の柏崎市黒姫地域の話名を，世界的比較と中国，韓国との比較のために，対応する AT 番号とエーバーハルトの中国昔話タイプ，崔仁鶴の韓国昔話タイプについて主なものを載せた。

小国昔話　一覧・比較対照表

No.	『小国』		『榎峠のおおかみ退治』			『日本昔話大成』	
	No.	タイトル	No.	タイトル	1960年版	分類番号	タイトル
1	1	干支の始まり	71	十二支の順番		12	十二支の由来
2	2	のめしぎつね	36	きつねとかわそ	○	2A	尻尾の釣り
3			39	うさぎとかえる	○	20	猿蟹餅競争
4	3	かちかち山	33	かちかちやま	○	32B	勝勝山
5			34	べと舟と杉舟	○	32C	勝勝山
6			72	悪だぬきに罰			
7	4	ふるやのもりや	11	ふるやのもりや		7	古屋の漏
8			28	菖蒲湯の由来	○	101A	蛇婿入、苧環型
9	5	猿婿	32	さるの聟	○	103	猿婿入
10	6	婆っ皮着た娘	46	ばばっけ着た娘	○	104A	蛙報恩
11			47	婆の皮着た娘	○	104A	蛙報恩
12			2	ひでると小風と村雨		cf116A	狐女房
13			14	星の精		cf118	天人女房
14			15	ほら貝の婿		134	田螺息子
15			64	香煎太郎	○	134+124	蛸長者
16	7	鷹にさらわれた赤子	62	観音様の御利益	○	148	鷲の育て児
17			49	運定めの話	○	151B	産土問答・虻と手斧型
18			48	縁結びの話	○	本格新 30	夫婦の縁
19			54	蛙になったぼた餅	○	162B	牡丹餅は蛙
20			43	鴻の池の金瓶	○	163	取付く引付く
21	8	蛇のくれた赤い巾着				165	犬と猫と指輪
22			67	漆かきの兄弟	○	181	米良の上漆
23	10	爺さと豆	13	じさまとまめ		185	鼠浄土
24			12	ねずみのこめつき	○	185	鼠浄土

『松代』		『黒姫』		AT 番号	『エーバーハルト』		『崔仁鶴』	
No.	タイトル	No.	タイトル		No.	タイトル	No.	タイトル
		4	十二支由来	AT275	EB6	猫と鼠		
1	狐とかわうそ	1, 2	尻尾の釣	AT2			25	虎を苦しめた兎
2, 3	うさぎとヒキゲロ(一)(二)	6	ヒキゲツと兎の餅競争	cfAT9C				
5	カチカチ山(二)	10	かちかち山	AT1087				
4	カチカチ山(一)	12	兎と狸の舟競争					
		△13	古屋の漏り	AT177	Eb10	雨漏りの恐怖	50	虎より怖い串柿
		20	蛇婿入り(苧環型)	AT425A				
8	猿むかし	24	猿むかし	AT433A				
7	蛇婿入り	△27	蛙報恩	AT443A, 554	EB31	蛇婿		
11	狐の嫁入り	32	狐女房	cfAT554, 671				
				AT400	Eb34	白鳥乙女		
12	うのすけのでんでん虫	△39	タニシ息子	AT433B	Eb43	カエル息子		
12	うのすけのでんでん虫			cfAT326				
13	禅師様になった子ども			AT554B				
		46	二十二のアブとカンナ	AT934			367	宴会で会った子の観相
18	会沢の薬師さま昔			AT930A	Eb149	夫婦の縁は運命づけられている		
45	牡丹餅は蛙	49	おはぎは蛙	AT834A				
21	金がめ問答(化け物寺)							
19	犬と猫	81	猫と犬の恩返し	AT560	Eb13	役に立つ動物たち	265	宝珠と猫と犬
				AT945				
23	あんぽまっちろう(一)			AT480			460	金の砧　銀の砧
					Eb139	財宝番の神のガチョウ		

小国昔話　一覧・比較対照表

No.	『小国』		『榎峠のおおかみ退治』			『日本昔話大成』	
	No.	タイトル	No.	タイトル	1960年版	分類番号	タイトル
25	11	鳥のみ爺／あやちゅうちゅう	1	あやチューチューこやチューチュー		188	鳥呑爺
27			59	花咲か爺	○	cf187+190	雁取爺
28	12	かにかにこそこそ				193	蟹の甲
29			29	さるのけつはぬらしても		195	猿地蔵
30	13	貧乏神	60	貧乏神とわがまま息子	○	201A	貧乏神
31	14	笠地蔵	31	六人の地蔵様	○	203	笠地蔵
32			55	乳のむ爺さ	○	△19	末期の乳
33			65	よくばり長者	○	△63	長者の日招き
34	15	お藤とお杉	3	はなとふじ		205A	米福粟福
35			4	ぬかとこめ	○	205A+205B	米福粟福
36			5	あわとこめ	○	205A+206	皿皿山
37			6	太郎と次郎	○	216	継子と鳥
38			8	うん		223	龍宮童子
39			58	鶴の織物	○	115+233	鶴報恩
40			66	千石田の長者	○		
41	16	狸の恩返し				237	文福茶釜
42	17	村の博労と狐の博労	35	きつねと馬喰	○	238	狐と博労
43	18	和尚とイタチ					
44	19	俵ころがし					
45	20	化け猫の話				255	猫の踊り
46			30	人年貢とるむじな	○	256	猿神退治
47			40	兄とおじの鉄砲ぶち	○	253C	山姥の糸車
48			42	法末のむじな	○		
49	21	三枚の札	41	小僧と鬼婆	○	240	三枚の護符

『松代』		『黒姫』		AT 番号	『エーバーハルト』		『崔仁鶴』	
No.	タイトル	No.	タイトル		No.	タイトル	No.	タイトル
26, 27	鳥呑み爺さ	61	鳥呑爺	AT1655	Eb29	よい香りの屁	477	甘い糞
		63	花咲か爺	AT1655	Eb30	犬が畑を耕す	458	兄弟と犬
				AT554, 720				
28	猿ぎんたま			cfAT480				
				cfAT750A			cf331	家の財宝神
	清水の権兵衛むかし	66	笠地蔵（一）	cfAT503			239	ぼろ着物を布施する
				AT480 + AT879	Eb108	仙人の感謝		
				AT750A	Eb184	奇跡4		
		△69	米と粟	AT480 + AT879	Eb32	灰かぶり	450	コンジパッジ
		△69	米と粟					
				AT879				
43	継子と鳥	△75	継子と鳥	AT781				
				AT555	Eb23	金をひる動物		
		31	鶴の恩返し	AT160				
51	三九郎狐の化けくらべ	79	文福茶釜	AT325				
50	三九郎狐とおべん狐			AT325				
							764	トケビと争った男
		89	猫の踊り	cfAT812				
41	しっぺん太郎	90	猫またの話	cfAT300	Eb98	人食い蛇	292	僧を殺した狐
40	三人兄弟化け物退治	87	化物退治	AT300				
34, 35	三枚のお札(一)(二)	82	三枚の札	cfAT313			101	狐妹と三兄弟

小国昔話　一覧・比較対照表

No.	『小国』		『榎峠のおおかみ退治』			『日本昔話大成』	
	No.	タイトル	No.	タイトル	1960年版	分類番号	タイトル
50	22	松吉とやまんば／鬼婆と魚売り	9	まつきちとやまんば		243	牛方山姥
51	23	八石山の弥三郎婆さま				252	鍛冶屋の婆
52			10	榎峠のおおかみ退治		252	鍛冶屋の婆
53			17	きつねとあんさ	○	271	風呂は肥壺
54			18	きつねの仕返し		276	山伏と一軒家
55			37	きつねと馬方	○	cf280	叺狐
56	24	臆病どっつぁとぽんたろう				333B	法事の使い
57	24	臆病どっつぁとぽんたろう	7	おくびょうとゆうごう			
58	24	臆病どっつぁとぽんたろう	20	秋山のぶつ			
59	25	ぴんとこしょ				362A	団子婿
60			21	おっかっか（秋山話）	○		
61			22	おっかっかのたね（秋山話）		362B	買物の名
62			23	ぽんたろうの物売り(秋山話)	○		
63			24	ふしあなと馬のけつ(秋山話)	○	339	馬の尻に札
64			25	婿のあいさつ（秋山話）	○		
65			26	からかさと瓶と石（秋山話）	○		
66	26	へっこきあねさ				377	屁ひり嫁
67	27	くさかった				390	草刈ろう
68			16	鬼の笑い		△ 1174	鬼が笑う
69			57	六部と葬式	○	401	婆いるか
70	28	ぬか火八反くらすま九反	69	のかび八反くらすま九反			

『松代』		『黒姫』		AT 番号	『エーバーハルト』		『崔仁鶴』	
No.	タイトル	No.	タイトル		No.	タイトル	No.	タイトル
36	牛方山姥	84	鯖売りのムカシ	AT327	Eb200a	獣の洞穴の中の子どもたち	4, cf100	蚊の塊，日と月の起源
		86	弥彦の弥三郎婆	AT121, cfAT1250			114	巫女虎
48	隠居の家持のじきまと狐							
47	法印と狐			cfAT812				
49, 52	大谷地の三九郎狐，藤五郎狐			cfAT327C			41, 25	蟹と鼠の交際，虎を苦しめた兎
				AT1696	Eb 笑話 11-1			
		△ 51	化物は夕顔					
				AT1696	Eb 笑話 1-6			
				AT1687	Eb 笑話 6-2		509	蜜小鉢
				AT1687	Eb 笑話 6-2			
67	秋山のあんさ（四）イチョウ見舞						533	馬鹿息子
58	屁っこき姉さ（一）(梨もぎ)	112	屁っこきあねさ	cfAT1450	Eb 笑話 8	屁	521	屁ひり嫁：幸福型
47	法印と狐（後半一部）							
46	かな績み（糠火八反簀のかげで九反）	132	糠火で八反タレのかげで九反					

小国昔話　一覧・比較対照表

No.	『小国』		『榎峠のおおかみ退治』			『日本昔話大成』	
	No.	タイトル	No.	タイトル	1960年版	分類番号	タイトル
71	9	尻鳴りしゃもじ				470	尻鳴り篦
72			53	ごしょう比べ	○	514	術較べ
73	29	姥捨て山				523A	親棄山
74			27	和尚と小僧		529+539	
75	30	座頭坊の夫婦づれ				439	座頭と餅
76			44	鴻の池の法事	○	611	馬子の教訓
77	31	なんでも知ってるこぶんと	73	あんさの八卦見		626A	嘘八卦
78			51	金をこく獣	○	622	金ひり子犬
79	32	松之山鏡				319	尼裁判
80	33	石堂丸					
81	34	甚平桃					
82	35	山の樵夫婦					
83	36	藤稲荷				補遺 25	松の木の参宮
84			74	はなしの話	○	637	はなし
85			38	梨の木	○	642B	果なし話
86			68	あまい夫婦			
87			70	珍宝の話			
88			19	火伏の地蔵			
89			45	酒飲みの八郎	○		
90			50	山の神の梨	○		
91			52	地蔵様の商い	○		
92			56	死人の茶菓子	○		
93			61	身代わり本尊	○		
94			63	沼垂宗吉	○		

『松代』		『黒姫』		AT 番号	『エーバーハルト』		『崔仁鶴』	
No.	タイトル	No.	タイトル		No.	タイトル	No.	タイトル
				AT566	Eb196	赤い李と白い李	cf269	無精者と呪宝
				AT325				
				AT981	Eb71 Eb201	人の寿命 手本	662	親を山に捨てる
		△93	小僧の化け物退治					
		144	嘘八卦	AT1641	EB190	占い	663	大臣の息子と家庭教師
		53	アニはアニ（金ひり猫）	AT1539				
				AT1336A	Eb 笑話 7-3	鏡	500	はじめて鏡を見る人
				cfAT551				
				AT442				
				AT2250				
				AT2300				